A educação pode mudar a sociedade?

Dados Internacionais de Catalogação na Publicação (CIP)
(Câmara Brasileira do Livro, SP, Brasil)

Apple, Michael W.
A educação pode mudar a sociedade? / Michael W. Apple ; tradução de Lilia Loman. – Petrópolis, RJ : Vozes, 2017.

Título original : Can Education Change Society?
ISBN 978-85-326-5316-1

1. Educação – Aspectos sociais 2. Sociologia educacional I. Título.

16-06035   CDD-306.43

Índices para catálogo sistemático:
1. Sociologia educacional   306.43

MICHAEL W. APPLE

A educação pode mudar a sociedade?

Tradução de Lilia Loman

EDITORA VOZES
Petrópolis

© 2013, Taylor & Francis
Tradução autorizada a partir da edição inglesa publicada pela Routledge, um selo do Grupo Taylor & Francis LLC.

Título do original em inglês: *Can Education Change Society?*

Direitos de publicação em língua portuguesa:
2017, Editora Vozes Ltda.
Rua Frei Luís, 100
25689-900 Petrópolis, RJ
www.vozes.com.br
Brasil

Todos os direitos reservados. Nenhuma parte desta obra poderá ser reproduzida ou transmitida por qualquer forma e/ou quaisquer meios (eletrônico ou mecânico, incluindo fotocópia e gravação) ou arquivada em qualquer sistema ou banco de dados sem permissão escrita da editora.

CONSELHO EDITORIAL

Diretor
Gilberto Gonçalves Garcia

Editores
Aline dos Santos Carneiro
Edrian Josué Pasini
José Maria da Silva
Marilac Loraine Oleniki

Conselheiros
Francisco Morás
Leonardo A.R.T. dos Santos
Ludovico Garmus
Teobaldo Heidemann
Volney J. Berkenbrock

Secretário executivo
João Batista Kreuch

Editoração: Maria da Conceição B. de Sousa
Diagramação: Sandra Bretz
Revisão gráfica: Fernando S.O. da Rocha
Capa: Renan Rivero

ISBN 978-85-326-5316-1 (Brasil)
ISBN 978-0-415-87533-2 (Estados Unidos)

Editado conforme o novo acordo ortográfico.

Este livro foi composto e impresso pela Editora Vozes Ltda.

Sumário

Agradecimentos, 7

1 A educação pode mudar a sociedade?, 11

2 Paulo Freire e as tarefas do estudioso/ativista crítico na educação, 47

3 George Counts e a política de mudança radical, 83

4 Du Bois, Woodson e a política da transformação, 125

5 Mantendo transformações vivas – Aprendendo com o "Sul" (Luís Armando Gandin e Michael W. Apple), 161

6 A "walmartização" da América – Mudança social e ação educacional, 211

7 Educação crítica – Falando a verdade e reagindo, 227

8 Respondendo à pergunta sobre educação e transformação social, 248

Referências, 275

Índice, 297

Agradecimentos

Não importa de quem seja o nome que aparece na capa, todos os livros são conquistas coletivas. Muitas pessoas contribuíram para que eu pensasse de forma mais produtiva sobre o conteúdo deste livro. Dentre elas estão: Petter Aasen, Jean Anyon, Alex Apple, Angie Apple, Peter Apple, James Avis, Wayne Au, Stephen Ball, Len Barton, James Beane, Kalwant Bhopal, Barbara Brodhagen, Kristen Buras, Patricia Burch, Cathy Compton-Lilly, Miriam David, Roger Dale, Michael Fielding, Ramon Flecha, Michael Fultz, Luís Armando Gandin, David Gillborn, Fatma Gok, Sara Goldrick-Rab, Carl Grant, Beth Graue, Oscar Grazier, Helen Gunter, Salomão Hage, Ove Haugalaken, Diana Hess, Zhongjing Hwang, Nancy Kendall, Krishna Kumar, Gloria Ladson-Billings, Marie Lall, Andres Larisgoitia, Stacey Lee, Zeus Leonardo, Alan Lockwood, Kathleen Lynch, Felicitas Macgilchrist, Cathryn Magno, Glenabah Martinez, Cameron McCarthy, Julie McLeod, Shyam Menon, Paulino Motter, Adam Nelson, Michael Olneck, Mariana Pacheco, Susan Robertson, Simone Schweber, Steven Selden, Roger Slee, Marta Soler, Amy Stambach, Hugh Starkey, Constance Steinkuhler, Youl-Kwan Sung, Michael Thomas, Carlos Alberto Torres, Silvia Vasquez, Lois Weis, Geoff Whitty, Ting-Hong Wong, Johanna Wyn, Guangcai Yan, Deborah Youdell e Kenneth Zeicher.

Pode parecer repetitivo, mas em todos os meus livros eu afirmo que devo grande parte do meu trabalho ao Seminário de Sextas-feiras na University of Wisconsin, Madison. Por mais de quatro décadas me encontro todas as sextas à tarde com meus alunos pós-graduandos, professores-visitantes e outros para discutir e debater questões políticas e educacionais cruciais, apoiar criticamente uns aos outros, engajar-me em trabalhos ativistas e auxiliá-los, e oferecer um espaço onde coisas poderosas possam ser ditas e feitas sem a "marcação de pontos" e os impulsos competitivos que tão facilmente dominam a universidade. Nesse grupo verdadeiramente internacional tem pessoas de todo o mundo, com múltiplas experiências e compromissos políticos/educacionais. Porém, ele demonstra consistentemente que é possível manter uma comunidade intergeracional que ensina participantes atuais e antigos como entender e agir em um mundo em que as desigualdades estão sempre presentes.

Rima Apple teve um papel crucial neste livro. Ela me ajudou repetidamente a trabalhar meus argumentos, levantou questões sobre minhas hipóteses, inteirou-me de trabalhos importantes em sua própria área e me manteve equilibrado quando a maneira de pensar da sociedade e de suas instituições pode nos levar ao ceticismo e ao desespero.

Luís Armando Gandin também teve um grande papel neste livro. Ele é, honestamente falando, o primeiro autor de um dos capítulos e um bom amigo, colega e crítico de meu trabalho há muitos anos. Ele continua a ser meu professor sobre as experiências do Brasil.

Partes deste livro foram escritas quando eu era um *World Scholar* no Instituto de Educação da University of London, que se tornou "meu segundo lar". Poucos lugares do mundo são como a University of Wisconsin, Madison em termos de apoio ao trabalho crítico. Mas o Instituto de Educação é um lugar em que estão alguns dos pesquisadores mais progressistas e compromissados do mundo. Lá eles continuam a me propiciar um ambiente que me permite o engajamento em um trabalho sério e ter discussões acadêmicas, políticas e pessoais substanciosas, muito importantes para a minha concepção de educação e sua relação com a sociedade como um todo. Minhas discussões contínuas com Stephen Ball, David Gillborn, Geoff Whitty e Deborah Youdell no Instituto – e agora com alguns deles na University of Birmingham – têm sido particularmente importantes.

Vários argumentos foram inicialmente experimentados na East China Normal University em Xangai. Minha nomeação como *World Scholar* e *Distinguished Professor*[1] nessa universidade deu-me uma oportunidade importante de testar meus argumentos com colegas e alunos de pós-graduação, cujas experiências são frequentemente muito diferentes do que as do Ocidente. Sou muito grato por suas sugestões e críticas, especialmente aquelas de Guangcai Yan e Zhongjing Huang.

Também gostaria de agradecer a Zhankui Wang e a Zhongying Shi da Beijing Normal University. No processo de elaboração de sua dissertação sobre mim e seu auxílio no estabelecimento dos arquivos para o Michael W. Apple Research Center na BNU, sob a direão do Professor Shi, Zhankjui levantou constantemente questões sobre o significado do que eu escrevera e me levou a clarificar minha posição.

Catherine Bernard da Routledge mais uma vez repetiu o que fez durante os anos em que trabalhei com ela, tanto na série que edito com a Routledge quanto em meus próprios livros. Ela é sábia, sempre com muitas considerações e paciente. Catherine é a própria personificação do que significa ser uma excelente *publisher*, editora e amiga.

Finalmente, e em parte ironicamente, quero reconhecer o papel do governador de direita e dos líderes legislativos do Estado do Wisconsin. Seus assaltos aos direitos dos funcionários públicos, seus enormes cortes de subsídio na educação, saúde e bem-estar, sua opção em ignorar as reivindicações

---

[1] Nos Estados Unidos, o título *Distinguished Professor* é dado a acadêmicos do alto escalão da faculdade que são considerados importantes em suas áreas de estudo. O título também pode ser dado como reconhecimento [N.T.].

das mulheres para controlar seus próprios corpos, suas ações raciais na *truth in sentencing*[2] e na legislação anti-imigrante, suas tentativas de limitar os direitos ao voto de pessoas não brancas, estudantes, pobres e idosos e sua arrogância geral – tudo isso fez com que eu e tantas outras pessoas nos lembrássemos de que é preciso estar vigilantes sobre o que a direita é capaz de fazer. Para todas as pessoas de Wisconsin e de outros estados e nações que se recusam ativamente a permitir que isso continue, ofereço meu mais profundo agradecimento.

* * *

Este livro é dedicado a Alexander Seth Apple e Alyssa Lee Cotton, meus netos. Alex já demonstrou a coragem necessária para se levantar, por aquilo que acredita, em escolas e em outros lugares, mesmo quando fazer isso pode tornar a vida mais difícil para ele. Como uma jovem que não é branca, Alyssa superou muitos obstáculos nas escolas e em sua vida diária, enquanto tenta tenazmente construir um futuro melhor para si.

---

2 *Truth in sentencing*: políticas que têm como objetivo abolir a "prisão condicional", de forma que os criminosos cumpram integralmente a pena [N.T.].

1
A educação pode mudar a sociedade?

Primeiras ideias

Com frequência, o discurso de crise é excessivamente usado em livros que abordam assuntos de vital importância para a questão pública. Mas esta é uma época em que esse tipo de discurso parece não causar grande impacto. Em nosso meio estão sempre mais visíveis realidades como desemprego, aumento de desigualdade econômica, inadimplência, diminuição dos financiamentos nos programas para os pobres, sem teto e contra a fome; perda de pensões e de tratamento médico, ressurgimento do racismo, do sentimento anti-imigrante, da violência etc. Nas escolas agravam-se diferenças de desempenho, há "engessamento", ataques a conteúdos multiculturais críticos, cortes nos orçamentos, total desrespeito às políticas com os professores, e a lista poderia se estender até o horizonte. Tudo isso é dolorosamente evidente. Para aqueles profundamente comprometidos com uma educação digna do nome, a crise é palpável. Ela nos força a questionar se a educação tem um papel substancial a exercer no desafio a essa situação e na construção de uma sociedade que reflita valores menos egoístas, mais sociais e emancipatórios. O livro que vocês estão prestes a ler quer levar essas questões a sério.

A educação pode mudar a sociedade? é, de certa forma, um livro diferente dos outros que escrevi. Eu não quis elaborar uma obra predominantemente teórica. Afinal, durante muito tempo analisei em vários livros e artigos se a educação tem algum poder independente ou se ela é totalmente determinada por relações culturais e econômicas dominantes (cf., p. ex., APPLE, 1982, 1986, 1996, 2002, 2004, 2010, 2012). Já respondi parcialmente a essa questão mostrando mais detalhadamente como os movimentos de direita utilizaram a educação como parte de uma reconstrução radical das prioridades da sociedade (APPLE, 2006). Também há um trabalho teórico sério no qual esta obra se baseia, especialmente no final deste capítulo introdutório e no capítulo 2. (Tenha paciência. Esse trabalho é uma base importante para os demais capítulos do volume.) Seu objetivo não é justificar um novo argumento que tudo abarca nem tampouco responder definitivamente à pergunta se a educação pode mudar a sociedade. De fato – isso se tornou claro para mim enquanto escrevia esta obra –, não há uma resposta absoluta, a não ser algo como: "Depende dos muitos, grandes e contínuos esforços feitos por muitas pessoas". Isso pode ser frustrante para vocês e certamente o é para mim. Mas é honesto.

Este é um livro de reflexões críticas e de exemplos. Os primeiros capítulos incluem reflexões sobre o trabalho de pessoas que procuraram responder ao questionamento principal desta obra. Neles recorro a intelectuais, mostrando como seu trabalho pode influenciar o educador crítico. Um segundo grupo de capítulos mostra dois exemplos bem-sucedidos de usar a educação em movimentos de transformação social. Um desses exemplos é profundamente progressista, tanto nos objetivos quanto no processo. O outro mostra o oposto, isto é, não é progressista nem em seus objetivos nem em seu processo. Mas não deixa de ser um lembrete poderoso àqueles que desejam saber se a educação pode mudar a sociedade. Ele conduziu a sociedade em direções específicas, com princípios e práticas que talvez não agradem a muitos leitores deste livro

O primeiro exemplo detalha o que aconteceu em um lugar que tem muito a ensinar aos que desejam democratizar a sociedade e suas principais instituições, com reformas duradouras: Porto Alegre. O segundo exemplo nos leva aos Estados Unidos. Lá, uma enorme corporação multinacional (Wal-Mart) aliou-se a poderosos movimentos conservadores: econômicos, culturais, religiosos e políticos. Ela mostrou, com o tempo, o quanto eficaz uma estratégia educacional pode ser ao impelir e legitimar uma concepção de democracia muito diferente e muito limitada. Isso está do lado oposto dos sucessos comprovadamente democráticos de Porto Alegre.

Minhas reflexões incluem intelectuais de dentro e de fora dos Estados Unidos (George S. Counts, W.E.B. Du Bois e Carter G. Woodson, no primeiro caso, e Paulo Freire, no segundo), e meus exemplos são tirados do Brasil e dos Estados Unidos. Portanto, não posso discorrer sobre todas as nações em suas diferentes épocas. Cabe ao leitor fazer o que ele sempre faz: perguntar se as reflexões, os exemplos e os argumentos que ofereço aqui cabem em sua realidade e sociedade. O contexto conta, e ainda mais quando pensamos criticamente sobre a educação.

Concluindo esta seção, digo que este livro é mais pessoal do que os outros que escrevi, e o é de muitas formas. Está baseado em minha tentativa de responder a uma questão realmente difícil – e talvez em minha frustração de não ser capaz de fazê-lo de maneira simples –, se a educação pode mudar a sociedade. Ele também é pessoal no sentido de que detalha e analisa pessoas e exemplos que considero particularmente importantes, tanto para fazer a pergunta quanto para respondê-la de maneira condizente. Também está contextualizado em uma jornada pessoal, em especial no terreno conceitual e político, que envolve minha busca por um entendimento mais inclusivo de questões importantes nas lutas contínuas pela justiça social e por uma sociedade mais responsável e respeitadora. Parte dessa jornada se evidencia neste capítulo introdutório. Finalmente, é pessoal porque um dos capítulos finais inclui o relato de minhas ações públicas que me deixaram em "embaraço", mas que contribuíram para o meu amadurecimento, como também para o amadurecimento das instituições e dos estudantes com quem trabalho.

Tendo dito isto, vamos começar!

Voltando para casa

Escrevo este texto ao retornar de Wisconsin da Argentina, onde tive discussões imensamente produtivas e dei palestras a simpatizantes de transformações sociais críticas e a ativistas do sindicato dos professores. De certa forma, essas experiências foram como se eu vivesse em outro mundo. Suteba e outros sindicatos educacionais têm afiliações claras com iniciativas de trabalho maiores. Eles haviam acabado de conseguir ganhos merecidos do governo federal. O entusiasmo e o comprometimento pelos direitos dos professores e de outros educadores em todos os níveis do sistema educacional eram visíveis e bastante significativos. Professores e trabalhadores, em sua totalidade, tinham voz na política educacional. Os desempregados estavam se organizando e programas sociais e educacionais os tratavam com o respeito que mereciam. Os apoios educacionais, financeiros e ideológicos eram vistos como parte central na transformação cultural e social contínua, sendo que o percentual do PIB destinado à educação era muito maior do que o praticado em nações supostamente "mais avançadas", como os Estados Unidos.

Não quero tornar romântica a situação econômica e política na Argentina. Há grandes conflitos sobre seus meios e fins e sérias diferenças ideológicas que frequentemente mapeiam a divisão entre a esquerda e a direita. Há também ataques neoliberais e neoconservadores contra escolas, currículos, professores, sindicatos e as políticas do governo. Embora várias dessas políticas não caminhem na direção progressista, a maioria delas segue o caminho inverso. Child Left Behind e Race to the Top são exemplos marcantes do que está acontecendo lá, graças aos céus. Foi estimulante e revigorante.

Quando comparados aos ataques conservadores – combinados, bem-orquestrados e bem-financiados contra professores e funcionários públicos, sindicatos, escolas etc. – contra o direito coletivo conseguido arduamente pela maioria das pessoas em Wisconsin e no resto dos Estados Unidos, o discurso prevalente e as políticas na Argentina me faziam pensar sobre o quanto havíamos movido em direção à direita no país onde moro. Nele, o acordo coletivo foi enfraquecido; a educação passou a ser vista como fábrica de resultados de testes e com trabalhadores dóceis; professores e funcionários públicos, em sua maioria, são tratados como se não fossem dignos de respeito; assistência médica acessível e pensões estão sob ameaça; mulheres perdendo o controle de seus corpos; proteções ambientais estão sendo retiradas; desigualdades econômicas alcançaram os mais altos índices de décadas; o percentual de encarceramento de pessoas não brancas tornou-se aviltante. Tudo isso associado a uma política de combate ao voto de pobres, idosos, pessoas não brancas, ou seja, de pessoas deixadas para trás em uma sociedade que parece ter perdido seu caminho ético.

Por que em nossa nação, e em muitas outras, a educação pública e subsidiada, com as pessoas que trabalham nela, é demonizada? Por que culpá-la pela crise econômica e política que não foi gerada por ela? Por que focalizar nas escolas e nos funcionários públicos o desequilíbrio financeiro, quando as elites econômicas parecem escapar ilesas? Por que atacá-los ferozmente ao invés de questionar o motivo por que outros trabalhadores estão *perdendo* as pensões e a assistência médica que merecem? Estas são perguntas espinhosas que tentei explicar em outro trabalho (APPLE, 2006). Mas uma coisa se torna cada vez mais evidente: injustamente as escolas são vistas como a causa-chave dos problemas. Portanto, deveriam ser mudadas radicalmente, e isso pela estranha combinação de privatização, competição e maior controle central. "Boas escolas" seriam aquelas, e somente aquelas, que aderissem a interesses corporativos e a uma imagem corporativa. "Más escolas" são as restantes. E, além disso, as pessoas que nelas trabalham precisariam de uma boa dose de competição e controle acirrado. Consequentemente, isso levaria à perda de comprometimento e à irresponsabilidade coletiva. Nesse tipo de pensamento, a educação, enquanto processo coletivo, é tratada como inimiga, como fonte de poluição que ameaça as soluções de mercado e o individualismo possessivo.

Porém, diante dessa série de ataques, muitos de nós podem ser testemunha de narrativas alternativas, da certeza de que uma educação que não é meramente ideal corporativo e que não é transformada em negócio pode fazer a diferença na vida das pessoas. A seguir mostro o comovente reconhecimento de um povo em relação ao lugar crucial que as escolas têm em manter vivos as esperanças e os sonhos que nutrem as pessoas. Também comparo essa narrativa a outro exemplo, no qual as escolas são usadas para a transformação social, porém gerando danos aos membros menos favorecidos de uma comunidade.

Mudando escolas, mudando mercados

Durante a guerra na antiga Iugoslávia, passei um tempo em acampamentos de refugiados no que hoje é a Eslovênia. Milhares e milhares de pessoas fugiram pelas montanhas para escapar do bombardeio criminoso e impiedoso de Sarajevo. Quando cruzaram a fronteira para a Eslovênia e alcançaram os acampamentos de refugiados – barracos do exército caindo aos pedaços que seriam seu lar durante alguns meses –, elas organizaram imediatamente duas frentes: distribuição de alimentos e escolas. Ambas eram vistas como essenciais para elas e para seus filhos.

Para nós que pretendemos responder à pergunta-título deste livro, esses refugiados enfatizaram com essa atitude que para eles não pode haver uma sociedade de respeito sem um sistema educacional democratizado. Diante disso nos resta dizer que ou eles estavam possuídos por uma "consciência mítica" e não tinham ideia do que estava acontecendo ou temos de admitir que sua identidade e esperança por um futuro melhor estava intimamente ligada ao respeito profundo pela educação, que lhes dava esperança na tragédia. A educação não se relacionava apenas a emprego, mas à identidade de cada um deles. Independentemente se esses refugiados eram religiosos ou não, a educação escolar e a educação de forma geral eram parte central de suas identidades.

É preciso dizer que pessoas oprimidas podem perceber fatos simples com mais facilidade. E não são "apenas" refugiados que se sentem dessa forma.

Uso a palavra "refugiado" com muita hesitação, pois é uma palavra forte e pode causar danos pessoais. O grupo em questão era formado por *pessoas* que foram forçadas a sair do seu *habitat* devido ao assassinato sancionado pelo Estado, pela política oficial; eram *pessoas*, rotuladas de "refugiado", que eram professores, construtores, enfermeiras, donos de loja, vendedores, fazendeiros, crianças, pais, mães, avós. Esse conceito é "anônimo" e pode servir como parte de um processo maior de desumanização. E há mais "política linguística" operando na questão que levou aos assassinatos e às fugas; a "limpeza" étnica é tornada mais aceitável ao descrevê-la com aquele inacreditável oximoro de "guerra civil".

Não precisamos olhar além de nossas fronteiras para encontrar tal limpeza. Pense no que aconteceu – e continua acontecendo – em Nova Orleans, que teve uma experiência "limpa". A história do Furacão Katrina e suas consequências são descritas como um "desastre natural". Expressões como esta são meios pelos quais um grupo dominante nega sua culpa na criação desse tipo de evento (APPLE, 2000). Tudo é dolorosamente óbvio, que pouco do que aconteceu foi natural. Ao contrário, foi resultado de décadas de abandono, de ataques econômicos, de políticas de racialização... Viu-se nesse desastre criado socialmente uma oportunidade de transformar Nova Orleans por meio da aplicação de uma "religião do mercado" (cf. BURAS et al., 2010).

Uso a palavra "religião" porque o neoliberalismo – que vê todo setor da sociedade como sujeito das lógicas de comoditização, mercadização, competição e análise de custo-benefício – parece estar imune a argumentos empíricos – especialmente, mas não exclusivamente – em relação à educação. Como demonstro em *Educating the "Right" Way* (APPLE, 2006), em pouquíssimas nações "soltar o mercado" em escolas ou em outras instituições sociais levou a maior igualdade.

No *status* neoliberalista, escolha, competição, mercados nos levarão à terra prometida de escolas eficientes e eficazes. E tais escolas terão um papel fundamental na transformação do público em privado. Esse processo nos levará a uma economia de sonho enquanto "reconquistamos nosso ímpeto competitivo no mercado global". Este é um alerta crucial, pois sabemos que políticas de escolha de escolas, especialmente aquelas envolvendo mercadização e privatização, normalmente envolvem escolas escolhendo alunos e pais, tanto quanto pais escolhendo escolas (APPLE, 2006). Assim, em Nova Orleans – isso também envolve a destruição de escolas existentes e o descarte dos professores que nelas trabalhavam –, tudo o que existia antes era "ruim" e tudo o que o substitui é "bom". Não queremos romantizar a realidade das escolas antes de Katrina, mas simplesmente reconhecemos o fato de que essas escolas e esses professores tiveram longas histórias, com muitas vitórias. Essas escolas e seus professores traziam na memória coletiva suas lutas. Ofereciam uma história viva, pulsante das tentativas coletivas infinitas dos povos oprimidos de criar e defender instituições que falem com/sobre as realidades, histórias, culturas e sonhos de suas crianças[3]. Em contextos como esses, a "escolha" funciona como a destruição parcial da memória coletiva (BURAS et al., 2010; BURAS, 2011).

Mas essa destruição institucional e o descarte de professores para que todos sejam mais eficientes e eficazes não são tudo. Sabemos que tais políticas não funcionam em meio ao público geral com tanta facilidade quanto em relação aos defensores do mercado, ao assumirem seus sonhos utópicos de eficiência e responsabilidade. De fato, como constatei, tanto no âmbito nacional quanto no internacional, os mercados podem não só reproduzir desigualdades existentes, mas também podem frequentemente criar mais desigualdades do que as já existentes. Quando combinadas – com ênfase crescente em avaliações nacionais e estaduais que normalmente acompanham tais propostas em um número considerável de nações –, as iniciativas do mercado neoliberal e a pressão neoconservadora para estandardizar e impor uma cultura supostamente comum e estabelecer medidas de responsabilização redutivas podem ser danosas para a maioria das pessoas oprimidas (cf. APPLE, 2006; BURAS, 2008; cf. tb. RAVITCH, 2010; VALENZUELA, 2005). Assim, as escolas participarão na transformação social, mas sem trazer benefício para a maioria das pessoas. Nesse caso, transformações podem ir, e vão, *para trás*.

As especificidades de classe e raça dessas tendências são cada vez mais visíveis. Há um corpo emergente de pesquisa internacional que documenta como pais de classe média são capazes de usar planos de escolha para sua própria vantagem (BALL, 2003; LAUDER & HUGHES, 1999; POWER; EDWARDS; WHITTY & WIGFALL, 2003). Isso não devia nos surpreen-

---

3 Considerando que o emprego público é um dos principais motores para a geração de uma classe média dentro de, digamos, comunidades afro-americanas, o descarte de grande número de professores que aí trabalhavam também é um ataque à classe média negra. Programas como Teach For América (TFA), portanto, precisam ser vistos em um contexto muito maior, incluindo a perda de memória coletiva e o desmembramento de caminhos construídos durante décadas de luta por afro-americanos.

der. Como Bourdieu demonstrou com elegância, atores de classe média e mais influentes têm um hábito "natural" de entrar no jogo do mercado. Seu depósito de capital social, cultural e econômico os privilegia nas complicadas estratégias desse tipo de escolha (cf., p. ex., BOURDIEU, 1984). Efeitos similares de racialização também são extremamente visíveis, pois programas de escolha alimentam estratégias que levam grupos dominantes a proteger seus filhos e a si próprios do corpo e da cultura do "outro poluidor" (APPLE, 2006; GILLBORN, 2008; LAUDER & HUGHES, 1999; LIPMAN, 2011).

Mas é claro que esta é a ideia, não é?! Tornar Nova Orleans uma cidade agradável e "segura" para a classe média e "branqueá-la" para que se torne ainda mais um parque temático para turistas com dinheiro torna-se mais um exemplo de uma longa história da relação entre mercados e sua visão de escolha racional de raça (MILLS, 1997)[4]. Ao dizer isso quero ser cuidadoso. Em uma época em que os estereótipos comuns que circulam livremente na mídia e no senso comum branco classificam americanos negros, latinos e muitas outras pessoas não brancas como perigosas ou irracionais, a visão do consumidor racional oferece às pessoas oprimidas uma identidade diferente das identidades patológicas que são aparentemente aceitas com tanta facilidade por aqueles que se veem, na sociedade, como norma, como o "ordinário humano" (APPLE & PEDRONI, 2005; PEDRONI, 2007). Entretanto, a longo prazo, como aconteceu com pessoas que não são brancas em outros países, os ganhos associados com essa identidade parcialmente anti-hegemônica podem ser facilmente apagados e temporários (LAUDER & HUGHES, 1999).

---

4 Também é importante contextualizar o que aconteceu após o desastre produzido socialmente em Nova Orleans como mais um exemplo de *remoção*. Os Estados Unidos têm uma história longa e extremamente infeliz em relação a esse tipo de atitude, desde as remoções vexatórias e mortais dos primeiros povos da nação, de suas terras ancestrais, até a remoção, seguida da dispersão, de milhares e milhares de pessoas – em sua maioria, afro-americanas – de Nova Orleans após o Furacão Katrina.

Nova Orleans não está sozinha nisso. Como Pauline Lipman demonstra convincentemente, em cidades como Chicago, "reformas" parecidas vieram dominar o discurso e as políticas da educação. Suposições e efeitos similares de racialização também estão atrás disso (LIPMAN, 2004, 2011). Nunca deveríamos subestimar os modos pelos quais as dinâmicas raciais, as histórias e as suposições sobre pessoas não brancas são postas em prática, tanto aberta como ocultamente, em tentativas de tornar as escolas "melhores para os negócios".

Por trás de meus argumentos nesta seção há vários pontos, mas um deles se destaca: a linguagem faz diferença. O modo como alguém ou alguma situação são descritos, especialmente por forças poderosas que querem permanecer no poder, é crucial (LAKOV, 2004, 2008). A linguagem utilizada obviamente carrega em si uma série de suposições, mas ela também cria limites. O que não é considerado útil, eficiente, passível de ser trabalhado é frequentemente visto como radical (SMITH et al., 2004). O neoliberalismo não é diferente. Ele abre um espaço para certas identidades e fecha para outras; dá às pessoas *uma opção* de quem elas são: consumidoras. Elas devem ser motivadas por uma coisa: ganho individual baseado na escolha individual de "produtos". A responsabilidade coletiva e a preocupação imediata com a justiça social... Bem, essas coisas tomarão seu rumo por si sós.

Isso é dissocializar a sensibilidade. Não se considera um membro de um grupo de pessoas oprimidas que têm uma longa história de lutas por justiça social, mas considera-se, ao contrário, alguém que "escolhe" mercadorias e serviços. A escolha do consumidor é que proverá todos, mesmo se você e sua comunidade têm pouco a dizer sobre o que são essas escolhas ou você tenta ativamente recusar esses programas neoliberais. A mensagem é: "Confiem em nós"; nós somos os reformadores; nós lhes daremos o que ainda não sabem que querem; nós transformaremos as escolas para que as crianças (por enquanto algumas, selecionadas) recebam uma melhor educação. O movimento crescente de expandir programas de *voucher*[5] para incluir todos e para tentar remover os limites de renda em tantos estados é apenas a ponta do *iceberg*.

É claro que "nós" aqui é poderoso, os verdadeiros crentes e, por vezes, simplesmente aproveitadores (cf. BALL, 2007, 2012; BURCH, 2009). Os "não nós" seriam aqueles que são mandados confiar no mercado e nas escolhas que ele torna disponíveis. E, independentemente da retórica, como tantas pessoas definidas como o Outro em nossas sociedades, os estudantes e professores de Nova Orleans são, por exemplo, parte do não nós (BURAS et al., 2010; BURAS, 2011). Toda a situação fala de algo que tem uma longa história. Trata-se de mais um exemplo de grupos dominantes falando a língua da dominação ao mesmo tempo em que o poder passa ainda mais para as suas mãos. Vamos ser honestos. Isso é simplesmente o centro mascarado nas margens.

Pode ser diferente

Como aquelas pessoas que salvaram suas vidas e as de seus filhos na antiga Iugoslávia, os povos de Nova Orleans, Chicago e de outros lugares também continuaram a construir e a defender alternativas fortes. Em Nova Orleans, por exemplo, Students at the Center (BURAS et al., 2010) – uma intervenção educacional crítica que oferece espaço a estudantes, professores, ativistas culturais e membros da comunidade para dar respostas e se colocar contra o que aconteceu com eles – é um modelo exemplar das batalhas diárias contínuas para defender uma educação digna de seu nome e que ofereça espaços para identidades mais progressistas serem formadas e defendidas. Como em tantos outros lugares nos Estados Unidos, em Nova Orleans *há* alternativas

---

5 Parte de um sistema maior de *voucher*, o *school voucher*, ou *education voucher*, é um subsídio do governo dado diretamente aos pais para usar na escola (pública ou particular) de sua escolha [N.T.].

democráticas para as "reformas" que estão sendo impostas. Educadores críticos, ativistas comunitários, estudantes etc. vivem esses programas todos os dias, que oferecem modos de organizar os currículos e o ensino de formas poderosas e pessoais; formas que classificam os estudantes e os professores como sujeitos corresponsáveis.

De fato, como as vozes dos professores, administradores e alunos demonstram no livro que eu e James Beane compilamos, *Democratic Schools* (APPLE & BEANE, 2007) – material tornado disponível em publicações excelentes como *Rethinking Schools* –, essas alternativas funcionam em situações reais em que a força dos poderosos decidiu que as pessoas marginalizadas só merecem certas escolhas; escolhas que parecem cada vez mais com educação marginalizada (ou a não educação) para pessoas marginalizadas (cf., p. ex., DUNCAN-ANDRADE & MORRELL, 2008; HILL, M.L., 2009; WATSON, 2012; cf. tb., SOLER, 2011).

Como aqueles que vieram das montanhas de Saravejo documentaram, as pessoas construirão escolas para seus filhos para manter seu passado vivo e para construir um futuro melhor. Membros da comunidade, ativistas, professores, estudantes e muitos outros se mobilizarão e se sacrificarão coletivamente para criar instituições educacionais responsáveis, mesmo em condições destrutivas e desastrosas. Mais uma vez, aqui há uma palavra-chave: coletivamente. O ataque do neoliberalismo sobre identidades coletivas e experiências educacionais enraizadas na defesa e na recriação dessas identidades pode ser resistido. As vozes de estudantes e de professores em programas como Students at the Center, em Democratic Schools, em revistas como *Rethinking Schools*, nos movimentos cooperativos de professores e ativistas comunitários – formados em cidades como Chicago, Los Angeles, Oakland, São Francisco, Nova York, Filadélfia, Boston, Milwaukee etc. – documentam por que isso é muito importante[6].

---

6 Para mais informações sobre esses grupos ativistas de professores e seus programas variados, cf. http://www.teacheractivistgroups.org/

Todos esses programas e movimentos testemunham a possibilidade de as escolas serem locais e instrumentos para a instauração de mais respeito às pessoas; não vê-las como consumidores, definidos pelo que compram, mas como sujeitos corresponsáveis, cocriando um presente e um futuro. Essas organizações podem ser utopistas em parte. Mas sua afirmação sobre a possibilidade de a educação ser usada para a transformação pessoal e social remete a uma longa tradição de sonhos e lutas, uma tradição que faz parte da história que quero contar neste livro.

Entretanto, é preciso ser honesto. Os movimentos e as tradições mais progressistas que apontei até aqui e que perpassarão esta obra são constantemente acompanhados de uma série de tradições. Essa reunião de posições ideológicas certamente vê escolas como locais de transformação social. Mas as formas atuais de neoliberalismo e neoconservadorismo em Nova Orleans e em outros lugares pretendem fazer no mundo da educação o que foi feito em outras áreas: mudar instituições e identidades de forma que o lucro e a "ética" do individualismo reinem supremos. Tanto a visão progressista como a visão tradicional serão discutidas neste volume.

Abarcar tudo isso irá requerer uma escavação histórica, especialmente das vozes de pessoas oprimidas e do trabalho educacional politizado e dos trabalhadores que criticam as relações de dominância e desigualdade desta sociedade, reivindicando alternativas reais. Também se torna necessário nos envolvermos com um grande aspecto de políticas, teorias e estilos, incluindo vozes de vários atores e movimentos históricos significativos que fizeram – e responderam – a pergunta se a educação pode, e deve, mudar a sociedade em direções progressistas. Envolve examinar criticamente algumas das análises teóricas sobre se a educação pode fazer diferença ou se ela está sempre presa ao poder econômico. Será necessário olhar as realidades e as mobilizações em torno da educação por linhas internacionais, pensando-a globalmente. E, crucialmente, será necessário perguntar se o papel dos educadores críticos pode e deve ser levado em consideração em nosso tempo.

Tornando-se pessoal e construindo alianças

Enquanto partes deste volume são dedicadas ao projeto contra a amnésia coletiva, parte do material é também, sem dúvida, pessoal. Uma das principais razões disso é não evitar as questões mais difíceis sobre responsabilidade pessoal em uma época de egoísmo e de conservadorismo ressurgentes. Nos Estados Unidos vê-se frequentemente adesivos de para-choque ou de carro se perguntando: "O que Jesus faria?" Há um ângulo crítico nessa pergunta. Se Jesus trabalhou com os pobres, se Ele buscou a sabedoria e ansiou pela paz, se Ele pediu aos cristãos que fossem modestos e não arrogantes em seu tratamento com outros... se Ele pediu todas essas coisas, o que você faria? Outras tradições religiosas e seculares também fazem perguntas éticas poderosas semelhantes.

Independentemente de minha religiosidade, quero manter a ética por trás dessa questão. Não posso pedir a outras pessoas – incluindo os leitores deste livro – que desafiem relações existentes de dominância se eu também não o fizer. Por essa razão, há seções e capítulos inteiros neste livro que falam de meus próprios esforços para responder à questão sobre responsabilidade pessoal em um mundo desigual. Como todas as pessoas, também sou imperfeito e estou em processo de formação na resposta a questões acerca do complexo problema de levar as políticas a sério. Prefiro usar de honestidade sobre o que significam para o entendimento as conexões entre educação e sociedade como um todo, sobre as teorias que usamos para dar sentido a essas conexões e sobre as ações nas quais nós nos sentimos compelidos a nos envolver para interromper tais relações.

Deixe-me dar um exemplo concreto das implicações desses pontos. Isso envolve uma história pessoal bastante relevante para o meu tema, pois quero usá-la para salientar alguns pontos pessoais teóricos e políticos essenciais, que estão no coração de muitos de meus argumentos neste livro. Como você constatará, a história também me liga a um movimento que exigiu que instituições educacionais se juntassem a outras para interromper suposições e formas dominantes de organizar a vida diária. Ela remete a um grande movimento para o qual grande parte da comunidade crítica educacional pode ter dado menos atenção do que deveria. Estou falando dos movimentos dos direitos do deficiente, que ofereceram, durante décadas, teorias e estratégias ativistas (cf., p. ex., BARTON, 2001, 2006; BARTON & MEIGHAN, 1979).

Para entender meus argumentos unirei o exemplo pessoal com alguns pontos teóricos e políticos substanciais de como poderíamos pensar melhor a conexão dos objetivos transformadores de grupos progressistas para que apoiemos uns aos outros em nossos esforços de "mudar a sociedade". Tanto uma série maior de movimentos sociais progressistas quanto um conjunto de valores centrais – em particular valores de cuidado, amor e solidariedade – terão papéis principais no que se segue.

Meu avô tinha um ditado favorito sobre isso: "Quando a esquerda se alinha em um pelotão de fuzilamento, ela o faz em círculo". Pense nisso. Para mim e para tantos outros, essa é uma história que não podemos mais ter o luxo de recapitular, especialmente quando grupos neoliberais e neoconservadores têm tido muito sucesso em conseguir que suas metas usem escolas para a transformação social e cultural.

Agora a história. Eu tenho artrite, uma condição que tornou cada vez mais difícil meu envolvimento em uma série de atividades. Há alguns anos minha artrite piorou tanto, que eu não posso mais ficar sentado ou de pé durante longos períodos. Tornou-se mais difícil escrever, já que eu não posso trabalhar à escrivaninha na qual eu escrevera por quase três décadas. Quando a dor piorou procurei alternativas. De início, lentamente; depois, de maneira mais acelerada. Devido à pressão crescente de protestos em prol dos direitos dos deficientes, a administração da universidade se adequou à legislação nacional, estadual e local, especificando os direitos deles. Instituições públicas e muitas instituições particulares precisariam ser mais acessíveis e responsáveis. A universidade não era exceção, e nela foram travadas batalhas sobre os direitos do deficiente, a exemplo de muitas instituições. Essas lutas obviamente continuaram, assim como continuam as lutas sobre seus próprios significados.

Na medida em que eu assumia mais responsabilidades dentro da administração da universidade pude perceber – até mesmo em um tempo de escassez fiscal (APPLE, 2006; LEIS, 2003) –, por causa de vitórias de grupos de direitos do deficiente, que a instituição mantinha fundos para equipamentos. Isso tornou minha vida – e a vida de muitos outros – mais fácil.

Eu iria receber uma escrivaninha que podia ser levantada, abaixada e ajustada em diferentes ângulos, tudo eletronicamente. Também iria receber uma cadeira que podia ser ajustada de muitas maneiras, dependendo do lugar e do nível de dor que eu sentia. Uma solução estava à mão; eu podia voltar a ser "normal".

Não estou contando essa história para causar compaixão. A verdadeira questão é o que aconteceu em seguida, algo que se refere às políticas de esquerda e às políticas complicadas das identidades progressistas enquanto lidam com o papel de instituições educacionais nos processos de transformação social.

Para receber esses equipamentos eu tinha de assinar um documento oficial declarando ser "deficiente". Para ser honesto, levei muitos dias para assinar aquele papel. Há uma intensa fenomenologia ligada a isso. Eu não me via como uma "pessoa deficiente". Para mim esse rótulo me "diminuiria"; ele me faria "menos" do que eu "era de verdade". Um binômio quase visceral entre normal/anormal agia poderosamente em mim. "Exterioridades constitutivas" estavam sendo produzidas pelas políticas do meu senso comum (cf. BUTLER, 1999; cf. tb. YOUDELL, 2006, 2011). Não é necessário ser um leitor íntimo de Foucault para compreender aqui as micropolíticas e a construção de identidade em ação. Um duro trabalho ideológico e pessoal foi necessário para que eu não só assinasse o formulário e ser listado no registro estadual por uma identidade que eu não reconhecia. Era também ainda mais necessário me levar para mais longe do reducionismo e dos impulsos essencialistas nos estudos educacionais críticos com os quais eu já estava tendo dificuldades (cf. tb. SLEE, 2009). De fato, como argumentarei mais tarde, dentre as tarefas do estudioso/ativista crítico em educação está reconhecer continuamente e publicamente a importância desse trabalho pessoal e ideológico duro e estar ainda mais aberto para aprender com tradições críticas múltiplas. Não se pode responder adequadamente à pergunta se a educação pode mudar a sociedade, a não ser que se olhe para a sociedade da posição de múltiplos grupos oprimidos.

Durante anos, em meu trabalho inicial – embora tenha sido um forte defensor do trabalho crítico nas relações de classe e economia política – escrevi extensivamente sobre os perigos do essencialismo de classe e do reducionismo econômico (cf., p. ex., APPLE, 1986, 2004, 2012). Defendera uma maior ênfase sobre o poder relativamente autônomo de estruturas de gênero e raça e dinâmicas sobre a importância de se concentrar na política da vida diária (APPLE & WEIS, 1983; cf. tb. BOURDIEU, 1984). Embora não fosse um proponente de abordagens "pós", fui forçado a entender alguns dos argumentos iniciais expostos pelos pós-modernismos e pós-estruturalismos e, ecoando Nancy Fraser, pelo que poderíamos hoje chamar de política do reconhecimento (esforços em grande parte econômicos sobre a produção, controle, distribuição e acesso a recursos, mobilidade e capital) (FRASER, 1997). Porém, mesmo com meus primeiros trabalhos sobre a política de rotulação (APPLE, 2004) e meu reconhecimento de que os processos de rotular crianças como "necessidades especiais" são profundamente racializados, as estruturas, dinâmicas, relações e movimentos que cercam e formam questões de deficiência eram menos impactantes em minha consciência. Eu digo isso com bastante vergonha. Mas suspeito que não seja o único nisso.

Muitos estudiosos e ativistas progressistas tendem frequentemente a tratar todas as coisas que não lidam abertamente com classe e capitalismo, como a dinâmica motora fundamental da sociedade, como epifenomenais[7]. Portanto, a resposta para a pergunta "A educação pode mudar a sociedade?" é "sim", se e somente se ela desafiar abertamente classe e capitalismo. Dessa forma, outros desafios se tornam menos significativos ou são apenas valorizados por seu papel "auxiliar" em agir diretamente sobre relações e estruturas capitalistas. Eu obviamente argumentei em muitos lugares que compreender as relações de classe, como também as dinâmicas e as estruturas econômicas, é fundamental para se lidar com os modos pelos quais as sociedades operam (cf., p. ex., APPLE, 1982, 2012). Seria necessário estar vivendo em um mundo totalmente divorciado da realidade para não ver o poder das relações de classe e as dinâmicas e estruturas econômicas na crise de hoje, particularmente. Ignorar o fato de que os capitalismos se tornaram verdadeiramente globais e são imensamente poderosos na vida de tantas pessoas, de maneira imensamente destrutiva, é não estar seriamente engajado na pergunta deste livro ou nas realidades que bilhões de pessoas enfrentam (DAVIS, 2006; cf. tb. APPLE, 2010).

Mas outros foram mais longe no campo da análise redutiva, assumindo frequentemente que tudo o que é importante pode ser reduzido a essas dinâmicas e estruturas, envolvendo-se com respostas planejadas que obliteram complexidades, interceptando relações de poder e opressões e, infelizmente,

---

7 Há muito defendo que nenhum entendimento crítico completo da sociedade pode ser mantido se não se envolver seriamente com e em análise de classe. Mas, embora necessárias, essas análises não são suficientes.

afastando possíveis aliados. Quero alegar, entretanto, que mesmo se essa abordagem redutiva for verdadeira (não acredito que isso seja um entendimento adequado de movimentos sociais e sua relação com transformações sociais ou um reconhecimento adequado do poder de movimento sobre os direitos das pessoas) (cf. APPLE & BURAS, 2006), ela impede que alianças importantes, essenciais para projetos progressistas, sejam formadas, pois ela tende a reconhecer mal o fato que esta sociedade tem relações de poder múltiplas e complexas que informam e se desgastam mutuamente. Ela também é caracterizada por estruturas e dinâmicas contraditórias. Por exemplo, ao invés de reconhecer mal as implicações e o poder de reivindicações de direitos do deficiente, que apontei, olhar para maneiras pelas quais poderíamos trabalhar juntos em frentes e questões específicas é mais importante. O exemplo que estou usando envolve preocupações com uma "política do corpo" e as maneiras pelas quais essa sociedade lida com essa "habilidade". A conexão dessas questões pode funcionar em benefício mútuo se a "igualdade afetiva" é levada a sério, juntamente com questões de economia.

Como alguns de vocês devem saber, propus que precisamos procurar pelo que chamei de "unidades descentralizadas". Elas são espaços cruciais para transformações educacionais e sociais maiores, possibilitando que movimentos progressistas encontrem um terreno comum e um lugar onde seja possível participar de lutas conjuntas que não subordinem cada grupo à liderança de apenas um entendimento de como a exploração e a dominação operam na vida diária (APPLE, 2006).

Aqui está um exemplo de uma das maneiras que uma política de redistribuição e uma política de reconhecimento se cruzam, de tal forma que alianças possam ser construídas, apesar de diferenças. E elas fazem isso desafiando uma das suposições mais fundamentais que sustentam as economias e os modos de vida capitalistas dentro e fora das instituições educacionais. A forte resistência aos modos pelos quais o trabalho remunerado e os trabalhadores remunerados são tratados torna possível novas relações.

Movimentos de direitos do deficiente oferecem possibilidades poderosas para a interrupção de formas ideológicas capitalistas e suas formas subordinadas de organizar e controlar o trabalho. E eles fazem isso desafiando algumas das suposições que sustentam as economias e os modos de vida capitalistas dentro e fora das instituições educacionais. Ao resistir tenazmente aos modos pelos quais o trabalho remunerado e os trabalhadores remunerados são tratados, novas relações se tornam possíveis.

Por exemplo, exigências de que a organização de trabalho remunerado e o ambiente onde ele ocorre devem ser mudadas para responder respeitosamente às "diferenças" de deficientes não são epifenomenais. Elas criam espaços para a resistência da ideia do "trabalhador universal", que deve *somente* ser valorizado por sua produtividade ao menor custo possível. A exigência de que o ambiente físico deva ser alterado para suprir e ser responsivo a uma série de "habilidades" tem implicações radicais para prever e depois trazer à existência novos ambientes nos quais os direitos da pessoa são tão cruciais quanto o lucro. O fato de que o Estado interveio nesse processo também demonstra que, como um local de esforços – no meu caso e de outros, parte do aparato educacional do Estado –, ele pode ser usado para vitórias (parciais), mesmo diante de imensas contrapressões (APPLE et al., 2003). Também acredito que essas exigências tenham o potencial de abrir espaço – mas apenas um espaço parcial que precisa ser consideravelmente expandido – para o que Lynch, Baker e Lyons chamam de "igualdade afetiva". Ela se refere a uma ética na qual cuidado e solidariedade ficam mais facilmente lado a lado em questões de igualdade econômica (ARNOT & DILLABOUGH, 2001; DAVID, 2003, 2009; LYNCH; BAKER & LYONS 2009; NODDINGS, 2003).

Não estou pedindo que sejamos românticos nesse caso. Nem estou assumindo que os únicos modos, ou mesmo modos primários, de julgar o valor de movimentos sociais antiopressivos dentro e fora de instituições educacionais sejam sua contribuição aberta para o desafio de relações capitalistas, embora fosse certamente bom se eles também fizessem isso. Ao contrário, estou sugerindo que a formação do que notei anteriormente e que chamei muitas vezes de *unidades descentralizadas* (APPLE, 1996, 2006; APPLE et al., 2003) – que desafiam a exploração e a dominação (conceito analítico e não retórico que se encaixa parcialmente nos termos de redistribuição e reconhecimento) – é parcialmente dependente de pontos de convergência entre movimentos sociais progressistas (cf. tb. KUMASHIRO, 2009). Um desses pontos de convergência é o esforço conjunto sobre o controle de processos de trabalho (tanto pagos como não pagos), sobre o ambiente físico no qual o trabalho ocorre e sobre como tais batalhas sobre o controle podem ser ligadas a múltiplas motivações.

Novamente sou parcialmente guiado pela análise de Fraser sobre a importância de se ter uma política de redistribuição e uma política de reconhecimento que *não* contradigam uma à outra (FRASER, 1997) e que possam ser guiadas pelo respeito mútuo. Sou também guiado pelo movimento da Teoria de Raça Crítica em direção a uma análise de interseccionalidade; o ímpeto de ver relações de poder diferencial relacionalmente implicadas umas às outras e requerendo análise e ações baseadas em tais entendimentos interseccionais (BHOPAL & PRESTON, 2012; GILLBORN, 2008). Portanto, essas políticas deveriam ser vistas, com a maior frequência possível, como grupos de projetos que podem se entrelaçar e se apoiar mutuamente, com a concordância de ambos[8]. Elas se tornam

---

8 As complexidades envolvidas em várias abordagens críticas e os modos pelos quais cada uma tem em conta a dinâmica do poder pode ser vista em Apple, Au e Gandin (2009) e Apple, Bull e Gandin (2010). Deve ficar claro que em minha discussão também estou levantando dúvidas substanciais sobre a eficácia teoré-

aspectos-chave do que Raymond Williams (1961) chamou tão eloquentemente de "a longa revolução", efeitos cumulativos, através do tempo, de movimentos populares múltiplos que desafiam a dominância em todas as nossas instituições.

Igualdade afetiva

Esses argumentos ganham mais poder se forem ligados ao trabalho recente feito acerca de tipos de valores que são corporificados no ativismo de deficiência e nos processos de trabalho associados às realidades de pessoas com diferentes níveis de habilidade. É aqui que a discussão dos valores centrais que devem guiar a educação e a sociedade como um todo – e nossos esforços para as transformarem – entram de forma ainda mais premente.

Deixe-me empregar as análises de Lynch, Baker e Lyones em seu livro *Affective Equality* (2009), para aprofundá-las com meus comentários. Elas oferecem alguns pontos cruciais de intervenção em ideias propostas por neoliberais de que escolas devem espelhar instituições "lucrativas" e que seu valor final deve ser visto em sua habilidade de "produzir" altas notas de prova. Seu volume se baseia e vai além do livro merecidamente conhecido, *Equality: From Theory to Action* (BAKER; LYNCH; CANTILLON & WALSH, 2004), onde examinam criticamente o "déficit de igualdade afetiva" como um dos quatro sistemas sociais constitutivos nos quais igualdades e desigualdades são produzidas e reproduzidas. *Affective Equality* é totalmente devotado ao sistema afetivo e a uma interrogação muito refletida de relações sociopolíticas, ideo-

---

tica e política de tentativas de alguns autores críticos de reduzir "raça" a apenas expressão de dinâmica capitalista e relações de classe. Obviamente, alguns aspectos de estruturas raciais são relacionados a tais dinâmicas e relações. Mas a tentativa de compreender os processos fundamentais de racialização através de uma lente que evacue a verdadeira natureza constitutiva da raça e de sua relativa autonomia é profundamente falha. De muitas maneiras, tal tentativa pode infelizmente funcionar como a *performance* da "brancura" no nível ideológico. Cf. Cole, 2009a, 2009b; Hill, D., 2009; Gillborn, 2009a, 2009b.

lógicas e pessoais que oferecem e sustentam (ou não) "amor, cuidado, e solidariedade" (p. 3). No processo, eles criam e expandem uma descrição criticamente orientada dos elementos de tais relações, examinam os processos de trabalho emocionais, intelectuais e físicos envolvidos nelas, e conectam esses processos às estruturas econômicas, políticas e culturais e às realidades em que estão inter-relacionados dialeticamente[9].

Como outros estudiosos que podem se voltar mais fortemente a tradições psicanalíticas feministas (cf., p. ex., BRITZMAN, 2009), esse trabalho também é um progresso considerável sobre teorias atuais que ignoram ou minimizam uma série de fatores: o significado dos componentes afetivos da vida diária, do que podemos chamar de capital emocional e dos modos pelos quais as intersecções de gênero e classe atuam em múltiplos níveis. Eles são justamente eficazes em demonstrar os profundos erros de reconhecimento e evisceração que sustentam suposições neoliberais sobre o que conta como "racionalidade" (cf. tb. FROSH, 2009; LUTRELL, 2009).

Em outro trabalho pedi que estudiosos/ativistas críticos da educação e de outras áreas agissem com "secretários críticos" das vozes e lutas daqueles que enfrentam diariamente as realidades da vida em sociedades tão profundamente caracterizadas por severas desigualdades (cf., p. ex., APPLE; AU & GANDIN, 2009; APPLE, 2010) e eu o farei novamente no próximo capítulo deste livro. A maior parte de *Affective Equality* faz precisamente isso. Retrata e analisa as vozes, a alegria, a dor e as densas realidades de mulheres e homens engajados nas atividades associadas com o trabalho do amor, cuidado e solidariedade de modos detalhados e perspicazes, usando frequentemente o exemplo do trabalho com pessoas "deficientes" como instanciações cruciais de seus argumentos. Não é

---

9 É claro que o trabalho de Nell Noddings sobre assistência (NODDINGS, 2003) também é importante aqui. Entretanto, Lynch, Baker e Lyons vão além desse trabalho, conectando assistência, amor e solidariedade a questões estruturais maiores.

preciso dizer que isso caracteriza e deve caracterizar o melhor do trabalho educacional. Esforços pela transformação da educação que não tem como um de seus objetivos a proteção e o cuidado afetuoso dessas normas e valores ameaçam o que faz a educação diferente de um simples treinamento.

Não é "simplesmente" o fato de que o sistema afetivo se refere à política de reconhecimento, embora se refira[10]. Mas vai além disso. O sistema afetivo é apenas tão fundacional quanto outros sistemas estruturados e estruturantes que servem como blocos construtores da sociedade. De fato, uma sociedade que não se reorganiza em torno de normas e racionalidade de amor, cuidado e solidariedade e não se envolve em lutas bem-sucedidas sobre essas formas não pode ser considerada verdadeiramente comprometida com a igualdade. Embora em um capítulo mais adiante eu vá propor algumas perguntas sobre a concentração exacerbada no cuidado e na solidariedade – não dando a devida atenção aos outros esforços substanciais para se trabalhar com questões do currículo e do ensino –, é fundamental compreender que um sistema educacional que evacue essas normas e racionalidades é melhor visto como "treinamento", ao invés do que podemos chamar propriamente de educação. Criar uma educação que incorpore essas normas "afetivas" é *desafiar as estruturas de (des)igualdade de uma sociedade.*

Isso é especialmente importante considerando o que está acontecendo atualmente na educação. Cada vez mais, sob o poder crescente de formas ideológicas neoliberais, a educação está sendo comoditizada. Suas instituições estão sendo transformadas em "produtos" que devem ser sujeitos à lógica do mercado, e não somente em Nova Orleans. E as pessoas que trabalham

---

10 De certa maneira, o trabalho sobre a igualdade afetiva pode ser visto como uma grande contribuição aos debates sobre o que eu anteriormente chamei de política de retribuição e de política de reconhecimento (cf. FRASER 1997), embora essa interpretação possa pôr limites sobre os argumentos mais amplos de Lynch, Baker e Lyon.

em instituições educacionais em todos os níveis são valorizadas apenas pelas suas contribuições a uma economia crescentemente desigual, com resultados de exames como um parâmetro para competitividade nacional e internacional. Esse conjunto amoral (senão imoral) de suposições é não somente destrutivo para uma educação digna de seu nome; mas ele também desvaloriza e é profundamente desrespeitoso diante do trabalho de amor, cuidado e solidariedade, que sustenta tantas atividades educacionais dentro e fora de instituições formais de educação. De fato, essas normas podem agir para contradizer diretamente às demandas por culturas de auditoria e pela constante produção de evidência de ser fonte de produção de lucro e de estar agindo de maneira empresarial, tão dominantes em nossa época neoliberal (APPLE, 2006; OLSSEN, 1996). A imensa pressão para julgar o ensino apenas por meio de "avaliação de *performance*" é nada senão uma indicação, porém poderosa, dessas tendências.

Mas isso não é tudo. As questões com as quais a qualidade afetiva lida também oferecem espaço para a criação de conexões íntimas entre motivações subliminares aos direitos do deficiente e, digamos, lutas feministas para a redistribuição e o reconhecimento. Isso pode, portanto, mais uma vez, enfatizar as possibilidades de criar unidades descentralizadas, mencionadas anteriormente. Os próprios conceitos empregados por "prestadores de cuidados" (a palavra *cuidados* é crucial aqui) e por aquelas diferentes pessoas não deficientes com quem eles trabalham se referem diretamente a muitas acepções feministas do significado das estruturas de cuidado, comunidade e pessoalidade que ofereceram elementos-chave em mobilizações individuais e coletivas das mulheres dentro e fora da educação (cf., p. ex., ARNOT & DILLABOUGH, 2001; DAVID, 2003, 2009; LYNCH; BAKER & LYONS, 2009)[11].

---

11 Como notei, um dos mais profundos trabalhos sobre isso tem sua base na tradição psicanalítica critica. Gostaria de agradecer à Miriam David por seus comentários críticos sobre esse assunto.

O fato mencionado anteriormente de que as crianças que não são brancas têm muito mais chances de serem rotuladas como "tendo uma deficiência mental" que requer sua inscrição em programas de educação especial, atesta também os espaços para alianças. Embora a linguagem possa ter mudado com o tempo para um vocabulário mais "clínico" e "assistencial" (APPLE, 2004), os próprios processos de rotulação e as identidades associadas a esses rótulos distorcidos por dinâmicas de racialização infelizmente ainda atestam a história da eugenia na educação (SELDEN, 1999). Aqui, também, movimentos podem ser construídos em torno de preocupações e lutas partilhadas.

Essa discussão precisa ser desenvolvida mais claramente, embora tais alianças já estejam sendo construídas e postas em prática em muitas nações e instituições (cf., p. ex., APPLE; AU & GANDIN, 2009). Ainda há muito mais aprendizado que eu e outros temos de realizar acerca desse grupo de questões e suas intersecções com muitas outras formas de opressão, resistências, esforços e movimentos anti-hegemônicos. Mas uma coisa é certa: isso fez com que eu e muitas outras pessoas comprometidas com uma educação criticamente democrática pensássemos em uma série mais ampla de questões sobre uma política de interrupção e reconhecêssemos as múltiplas comunidades que têm de estar e estão envolvidas na resposta à pergunta se as lutas na educação e à sua volta podem ter efeito na sociedade como um todo. E fez com que eu e muitas outras pessoas não simplesmente compreendêssemos, mas agíssemos em e com um grupo mais amplo de movimentos. Lembrar o imenso poder da economia como uma "estrutura estruturante" central, mas sem limitar nossa percepção do que a "sociedade" na realidade é com respostas preconcebidas ou confesar uma abertura para multiplicidade e interseccionalidade é um momento-chave desse processo.

Pensando mais incisivamente sobre a questão

Agradeço pela sua paciência por deixar que eu recontasse algumas das viagens e argumentos pessoais, políticos e teóricos que levaram à minha abordagem para responder à pergunta central deste livro. Ao tornar essas viagens e argumentos públicos na seção anterior deste capítulo 1, um exemplo foi dado das lutas dentro de múltiplas instituições – incluindo lugares como universidades – que têm um caráter recursivo. Os movimentos em torno dos direitos do deficiente desafiam suposições comuns sobre o trabalho e os trabalhadores e sobre como nós pensamos fundamentalmente sobre (des)igualdade. Esses desafios ganham vitórias parciais no nível ideológico e no nível de como o trabalho remunerado é na realidade organizado. Mudanças nessas suposições e nas estruturas de organização do trabalho podem criar novas identidades e novas exigências. Igualmente importante é o fato de que elas têm o potencial de abrir espaços para mobilizações coletivas dentro e fora da educação que capacitam grupos com diferentes ideais progressistas a encontrar caminhos para uma ação conjunta. Uma ética de assistência e o reconhecimento do caráter crucial do trabalho de assistência como uma base de igualdade podem estar conectados com um desafio fundamental aos modos pelos quais o trabalho é desrespeitado e controlado estruturalmente em escolas e muitas outras instituições.

Mas esse é apenas um exemplo de como grupos podem encontrar meios de construir alianças atravessando nossas diferenças. Ele aponta para a possibilidade de se engajar com o papel da educação na reprodução de instituições dominantes em um grupo mais amplo, com um conjunto maior de grupos. Mas a questão principal com a qual começamos este capítulo ainda persiste. Sim, há um conjunto maior de grupos. Sim, as normas de competição, privatização e individualismo possessivo precisam ser contraditas por uma ética de amor, cuidado e solidariedade. Mas a educação pode realmente *fazer* alguma coisa poderosamente transformadora em direções progressistas ou ela se tornou tão presa aos ideais – que eu, em outro trabalho, chamei de "modernização conservadora" (APPLE, 2006) –, que estes se tornaram simplesmente sonhos utópicos? Nossos esforços para se concentrar em escolas como locais importantes valem realmente a pena?

Não somos os únicos a levantar tais questões. É fácil demais se tornar cético em tempos como esse. Mas deixe-nos lembrar de nossa história. O grande educador brasileiro Paulo Freire e muitos outros que eram mais especificamente enraizados na história do trabalho crítico educacional e cultural nos Estados Unidos, como George Counts, Harold Rugg, Miles Horton, Anna Julia Cooper, W.E. Du Bois, Carter Woodson e outros, constantemente levantaram questões. Grande parte de suas vidas foi devotada a respondê-las afirmativamente. Eles e outros foram guiados por uma preocupação permanente com o papel da educação não apenas em reproduzir dominância, mas também seu papel em desafiar dominância. Eles podem ter feito uma combinação de sonhos utópicos e realismo duro sobre como o poder desigual trabalha na educação e na sociedade maior. Mas eles decididamente não eram céticos.

Como essas pessoas, depois desses trabalhos teóricos também precisamos voltar a nossa pergunta primária. É simples dizer, mas difícil responder de forma simples. É aquela que dá o título deste livro. "A educação pode mudar a sociedade?" Neste ponto do meu capítulo introdutório preciso dizer algo mais, algo que mais uma vez pede para não sermos céticos.

O que as escolas fazem?

Deixe-me começar dizendo que esse modo de fazer a pergunta tem alguns problemas conceituais, empíricos e políticos sérios. Em primeiro lugar, é importante perceber que a educação *é* parte da sociedade. Ela não é algo estranho, algo que fica do lado de fora. De fato, ela é um conjunto primordial de instituições e um conjunto primordial de relações sociais e pessoais. Ela é simplesmente tão central para uma sociedade quanto lojas, pequenos negócios, franquias de *fast-food*, fábricas, instituições de saúde, firmas de advocacia, empresas de seguros, bancos, trabalho doméstico não remunerado e tantos outros lugares onde as pessoas e o poder interagem.

Mas há outras coisas que decididamente não a tornam um conjunto "exterior" de instituições e práticas. Deixe-me tomar escolas como exemplo. Mesmo se uma pessoa sustenta a crença ortodoxa de que apenas instituições econômicas são o centro de uma sociedade e que, antes que possamos mudar as escolas temos de mudar a economia, como sugerido em minha discussão sobre o significado das reivindicações dos direitos do deficiente, as escolas são locais onde as pessoas *trabalham*. Pessoas da manutenção, professores, administradores, enfermeiros, assistentes sociais, religiosos, psicólogos, conselheiros, cozinheiros, guardas, assistentes de classe – todos, nesses grupos de pessoas, envolvem-se em trabalho remunerado dentro e em torno de locais que chamamos de escolas. Cada um desses tipos de posição tem um conjunto de relações de trabalho e distinções de classe ligado a ele. E cada um é estratificado não apenas por classe, mas também por raça e gênero.

Portanto, o ensino é frequentemente visto como o trabalho remunerado da mulher, assim como enfermeiras de escola e as pessoas que normalmente servem a comida na cafeteria da escola. Em muitas áreas, essas mesmas mulheres que servem comida não são brancas, assim como as assistentes de classe em muitas áreas urbanas. O trabalho de manutenção é normalmente feito por homens e as secretarias escolares geralmente são ocupadas por mulheres. Não só o processo de trabalho de cada um é diferente, embora haja uma dinâmica significativa de proletarização e intensificação do trabalho dos professores (APPLE, 1986, 2012) – de fato, a melhor descrição do ensino que já ouvi foi de um vizinho, um professor de escola secundária, que disse: "Mais uma vez eu não tive tempo nem de ir ao banheiro hoje!") –, mas há diferenças significativas no salário e prestígio ligadas socialmente a cada um. Portanto, seria muito errado ver as escolas como outra coisa senão uma sociedade.

Como locais de trabalho remunerado elas são *partes integrais* da economia. Como locais de trabalho diferenciado elas reconstituem (e às vezes desafiam) hierarquias de classe, gênero, raça e "habilidade". E como instituições que têm servido historicamente como motores da mobilidade da classe trabalhadora em termos de empregar verticalmente formandos da faculdade – que frequentemente são vistos como "não realmente merecedores" ou mesmo como os "Outros desprezados", tais como as pessoas não brancas –, elas têm tido um grande papel como arenas na luta sobre questões de classe, gênero e avanço econômico de raça. Minha própria história – de ter nascido pobre, ir de escolas pobres para a escola noturna para se tornar professor e depois passar para a pós-graduação na University of Columbia –, documenta parte dessa luta. É o resultado *tanto* de cooptação (dar a algumas crianças pobres e de classe trabalhadora a chance de conseguirem como indivíduos, mas sem mudar radicalmente as estruturas que criam a pobreza) quanto da luta bem-sucedida.

Mas não é apenas como local de trabalho que as escolas são parte da economia. Como vimos anteriormente, elas também são locais que estão sendo crescentemente colocados em um mercado por meio de coisas como planos de *voucher*. Elas próprias estão se tornando cada vez mais focos de lucro (BALL, 2007, 2012; BURCH, 2009). Seus alunos estão sendo cada vez mais trazidos e vendidos como "audiências cativas", para propaganda de "reformas" como Channel One: serviço de televisão para fins lucrativos com comerciais obrigatórios que atraiu um grande número de sistemas escolares nos Estados Unidos. Escolas virtuais com fins lucrativos – um conjunto de instituições educacionais cada vez mais rentável – podem ter sido mostradas para *não* melhorar os resultados dos estudantes.

Mas isso não interrompeu seu crescimento rápido ou sua habilidade de gerar grandes investimentos (SAUL, 2011). Interromper a venda de escolas e crianças *é* uma forma de ação que desafia a economia. Essa é uma das razões por que muitos de nós trabalhamos em aliança com ativistas comunitários por todo o país para tirar entidades com fins lucrativos, como o Channel One, das escolas (APPLE, 2000, 2006; MOLNAR, 1996).

Até aqui me concentrei nos modos pelos quais as instituições educacionais são de muitas maneiras parte da economia, e não coisas que existem isoladamente dela. Mas, como mencionei anteriormente, isso ignora os modos pelos quais lutas culturais são cruciais e, embora elas sejam profundamente ligadas a questões econômicas, não podem ser reduzidas a estas sem causar danos à complexidade da vida real (APPLE et al., 2003; APPLE & BURAS, 2006).

Considere a história das lutas dos negros americanos contra uma sociedade profundamente racista. As escolas tiveram um papel central na criação de movimentos por justiça e foram muito importantes na formação de mobilizações sociais de maior escala dentro de comunidades negras. Em essência, ao invés de serem reflexos periféricos de grandes batalhas e dinâmicas nas lutas acerca do ensino – sobre o que deve ser ensinado, sobre a relação entre as escolas e as comunidades locais, sobre os próprios fins e meios da instituição –, ofereceram um espaço de experienciação para a *formação* de grandes movimentos sociais por igualdade (ANDERSON, 1988; ANYON, 2005; APPLE et al., 2003; BELL, 2005; BINDER, 2002; BROWN-NAGIN, 2011; DOUGLAS, 2005; HOGAN, 1982; HORNSBY, 2009; KROUSE, 2003; LADSON-BILLINGS, 2009; LIPMAN, 2011; MOSS, 2009; MURCH, 2009). Esses movimentos coletivos transformaram nossas definições de direitos – de quem devia tê-los – e do papel do governo em garanti-los, e as transformações não teriam ocorrido se as mobilizações comunitárias não houvessem sido organizadas (FRASER, 1997; GIUGNI; McADAM & TILLY, 1999). Em casos como esse, a educação foi e é uma arena verdadeiramente poderosa para a construção de coalizões e movimentos, uma arena cujos efeitos sociais podem ecoar por toda a sociedade. Resumindo, ela é essencial, tanto para a criação de mobilizações duradouras quanto para a melhoria de habilidades e disposições de interrupção baseadas na construção e na defesa de normas comunitárias de cuidado, amor e especialmente solidariedade uns com os outros.

Mas isso não é tudo. A educação tem claramente um papel social de destaque na formação de identidades (APPLE & BURAS, 2006; YOUDELL, 2006, 2011); um ponto-chave intensamente reconhecido na literatura e no material muito crítico da super-representação de estudantes não brancos na educação especial (cf. ALEXANDER, 2012). Em outras palavras, as crianças passam grande parte de suas vidas dentro de prédios que chamamos de escolas. Elas se familiarizam com relações de autoridade, com o trabalho emocional, tanto de trabalhar sua apresentação de ser quanto de estar com outros, que são iguais e diferentes. As transformações no conteúdo e estrutura dessa organização-chave têm efeitos duradouros nas disposições e valores sobre os quais agimos e não agimos, sobre quem somos e sobre quem pensamos que podemos nos tornar. Cuidado, amor, solidariedade – ou a *ausência* deles – estão entre os blocos constitutivos da identidade de uma pessoa. Essa questão irá ter um papel significativo em minha discussão sobre importantes estudiosos/ativistas americanos negros que passaram suas vidas, por um lado, desafiando os modos como instituições educacionais dominantes e os seus currículos "deseducavam" jovens negros e, por outro lado, lutaram com sucesso para criar instituições e conhecimento que constroem identidades coletivas mais poderosas e transformadoras.

Aqui também não se trata de uma posição intelectual e política, mas de uma posição baseada em experiências pessoais muito intensas. Eu, por exemplo, tenho muitas lembranças de como meu filho Paul foi tratado com diferença durante sua carreira escolar simplesmente por ser afro-americano; como também pelos efeitos danosos que isso teve em seu sentido de ser quanto em sua compreensão do que era possível se tornar.

O modo como um sistema escolar foi reorganizado para combater expressamente esses efeitos danosos será tratado mais adiante neste livro na discussão sobre Porto Alegre. Nesse capítulo, Luís Armando Gandin e eu discutiremos econômica e culturalmente um exemplo de educação crítica que tem como um dos elementos principais desafiar socialmente identidades injustas e mudar identidades dos estudantes, professores e comunidades. Classe, raça, deficiência etc. foram levados muito a sério. E todas as políticas guiadas por uma ética de cuidado, amor e solidariedade com o objetivo de usar a escola para transformar a cidade.

Porém, escolas e outros cenários educacionais também são parte do aparato cultural da sociedade de outras formas, além da construção de identidades (positivas ou negativas). Elas são mecanismos fundamentais na determinação do que tem valor socialmente como um "conhecimento legítimo" e o que é visto meramente como "popular". Em seu papel de definir, em grande parte, o que é considerado conhecimento legítimo, elas também participam do processo em que alguns grupos ganham *status* e outros se mantêm sem reconhecimento e minimizados (APPLE, 2000, 2004). Portanto, aqui também escolas estão no centro de lutas sobre uma política de reconhecimento, raça/etnia, classe, gênero, sexualidade, habilidade, religião e outras importantes dinâmicas de poder (BINDER, 2002; FRASER, 1997). Igualmente é possível perceber que, sob a influência de movimentos de direita, lugares como o Arizona, com seus ataques aos cursos de estudos étnicos, escolas e currículos, se tornam sempre mais locais de intensos conflitos entre a memória e a amnésia coletivas. Esses também são espaços para ação política e educacional.

Arriscando-se

No último parágrafo da seção anterior argumentei sobre a importância de ver escolas como locais para ação. Porém, é preciso ser honesto sobre algumas implicações desse argumento. Envolver-se em ações políticas/educacionais significativas nas e através de escolas e outras instituições educacionais é *arriscado*. Isso pode levar a um duplo perigo.

O primeiro deles é a arrogância: eu tenho *a* resposta correta, a posição ética e política correta, e não preciso lhe dar ouvidos. Esse é um perigo muito real surgido em várias comunidades educacionais críticas. O compromisso político deve ser neutralizado pela humildade e pelo compromisso em ouvir cuidadosamente as críticas.

Mas há um segundo perigo. Coletivizar compromissos éticos, políticos e educacionais pessoais, tornando-os bem comum e extensivos a todos, pode ser ameaçador para pessoas com poder – em um dos capítulos deste livro relato alguns desses perigos.

Com isso não quero minimizar a natureza do que pode acontecer com educadores em um tempo de ataques conservadores nem quero falar por outros. Dizendo a verdade, é muito mais fácil expressar essas coisas sendo detentor de uma livre-docência em uma grande universidade politicamente progressista. As pessoas têm de estar com os pés no chão e tomar suas próprias decisões baseadas no quanto podem arriscar.

Também é necessário usar de coerência sobre outro ponto. Vivemos em uma sociedade onde todos os dias são negados a milhões de pessoas os seus direitos: bom emprego com remuneração justa, assistência médica, moradia decente, escolas de qualidade que respeitem seus professores, alunos e a comunidade da qual faz parte, governo honesto... Paro por aqui porque a lista é grande e minha raiva aumenta. Os riscos que milhões de pessoas que vivem nos Estados Unidos (como também em outros lugares) correm todos os dias para sobreviver, os perigos que enfrentam diante de condições opressivas endereçadas a elas e a seus filhos... Tudo isso é real e não pode ser tratado com retórica.

O próximo capítulo mostra o que os educadores críticos precisam fazer para evitar políticas retóricas. Empregando o trabalho de Paulo Freire – uma pessoa que demonstrou consistentemente como e por que a educação ocupa um lugar central em uma política combinada de retribuição e reconhecimento – o capítulo focará os vários ganhos teóricos e políticos que foram feitos, em nosso entendimento, dos limites e possibilidades de transformar tanto a educação quanto a sociedade como um todo. Nesse processo ele sugere uma série de tarefas em que o "intelectual público" – o que chamo de *estudioso/ativista crítico* em educação – precisa se engajar, se quiser levar as questões deste livro a sério. Os capítulos seguintes dão exemplos de estudiosos/ativistas historicamente importantes que incorporaram esse conjunto de responsabilidades de forma séria: George S. Counts, W.E.B. Du Bois e Carter G. Woodson.

A seguir serão dados exemplos detalhados de tentativas nacionais e internacionais bem-sucedidas de usar a educação para a transformação social. Como disse anteriormente, um desses exemplos são as imensamente elogiadas reformas criticamente democráticas em Porto Alegre, o berço do Fórum Social Mundial e do Fórum Mundial da Educação. O segundo exemplo aborda um uso oculto da educação menos conhecido, mas infelizmente igualmente poderoso e bem-sucedido, pelas forças corporativas de impelir a sociedade em direções consideravelmente mais neoliberais, neoconservadoras, religiosas, populistas e autoritárias.

Os capítulos finais abordarão a responsabilidade pessoal e o que pode e está sendo feito para criar várias condições importantes para o ensino criticamente democrático que participe da transformação social.

2
Paulo Freire e as tarefas do estudioso/ativista crítico na educação

Freire, diálogo e práxis

O que significa levar nossas responsabilidades a sério? Como nos firmamos nos tipos de questão que levantei em meu capítulo introdutório? Como aprendemos uns com os outros sobre lutas econômicas, políticas e culturais variadas, cruciais para a transformação social, e a ver diferentemente o mundo onde vivemos e seus movimentos educacionais? Quais perspectivas precisamos ter para fazer isso e para quem devíamos nos virar para conseguir e construir esses recursos? Essas questões estão intimamente ligadas à política do conhecimento e à política de quem pode contar legitimamente como conhecedor. Inicio este capítulo abordando a política do conhecimento e os conhecedores e o nosso crescente apreço por abordagens pós-coloniais, globais e pedagógicas críticas dessas políticas. Para nos aproximarmos desses pontos enfocarei uma das mais importantes figuras da história da educação crítica: Paulo Freire. Empregarei seu exemplo para desenvolver duas atividades: ligar seu trabalho à literatura emergente sobre pós-colonialismo, globalização e pedagogia crítica – que fornece respostas às questões inicialmente levantadas – e sugerir uma série de tarefas cruciais nas quais educadores críticos têm de se envolver.

Em toda nação houve e há pessoas dedicadas a responder e a agir diante das questões que formaram o coração deste livro. Há aquelas que reconhecem que a educação não é uma atividade neutra, que ela está intimamente ligada a múltiplas relações de exploração, dominação e subordinação, e de forma muito importante com suas lutas para desconstruir e reconstruir essas relações. Em toda nação há pessoas que devotaram suas vidas na criação de novas visões de possibilidades educacionais e novas práticas para incorporá-las. Porém, alguns indivíduos são capazes de gerar visões que são *tão* poderosas, *tão* desafiadoras, *tão* instigantes, que se tornaram professores (utilizo esta palavra com o maior respeito) de centenas, e até mesmo milhares, de pessoas, não somente em seus países, mas também em muitos outros.

Não conheço ninguém mais impactante nesse aspecto do que Paulo Freire. O uso do verbo no tempo presente indica o quanto é difícil deixá-lo no passado. Ele era uma raridade: "professor e amigo". Ele era importante para as muitas pessoas de tantos países que reconhecem que nossa tarefa é "nomear o mundo", construir coletivamente uma educação anti-hegemônica. Educação como a parte maior do terreno de luta reconhecido como instrução. Quem deve controlá-la, e como a instrução crítica (o que ele chamava de conscientização) era ligada a *lutas reais* de *pessoas reais* em *relações reais* e em *comunidades reais*. Para ele, uma educação que não era ligada às lutas pela emancipação e contra a exploração não merecia esse título (FREIRE, 1970). De várias maneiras, ele também incorporou profundamente os valores de cuidado, amor e solidariedade que eu afirmei, no capítulo anterior, ser tão importantes (cf. DARDER, 2002).

Mesmo depois de todos esses anos de sua morte, sua ausência ainda me impacta. Ele morreu quando eu estava começando a escrever uma palestra em sua homenagem pela sua premiação na Universidade de Lisboa. Sua morte ainda me faz pensar no que eu tenho a dizer, como posso honrar uma pessoa para quem a palestra deveria ter sido apresentada e que não é mais capaz de ouvi-la ou lê-la. Esses vazios jamais podem ser preenchidos. O fato que, mesmo depois de muitos anos de sua morte, eu continue a reconhecer seu espaço e a sentir falta de sua voz eloquente é a marca do meu respeito por ele e pelo que simbolizava.

Aqui não desejo simplificar demais a minha complexa relação com Paulo. Como muitos de vocês sabem, ele era autor de uma série de livros teóricos absolutamente importantes e que serviram de base, em várias gerações, em trabalhos educacionais críticos. Poucos meses antes de seu falecimento Paulo havia concluído seu novo livro, *The Pedagogy of Autonomy* (1997), e já estava trabalhando em outro. Como vocês também devem saber, ele sofreu bastante, como muitas outras pessoas do Brasil, do Chile e da Argentina, durante a ditadura militar. Ele também se arriscou em colocar suas ideias em prática servindo como secretário da Educação da Cidade de São Paulo no fim de sua carreira. Tornou-se uma espécie de para-raio de toda crítica social dos direitistas durante aquele tenebroso período. Devido a isso, os ativistas sociais e educacionais que levou para o seu ministério tiveram mais liberdade do que ele. A atenção pairava sobre a sua pessoa, nem tanto sobre as tentativas do público em criar uma educação socialmente mais justa.

Ele merece ser reconhecido e respeitado por tudo isso. Mas há algo mais pessoal que eu preciso dizer, algo que se refere à razão pela qual eu o respeito tanto. Ao ler seu material eu me deparava com trechos – às vezes argumentos inteiros – com os quais discordava. (De fato, havia muitos ativistas educacionais e sociais progressistas do Brasil e de outros países com preocupações parecidas.) Fui afortunado o bastante para ter muitas conversas com ele, às vezes diante de um grande público e às vezes na privacidade de um lar ou de um escritório, algo de que detalharei neste capítulo. Paulo queria discutir; ele conduzia o diálogo como uma espécie de arte. Ele chegou a adiar sua internação em algumas semanas porque simplesmente não suportava ficar isolado. A pior coisa que ele podia imaginar era ficar sem falar.

Entretanto, isso não significa que ele quisesse dominar. *Sempre* ouvia cuidadosamente meus argumentos, concordando ou discordando. Paulo não vestia a máscara de genialidade e *queria* lidar com as questões difíceis. Ele entendia plenamente que não lidar essas questões era uma desculpa para se deixar dominar por elas. Ele queria (talvez exigia seja a palavra mais adequada) que os outros fizessem o mesmo. Horas se passavam, mesmo naqueles grandes diálogos públicos entre nós dois, e eu não consigo me lembrar de querer que eles terminassem. O tempo passado naquelas grandes conversas públicas passou rápido demais; muitas coisas deixaram de ser ditas. O público também sentia o mesmo. Infelizmente não posso dizer o mesmo sobre muitas outras pessoas. Em decorrência dessas conversas públicas e privadas, não há dúvida de que eu mudei, mas ele também mudou. A vontade de tomar uma posição intelectual e política radical em tempo de sério perigo – quando tudo está conspirando contra você – e, ainda assim, mudar de ideia, ver onde pode estar errado, é a característica de pouquíssimas pessoas. Seja expandindo suas preocupações de incluir um espectro mais amplo de dinâmicas do poder envolvidas nas políticas de reconhecimento (gênero, raça e classe) ou lidando com realidades cada vez mais poderosas de globalização, ele tornava as questões em que trabalhava novas ideias, novos terrenos de luta. Por causa disso Paulo continua sendo para mim um modelo de comprometimento radical, um modelo do que se faz quando argumentos melhores do que os seus são dados, um modelo de combinação de teoria e prática com uma práxis pedagógico-política e principalmente como um modelo de ser plenamente humano.

A maneira de honrá-lo é viver a realidade do que jamais pode se degenerar em um *slogan* batido: "Não lamentar a morte". Ensine e organize; Paulo não exigiria menos do que isso. Vamos ao menos tentar fazer o impossível: continuar a preencher o vazio deixado pelo seu falecimento do modo que ele gostaria. Há questões difíceis para ser perguntadas e respondidas, como também trabalho educacional a ser feito. Sua vida pode ter acabado, mas seu legado permanece vivo entre todos nós que exigimos justiça.

A política de estratégias de conversão de classe

Mas como devemos honrar esse legado? A seguir, não farei o que tantos outros fizeram; não usarei este capítulo para fazer um resumo das ideias de Paulo nem gastarei muito tempo examinando as contradições encontradas nelas (cf., p. ex., TAYLOR, 1993; WEILER, 1997). Isso não significa que eu respeite menos as ideias de Paulo do que outras pessoas que escolheram escrever sobre o que ele defendia. De fato, há poucos autores por quem eu tenha mais respeito do que por Paulo. Porque muitos outros fizeram e farão reflexões sobre seus argumentos, eu quero mudar o foco. Por assumir que muitas pessoas já estejam familiarizadas com o centro de suas ideias, quero estender as implicações de seus argumentos e sugerir vários modos como podemos ir em frente se formos levar sua vida e seu trabalho tão a sério quanto merecem. Pois parece para mim que nesta atual conjuntura histórica seus argumentos e compromissos são ainda mais vitais do que já foram; e não só em Nova Orleans, que usei como meu principal exemplo no capítulo I, mas em Nova York, Chicago, Los Angeles, Londres, Madri, Cidade do Cabo, São Paulo, Cidade do México, Seul e tantos outros lugares.

Mas ao fazer isso tenho que me distanciar de alguns "freireanos". Há algo como uma "indústria" de Freire. Muitos livros foram escritos sobre seu trabalho e influência. Artigo após artigo surge, frequentemente reafirmando o que já foi dito. Isso não é necessariamente mau. De fato, é a marca de comprometimento político desses autores, que escolheram conscientemente empregar o trabalho de Freire como a base para os deles. Além disso, mesmo que o escrito por esses autores tenha sido dito antes, cada geração de educadores críticos deve redescobrir o trabalho de Freire para se conectar à longa história de lutas educacionais contra a exploração e a dominação.

Mas é preciso ser honesto, ainda mais porque o próprio Paulo insistia em falar a verdade. Eu tenho muitas preocupações com essa "indústria de Freire". Pessoas demais empregaram Freire, tanto como escritor quanto pessoa, como parte de estratégias de mobilidade dentro do campo social da academia. Como direi mais adiante neste capítulo, Bourdieu (1984) reconheceria isso com um conjunto de estratégias de conversão no qual membros de uma parte emergente da nova classe média substituem atividade linguística – palavras de sonoridade radical e suposta amizade e intimidade com atores radicais – por ação política vivida de um tipo mais substancial. Portanto, eles se envolvem na coleção de capital cultural e social que esperam algum dia converter em capital econômico ganho por meio de avanço e prestígio acadêmico. Assim, para alguns indivíduos, aproximar-se de Freire usando seus livros e sua linguagem é, ao menos em parte, uma estratégia (nas palavras de Bourdieu, uma estratégia de conversão) de avanço na carreira, na qual ser visto como parte de seu círculo dá legitimidade no campo social à educação crítica.

Ao dizer isso corro o perigo de superestimar essa alegação. Entretanto, acredito que a análise de Bourdieu seja útil. O *status* está relacionado, de modo complexo, ao capital social e cultural no campo acadêmico (BOURDIEU, 1984, 1988). E, com muita frequência, membros da nova classe média dentro da academia resolvem suas contradições de classe elaborando um resumo aparentemente de forma "política", por serem vistos como membros de uma comunidade "crítica" de acadêmicos e como pessoas que parecem fazer parte do círculo dos iniciados de Freire; porém seu trabalho político se limita a palavras que soem políticas em uma página.

Um dos elementos principais que deu a Paulo Freire tal legitimidade foi que ele não só se concentrou e escreveu sobre um tipo em particular de práxis educacional/política, mas ele mesmo se envolveu no trabalho duro e disciplinado (e por vezes perigoso) de juntar a teoria à prática. De fato, ele ajudou a construir programas que não eram destinados a ser simplesmente retóricos, pois pensava que a educação *tinha de ser* sobre a mudança da sociedade. Porém, infelizmente, algumas partes da "indústria de Freire" recuperaram grande parte de seu trabalho no abrigo seguro do mundo acadêmico. No processo de supostamente "politizar o acadêmico" ocorreu o oposto, transformando o *político* em *acadêmico*. Nesse processo, muitos aspectos que davam sentido ao trabalho de Freire (conexão com a realidade das "favelas"; áreas rurais; grupos identificáveis, não simplesmente abstratos e anônimos; pessoas oprimidas e exploradas etc. – foram distorcidos. Não são ligados a movimentos sociais em que o autor se envolvera – isso em parte, pois Freire não se uniu de forma significativa e orgânica a movimentos sociais). Tudo isso se tornou, por assim dizer, algo que somente se escreve e estuda.

Nesse sentido, admito que suspeito daqueles indivíduos que se apropriaram da linguagem e do nome de Freire, mas que não se engajam suficientemente em colocar seu trabalho em prática. Para evitar mal-entendido, não estou alegando de forma alguma que não haja valor político e intelectual de grande importância em trabalhos acadêmicos sérios; também não estou tomando uma posição pragmatista vulgar; pois, como pensava o próprio Freire, acredito que devemos ser muito críticos de posicionamentos que sejam antilivro e antiteoria. À maneira dele, "prefiro o conhecimento que é forjado e produzido na tensão entre prática e teoria" (FREIRE, 1996, p. 85). Meu desejo é que levemos a sério a realidade em que vivemos. Neste tempo em que a universidade pressiona as pessoas à possessividade e a solidariedade é fraturada ideológica e materialmente – tanto dentro da universidade quanto entre trabalhadores da cultura em universidades e em outros locais de luta no "mundo real" –, temo que um dos usos de Freire e de outros estudiosos/ativistas seja transformado em ilusão de comprometimento político, ao mesmo tempo em que não se consiga fazer sacrifícios relativos ao objetivo individual de avanço e prestígio. Afirmo que essa estratégia é facilitada devido a não conexão entre as pessoas que escrevem e as lutas concretas históricas e atuais para colocar o trabalho de Freire em prática em múltiplos locais (de escolas e comunidades a sindicatos e outros grupos oprimidos).

Porém, essa desconexão é algo que Paulo Freire jamais permitiria. Ele sabia mais do que qualquer outro, tanto intelectual quanto fisicamente, o que estava em jogo nas lutas sobre alfabetização, cultura, economia e poder. Também sabia muito bem que "nomear a palavra e o mundo" era parte de uma luta atual e infinda, e que nunca se poderia estar satisfeito com compromissos abstratos. Estes deveriam sofrer uma ação, ser incorporados, vividos; não podiam ser transformados em novas estratégias de conversão da classe média, nem podiam ser coniventes com o individualismo possessivo que se tornava/torna crescentemente a forma dominante de subjetividade em todas as nações.

E essa questão, ou seja, a transformação da subjetividade e os modos pelos quais o ensino se enquadra nisso é que me preocupa. Como afirmei no capítulo 1, há transformações ideológicas muito poderosas ocorrendo na sociedade como um todo. Elas são, na realidade, parte de um "projeto educacional" em larga escala; um projeto paradoxalmente similar ao que Paulo pedia que fizéssemos: mudar radicalmente o senso comum. Nesse caso, portanto, essas transformações ideológicas apontam para direções exatamente opostas às que Freire defendia. Enquanto o objetivo de Freire era "reacordar" sensibilidades individuais e coletivas de pessoas oprimidas – e também daquelas que ocupavam "inconscientemente" posições de poder (SWALWELL (no prelo)) –, atualmente, por meio de processos de instrução crítica, há uma nova e poderosa dinâmica em funcionamento. Ao invés de "nomear a palavra e o mundo" como local de estruturas de exploração e dominação e de lutas inseguras, com o objetivo de mudá-las, espera-se que abracemos esse novo mundo. A crítica social progressiva e práticas de alfabetização baseadas nesse tipo de crítica devem ser substituídas pelo que Gramsci chamou de "consentimento ativo". Devemos nos convencer de que nesse projeto social e pedagógico não há alternativas realistas para os projetos neoliberais e neoconservadores que circulam livremente. Nessa dinâmica, tal "consentimento ativo" tornará muito mais difícil os projetos educacionais emancipatórios – como aqueles articulados por Freire – continuarem ou até mesmo parecerem uma opção sensata àqueles que são oprimidos. Nova Orleans seria a conclusão disso.

O próprio Freire via claramente os perigos associados ao desenvolvimento e à grande aceitação de crenças e práticas neoliberais. Em seu livro *Letters to Cristina* (1996) comentou o que ele via acontecendo à sua volta:

> A classe dominante, surda diante da necessidade de uma leitura crítica do mundo, insiste no treinamento puramente técnico da classe trabalhadora, e que seja reproduzido como tal. A ideologia progressista, entretanto, não pode separar o treinamento técnico da preparação política, da mesma maneira que não pode separar a prática da leitura do mundo da leitura do discurso (p. 83).

Acrescentou ainda um comentário baseado no que estava acontecendo nos anos de 1990, uma situação que chamou de "Pós-modernidade reacionária".

> Talvez nunca a classe dominante tenha se sentido tão livre ao exercer sua prática manipuladora. A Pós-modernidade reacionária tem tido sucesso em proclamar o desaparecimento de ideologias e a emergência de uma nova história sem classes sociais; portanto, sem interesses antagonistas, sem luta de classes. Ela prega que não há necessidade

de continuar falando sobre sonhos, utopia ou justiça social [...]. [O] reacionário pós-moderno [...] sugere em seu discurso pragmático que é dever do capitalismo criar uma ética especial baseada na produção de jogadores iguais ou quase iguais. Grandes questões não são mais políticas, religiosas ou ideológicas. Elas são éticas em um senso capitalista "saudável" de ética (p. 84).

Para Freire, a igualdade prometida pelo *slogan* "Somos todos consumidores" – com a despolitização que a acompanha e sua criação do indivíduo possessivo – tem de ser rejeitada. Uma pedagogia que enfoca produção e consumo "sem qualquer preocupação no que se está produzindo, em que beneficia e quem machuca" certamente não é uma pedagogia crítica (FREIRE, 1996, p. 84). Mas ao dizer isso ele não quis ser um apologista do passado. Para Paulo a tarefa era clara: precisamos reconhecer os erros que as forças progressistas cometeram. Assim, ele mostrou que manifestações como discurso dogmático e exageradamente agressivo, propostas e análises mecânicas, um sentido de história inflexível e teleológico que removeu ou ignorou a especificidade histórica e a agência humana, pedagogias que limitaram "o universo das classes marginalizadas ou sua curiosidade epistemológica sobre objetos que foram despolitizados" etc. deveriam ser crítica e radicalmente examinados, da mesma forma que os exemplos que dei no capítulo anterior sobre minha própria percepção crescente do poder de reivindicações de direitos por grupos sobre os quais eu não havia pensado anteriormente. Porém, ao mesmo tempo, tendo de questionar o que frequentemente negligenciamos, não podemos nos deixar encantar pela atual ideologia neoliberal, "uma ideologia de privatização que nunca fala sobre custos, que sempre são absorvidos pela classe trabalhadora" (FREIRE, 1996, p. 84-85).

A posição de Freire levanta questões de extrema importância sobre o trabalho pedagógico crítico. Como interrompemos o senso comum? Como criamos pedagogias profundamente conectadas ao cotidiano das pessoas e com as lutas para vencer a exploração e a dominação em um tempo que a direita já compreendeu como as conexões podem ser feitas (embora por manipulação) criativamente? Quem é esse "nós" para começar? Como evitamos a possível arrogância de uma posição que assume que "nós" sabemos os melhores e únicos caminhos para a emancipação que traremos para "vocês"? (cf., p. ex., LUKE & GORE, 1992; WEILER, 1997)[12].

Essas são, é claro, perguntas difíceis. E nossas respostas podem ser parciais, falhas, contraditórias ou temporárias. Porém, só fazendo perguntas difíceis – como Paulo fez – podemos continuar a luta interminável do que Raymond Williams (seu trabalho teórico era independente do trabalho de Freire, mas tinha com ele grandes paralelos) chamou tão poeticamente de "longa revolução" (WILLIAMS, 1961; cf. tb. SMITH, 2008)[13]. Se por um lado essas perguntas são difíceis, por outro elas têm imensas implicações teóricas e práticas. Não devemos fingir que elas podem ser respondidas por uma pessoa, embora Paulo Freire chegue perto de oferecer esboços de respostas para muitas delas. Entretanto, temos caminhos a tomar para desenvolver importantes respostas parciais – muitas delas têm claras similaridades com as ênfases de Freire – a uma série de particularidades incluídas nessas questões. Algumas dessas respostas podem

---

12 Não concordo necessariamente com todos os trabalhos sobre Freire e da "pedagogia crítica". Se, por um lado, alguns deles são precisos e devem ser levados muito a sério, por outro, muitos deles não parecem ser baseados em uma leitura cuidadosa do próprio Freire, ou são baseados em visões românticas sobre o ensino no qual os estudantes têm todos os recursos a seu alcance que, de alguma forma, emergirão com as técnicas "corretas" de "autorrevelação". Muitas pessoas que caminham nessa trilha não passaram um período significativo de tempo em uma escola, porém supõem que podem absorver pedagogias em contexto diferente (p. ex., trabalhar com adultos) e simplesmente reproduzi-las nas escolas. Além de ser arrogante e tolo, isso também desrespeita as habilidades dos professores primários e secundários.

13 Seria interessante analisar as similaridades entre Williams e Freire. Sobre Williams, cf. Dworkin e Roman (1993).

ser encontradas no trabalho de "estudiosos/ativistas" em estudos de currículo crítico e pedagogia crítica (cf., p. ex., APPLE; AU & GANDIN, 2009; AU, 2011) e na ênfase rapidamente crescente em globalização, pós-colonialismo e pedagogia crítica na educação. É sobre isso que quero me concentrar.

Educação e poder

Nas últimas décadas, muitas pessoas, incluindo eu, lidaram com uma série de questões "simples", muitas das quais apareceram no capítulo anterior e em minha discussão sobre Freire na primeira parte deste capítulo. Ficamos muito preocupados com a relação entre cultura e poder, entre as esferas econômicas, políticas e culturais (cf. APPLE & WEIS, 1983). Igualmente nos preocupamos com as dinâmicas de poder múltiplas e contraditórias, com os movimentos sociais que fazem da educação local de conflito e luta, com as escolas como locais possíveis de produção de conhecimento anti-hegemônico e de formação de identidade e com o que tudo isso significa para o trabalho educacional. Em essência, tentamos responder a uma pergunta que levou ao título deste livro e que foi colocada tão claramente nos Estados Unidos pelo educador George Counts (1932b) quando perguntou: "A escola ousaria construir uma nova ordem social?"

Como mostrarei no capítulo 3, Counts era uma pessoa inserida em sua época, e os modos como ele fez e respondeu a esta pergunta foram um pouco inocentes. Mas a tradição de interrogar radicalmente escolas e outros locais pedagógicos, de perguntar quem se beneficia de suas formas dominantes de currículos, ensino, avaliação e política, de discutir o que elas poderiam fazer diferentemente, de formular perguntas sobre o que teria de mudar para que isso acontecesse etc. passou pela minha mente e na mente de um considerável número de pessoas. Debruçamos sobre o legado de muitos outros, incluindo Paulo Freire, que levaram essas questões a sério; e em uma época de ataques neoliberais com a consequente perda de memória coletiva, esperamos ter contribuído para a recuperação dessa memória e de desenvolvê-la de maneira mais conceitual, histórica, empírica e prática. Particularmente foquei a atenção no ensino e nos movimentos sociais que o influenciam.

É claro que nenhum autor deseja caminhar sozinho. Como Freire reconhecia, isso é uma iniciativa coletiva. E ninguém que leva essas questões a sério pode respondês-las integralmente, sem contradições ou mesmo sem desvios e erros. Como um projeto coletivo, ele não só se apoia em trabalhos como aqueles que nos baseamos criticamente, mas críticas previdentes também são essenciais para o seu progresso. Argumentos de impacto não podem ser construídos a não ser que sejam expostos à luz das análises cuidadosas de outros sobre seus pontos fortes e seus limites. E aqui quero fazer um pouco dessa análise autorreflexiva. O restante deste capítulo será destinado a lembretes importantes para mim e para o leitor.

Uma das questões norteadoras no campo da educação é aparentemente simples: Qual conhecimento é o mais valioso? Nas últimas décadas houve muitos debates para a correção dessa pergunta. Ao invés de "*Qual* conhecimento é o mais valioso?", a pergunta foi reestruturada seguindo o padrão que Freire considerava crucial para a educação transformadora, e teve a seguinte redação: "Conhecimento *de quem* é o mais valioso?" (APPLE, 1996, 2000, 2004). Obviamente há perigos associados a essa reformulação, ou seja, aqueles do reducionismo e do essencialismo. Esses perigos emergem quando assumimos, como algumas pessoas o fizeram, que sempre há correspondência entre um conhecimento tido como "legítimo" ou "oficial" e a visão de mundo de grupos dominantes. Isso é simplista demais, pois o conhecimento oficial frequentemente é resultado de lutas e sacrifícios, e às vezes pode representar vitórias cruciais – não apenas derrotas – de grupos subalternos (APPLE & BURAS, 2006; APPLE, 2000); um ponto que se tornará claro nos dois próximos capítulos. Entretanto, a transformação da pergunta levou a um imenso progresso em nossa concepção de política cultural e das relações entre políticas educacionais, currículos, ensino, avaliação e poder diferencial. De fato, alguns dos trabalhos mais significativos sobre as conexões íntimas entre cultura e poder surgiram da sociologia do conhecimento escolar e dos estudos educacionais críticos.

No processo de adquirir ganhos conceituais, históricos e empíricos associados a esse movimento, novas teorias se desenvolveram. Assim, como mostrei no capítulo 1, movimentos dos direitos do deficiente, dentro e fora da educação, apontam para novos modos de formar unidades descentralizadas, tanto no pensar quanto no agir, na relação entre educação e poder e na formação de pedagogias críticas. Ao mesmo tempo, outras abordagens também se tornaram áreas em que importantes ideias são continuamente geradas. Por exemplo, a partir do trabalho de Freire no Brasil e em outros lugares houve uma internacionalização das questões envolvidas. Assim, questões de reuniões de cultura associadas ao império e projetos imperiais atuais e anteriores se tornaram mais visíveis. Em decorrência houve, por exemplo, um crescente reconhecimento de que a educação crítica deve se voltar para questões da imaginação global, colonial e para abordagens pós-coloniais, e que assim passe a compreender as complexas e por vezes contraditórias relações sincrônicas e diacrônicas entre conhecimento e poder, entre Estado e educação, como também entre sociedade civil e imaginário político.

Por exemplo, a partir de uma série de trabalhos críticos sobre a história da alfabetização, da cultura popular – aqui a obra de Raymond Williams foi historicamente crucial (cf. tb. WILLIAMS, 1961, 1977; APPLE, 2004) etc. –, tornou-se ainda mais claro para nós educadores que a própria noção de "conhecimento oficial" era uma tentativa consciente de "civilizar" tanto a classe trabalhadora quanto os "nativos" de um império em expansão (APPLE, 2000). A própria ideia de ensinar o "Outro" foi uma grande mudança nesse sentido. Durante muitos anos na Europa e na América Latina, a título de exemplo, o medo da alfabetização da classe trabalhadora e dos "camponeses" era evidente. Graças a Freire é que se reconheceu o quanto ameaçadora a alfabetização crítica entre os oprimidos seria para a elite dominante.

Isso se evidencia para aqueles que têm familiaridade com livros, alfabetização e movimentos populares; os livros e a habilidade de lê-los são inerentemente entrelaçados em políticas culturais. Tomemos Voltaire, aquele líder do Iluminismo que queria muito se tornar membro da nobreza. Para ele, o Iluminismo deveria começar com os "grandes"; apenas quando ele tivesse penetrado as mentes e os corações dos altos escalões da sociedade é que poderia chegar às massas. Ainda mais: Voltaire e muitos de seus seguidores apregoavam que era preciso tomar cuidado para que as massas não aprendessem a ler (DARNTON, 1982, p. 130). Isso foi levado em consideração nas frequentes proibições contra o ensino da leitura aos povos escravizados – embora se desconfie que muitas pessoas escravizadas trazidas para as américas eram muçulmanas e fossem alfabetizadas.

Essas mudanças conceituais sobre educação e alfabetização não aconteceram acidentalmente, mas foram (e são) resultado de lutas sobre reconhecimento, sobre quem tem o direito de ser chamado de "pessoa", sobre o que significa ser educado, sobre o que conta como conhecimento oficial ou legítimo e sobre quem tem autoridade de falar sobre isso (APPLE, 2000; MILLS, 1997). Como Paulo Freire demonstrou em sua obra e em sua vida (cf. DARDER, 2002; FREIRE, 1970), essas são lutas essenciais que devem ser mantidas e expandidas em tempo de assaltos neoliberais e neoconservadores à vida econômica, política e cultural de milhões de pessoas em todo o mundo. Esse compromisso com a alfabetização, e como ela pode humanizar o mundo, não foi diminuindo à medida que Freire envelhecia; algo que constatei muitas vezes em minhas interações com ele, tanto nos Estados Unidos como no Brasil.

Essas lutas devem ser pensadas a partir de uma série de ferramentas críticas, como análises baseadas em teorias do Estado, de globalização, pós-colonialismo etc. Mas nada disso é ou será fácil; nosso trabalho pode estar cheio de contradições. Tomemos como exemplo a recente e em grande parte justificável atenção dada às questões de globalização e pós-colonialismo em educação crítica, que serão tratadas na próxima seção.

Globalização, pós-colonialismo e educação

Mesmo tendo detalhado a relação entre globalização e transformação social e educacional (cf. APPLE, 2010), com os imensos ganhos feitos por teorias e abordagens mais novas, não tenho mais ideia do que as palavras *globalização* e *pós-colonial* significam. Elas se tornaram conceitos com tal multiplicidade de significados que seu significado real em qualquer contexto pode ser apenas determinado pelo seu uso. Como Wittgenstein (1963) e outros nos lembram, a linguagem pode ser empregada para fazer uma série impressionante de coisas: descrever, iluminar, controlar, legitimar, mobilizar... Porém, com muita frequência ela se tornou uma espécie de *"slogan* cerimonial", um sinal usado publicamente para que o leitor reconheça que o autor está a par das últimas formas linguísticas. Seu emprego por um autor em vários aspectos são "estratégias de conversão", tão bem capturadas por Bourdieu em *Distinction* (1984) e *Homo academicus* (1988). O capital linguístico e cultural é utilizado publicamente para ganhar mobilidade no campo social da academia. Em meus momentos mais incrédulos, temo que isso seja corriqueiro no "meio acadêmico predominantemente branco".

Mas, obviamente, as experiências pós-coloniais – aqui o plural é importante – e as teorias de globalização dialeticamente relacionadas a elas também são modos poderosos de se engajar criticamente na política do império e nos modos pelos quais cultura, economia e política interagem, global e localmente, de maneira complexa e sobredeterminada. De fato, as próprias noções de pós-colonialismo e globalização "podem ser vistas como um local de encontro dialógico que nos impele a examinar relações de centro/periferia e condições com especificidade, não importa onde as encontremos" (DIMITRIADIS & McCARTHY, 2001, p. 10). Trata-se do próprio foco dos "encontros dialógicos", que cria conexões entre a imaginação pós-colonial e o trabalho de Freire (TORRES, 2009).

Como elas influenciaram esforços educacionais críticos, algumas das políticas centrais por trás de posições pós-colonialistas são bem-resumidas por Dimitriadis e McCarthy (2001) quando afirmam que "o trabalho da imaginação pós-colonial subverte relações de poder existentes, questões de autoridade e desestabiliza tradições aceitas de identidade" (p. 10; cf. tb. BHABHA, 1994; SPIVAK, 1988).

Educadores interessados em globalização, em depredações neoliberais, apontadas anteriormente, e em posições pós-coloniais têm assumido em grande parte esta perspectiva: "virar o mundo de cabeça para baixo" (YOUNG, 2003, p. 2). Eles dizem que o mundo é feito de relações de dominância e subordinação, como também de movimentos, culturas e identidades que buscam interromper essas relações. Ainda afirmam que se alguém foi excluído das vozes dominantes do "Ocidente" (geográfica, econômica, política e/ou culturalmente) está dentro do Ocidente, mas na realidade não faz parte dele, e o "pós-colonialismo lhe oferece um modo de ver as coisas de forma diferente, uma linguagem e uma política em que seus interesses vêm primeiro, não por último" (p. 2). Alguns dos melhores trabalhos na área de educação espelham o argumento principal de Robert Young de que o pós-colonialismo e as sensibilidades globais que o acompanham estão ligados a uma política e a uma "filosofia de ativismo" que, por sua vez, envolve a contestação dessas disparidades. Isso estende as lutas anticoloniais que têm uma longa história e afirma maneiras de agir que desafiam modos "ocidentais" de interpretar o mundo (p. 4), como podemos ver nestas exposições de Young (2003):

> Acima de tudo, o pós-colonialismo busca intervir, forçar seus conhecimentos alternativos em estruturas de poder do Ocidente [...]. Ele busca mudar o modo de como as pessoas pensam, se comportam, produzindo uma relação mais justa e equitativa entre diferentes pessoas do mundo (p. 7).
>
> Pós-colonialismo [...] é um nome geral para aqueles conhecimentos insurgentes que vêm dos subalternos, dos despossuídos e que buscam mudar as concepções sob as quais todos nós vivemos.

Aqui a luta sobre o conhecimento vindo de baixo é decididamente destinada a "transformar a sociedade". O que Young está dizendo aqui tem claras evidências com os compromissos de Freire, e o que Young fala sobre pós-colonialismo é igualmente verdade sobre teorias de globalização e sobre toda a tradição de estudos educacionais críticos e ativismo. Esses alertas sobre conhecimentos insurgentes precisam, entretanto, ser conectados de forma relacional com outros posicionamentos.

Conhecimento vindo de baixo

Se uma das mais incríveis ideias da literatura em pedagogia crítica e na crescente tendência em direção a teorias de globalização e perspectivas pós-coloniais é a valorização do conhecimento vindo de baixo, isso é suficiente? Sabemos que a questão não é se "o subalterno fala", mas se ele é ouvido (APPLE & BURAS, 2006; SPIVAK, 1988). Porém, isso também pode ser em grande parte uma alegação retórica, a não ser que se suje as mãos com as realidades materiais enfrentadas por *muitas* dessas pessoas subalternas.

Uma abordagem a partir das comunidades críticas sobre o "conhecimento e vozes vindas de baixo" por vezes se aproxima do que Whitty chamou de "possibilitarianismo romântico" (WHITTY, 1974). Tudo é tão cultural que se corre o perigo de evacuar as materialidades duras das vidas diárias e de relações econômicas. Porém, com sua imagem brutalmente honesta do que a vida é para milhões, e até bilhões, de pessoas que vivem (*existem* é uma palavra mais adequada) à míngua, o livro de Mike Davis, *Planet of the Slums* (2006), demonstra em termos nem um pouco incertos que sem um sério reconhecimento dos modos pelos quais as *especificidades* conjecturais dos efeitos do capital global estão transformando a paisagem sobre a qual teorizamos – por vezes abstratamente demais –, seremos incapazes de entender por que as pessoas agem do jeito que o fazem em tais situações. Trabalhos como o de Davis conseguem ir longe em direção à correção da ênfase exagerada no discursivo, que tão frequentemente contamina partes da literatura pedagógica crítica e pós-colonial em educação e outros. E muitos de nós temos que ser constantemente lembrados sobre a necessidade de basear nossos trabalhos em um entendimento muito mais completo das realidades que os oprimidos enfrentam todos os dias[14]. Como Freire reconheceu tão bem, qualquer trabalho em educação que não seja baseado nessas realidades pode se tornar um ato de colonização. Quando, em outra parte desta obra, eu e Luís Armando Gandin analisarmos as políticas e práticas educacionais transformativas em Porto Alegre e o que o "norte global" tem de aprender com o "sul global", será possível constatar como políticas e práticas educacionais sociais críticas podem de fato, e de maneira duradoura, ser baseadas nessas realidades. O fato que muito do que tem acontecido em Porto Alegre é baseado nos argumentos de Paulo Freire é prova dos efeitos duradouros de seus esforços intelectuais e políticos.

---

14 Como Davis (2006) nos lembra, palavras que frequentemente entendemos como substantivos – como alimento, acomodação, emprego e educação – são melhores vistas como *verbos*. Elas requerem um esforço e uma luta contínuos. Pensar a realidade dessa forma reinstitui a agência às pessoas que frequentemente vimos como passivas diante das forças de exploração e dominação.

Conectando-se com a história

É importante lembrar que nas américas e em outros lugares as posições inspiradas no "pós-colonialismo" não são novas na educação. Não se trata de um ato desrespeitoso a Freire reconhecer que, mesmo antes de seu trabalho impressionante, influentes grupos subalternos haviam desenvolvido perspectivas anti-hegemônicas e maneiras de interromper a dominação colonial na educação (cf., p. ex., JULES, 1991; LEWIS, 1993, 2000; LIVINGSTON, 2003; WONG, 2002). Mas a atual popularização de teorias de globalização e pós-colonialismo em estudos educacionais críticos é em parte devida ao fato de que nos Estados Unidos e na América Latina existe uma longa tradição de se envolver em análises e em desenvolver movimentos educacionais, políticas e práticas de oposição (cf., p. ex., APPLE, 2006; APPLE, AU & GANDIN, 2009; APPLE & BURAS, 2006). Mas, como sabemos muito bem, Freire ocupa lugar de destaque nesses movimentos, tanto como ativista quanto como teórico.

Entretanto, pensar em Freire é mais do que uma lembrança. Remete ao significado contínuo desse educador e do trabalho inspirado nele por um grande número de pessoas em todo o mundo, em suas tentativas de responder à questão *se* e *de que* maneiras a educação pode mudar a sociedade. Se, por um lado, alguns, com ou sem razão, desafiaram a tradição freireana e debateram contra várias de suas tendências (cf., p. ex., AU & APPLE, 2007), por outro, a tradição da qual ele veio, desenvolveu por toda sua vida e que continua a evoluir é imensamente resistente e poderosa. A influência de Freire é sempre presente; porém, pensar nela trouxe de volta algumas lembranças intensas. Como outros, eu também tive uma história de interações com Paulo Freire. Espero que vocês me perdoem se eu acrescentar aqui mais um exemplo pessoal, um que comprova o respeito que tantas pessoas têm pelo homem e suas ideias e que aponta para algumas das características necessárias de estudioso/ativista crítico, que irei abordar nas seções finais deste capítulo. Este exemplo se encaixa em meus argumentos de que uma vida baseada em cuidado, amor e solidariedade se radicaliza na educação e na sociedade como um todo.

Freire e a educação crítica: um relato pessoal

Após voos atrasados, finalmente cheguei a São Paulo. A palavra "exausto" não era suficiente para descrever como eu me sentia. Paulo e eu não nos víamos há um tempo, e ele me aguardava para continuar nossas discussões sobre o que estava acontecendo em São Paulo, agora que era secretário de educação daquela cidade.

Pode causar surpresa para alguns ao saberem que eu não fui influenciado por Paulo, pelo menos inicialmente. Vinha de uma tradição trabalhadora radical e antirracista nos Estados Unidos que havia desenvolvido suas próprias formas e métodos pedagógicos críticos de interrupção de dominância. Mas nutria um imenso respeito por ele, mesmo antes de ter iniciado minhas viagens ao Brasil, em meados da década de 1980, para trabalhar com o Sindicato de Professores e com o Partido dos Trabalhadores (PT). Talvez o fato de minhas raízes estarem em um contexto diferente, embora muito similares às suas tradições radicais, tenha nos levado a discussões públicas tão vibrantes e instigantes.

Nós discordávamos em alguns pontos. Nesse sentido, recordo-me do olhar de surpresa das pessoas durante um de nossos diálogos públicos, quando eu apoiava, porém desafiava criticamente algumas de suas posições. Certa vez, depois de um costumeiro voo atrasado, Freire e eu nos dirigimos rapidamente ao seminário conjunto, onde muitas pessoas nos aguardavam. O grupo era composto de militantes e educadores progressistas que trabalhavam com ele nos escritórios do Ministério da Educação. Durante aquele encontro falei em voz alta sobre a minha preocupação com algumas das táticas que estavam sendo usadas para convencer os professores a seguirem algumas das políticas do Ministério. Apesar de concordar com os ideais do Ministério e ser defensor muito forte dos esforços excepcionais de Paulo, disse – como ex-presidente de um sindicato de professores e como alguém que trabalhara com professores no Brasil há vários anos – que havia o risco de as táticas empregadas saírem pela culatra. Elas podiam ser interpretadas como sendo muito desrespeitosas com os professores e com as imensas dificuldades que eles enfrentavam todos os dias. Paulo olhou diretamente para mim e disse que eu e ele verdadeiramente não concordávamos sobre aquilo.

O público ficou quieto, talvez esperando aflitamente pelo fim de nossa amizade. Mas, ao contrário, o que aconteceu foi uma das discussões mais detalhadas e intensas que já tive em minha vida. Por quase três horas "varremos todo um terreno": teorias sobre epistemologias; realidades das vidas dos professores; realidades da vida nas favelas; a política da raça e do gênero a ser lidada com seriedade, juntamente com a de classe; a economia internacional e a brasileira; ataques da mídia de direita contra a educação crítica no Brasil e contra ele pessoalmente; que estratégias eram necessárias para interromper o domínio na sociedade e no cotidiano das escolas; como estas poderiam ser centros de mobilização comunitária e transformação, o lugar central de conhecimento e experiências vindas de baixo; suas críticas e minhas críticas de nossas estratégias; minhas sugestões por melhores táticas... e a lista poderia continuar infinitamente.

Aquilo não foi exibição de individualismos, como costuma acontecer em tantos debates. Na realidade, demonstrou para mim, mais uma vez, por que eu o respeitava tanto. Paulo e eu não nos pautávamos pelo "ganhar" ou "perder"; estávamos totalmente engajados, querendo pensar publicamente, desfrutando tanto da riqueza do diálogo quanto de nossa vontade – estimulada constantemente por ele – de entrar em um campo onde deveríamos trazer *tudo* o que sabíamos e acreditávamos. Para ele, e para mim, a educação exigia o melhor de nossos recursos intelectuais e emocionais. Cuidado, amor, solidariedade e conceitos similares não eram vistos como questões sem importância, mas como elementos centrais de uma educação digna de seu nome. Não tenho certeza se resolvemos completamente os pontos em que discordávamos. O que sei é que fui levado por sua paixão e sua vontade de ouvir cuidadosamente minhas preocupações com base em minhas experiências anteriores com mobilização político-educacional em outros países.

Eu também sei que ele levava essas questões muito a sério (cf., p. ex., APPLE, 1999). Prova disso é que, após aquele diálogo de três horas que pareceram ter passado como um raio, ele precisou ir para outra reunião, que já havia sido adiada por causa de nosso debate. Então pediu ao público para que ficasse e se poderia continuar a discussão em um nível mais prático, como: O que poderia ser feito com as preocupações que eu tinha? Havia caminhos pelos quais as pessoas do Ministério e das comunidades que ali estavam poderiam fazer para diminuir o risco de ignorar professores e membros da comunidade? O que poderia ser aprendido um com o outro? Como a pedagogia crítica podia de fato incorporar as práticas de ser professor e ser ensinado ao mesmo tempo? Que estratégias poderiam ser usadas para fazer alianças sobre questões maiores, mesmo existindo desentendimentos sobre táticas e políticas específicas? Quais eram as possibilidades do que eu anteriormente chamei de "unidades descentralizadas"?

Foi uma prova da habilidade de Paulo como líder e de como o diálogo crítico podia continuar o fato de que duas horas mais se passaram com discussão verdadeiramente honesta e séria. Isso desencadeou soluções criativas a vários problemas levantados, enquanto as pessoas refletiam sobre suas experiências nas favelas e no Ministério. Mesmo quando Freire não estava lá, sua ênfase no confronto honesto das realidades que enfrentamos, em escutar cuidadosamente, em lembrar o que significava ser completamente humano, em usar suas experiências vividas para pensar criticamente sobre a realidade e como ela poderia ser mudada... permaneceu como uma presença poderosa. Ele foi capaz de teorizar poderosamente e de ajudar outros a fazerem o mesmo, *porque* estava engajado no que só pode ser descrito como uma forma de práxis. Falarei mais sobre a extrema importância desses comprometimentos concretos em uma seção posterior deste capítulo.

Essa não foi a única vez que eu e Paulo interagimos publicamente; tivemos vários debates diante de grandes públicos. Ao preparar-me para escrever este capítulo pude me relembrar disso ao ouvir uma fita de uma de nossas interações públicas, e o que foi relatado aqui obviamente não tem o poder de expressar a sua presença e a humildade que ele tinha, como também ele extraía o melhor de mim e de outros.

Durante o tempo em que ele foi secretário de Educação em São Paulo, e também mais tarde, tivemos várias oportunidades de continuar esses diálogos, tanto em público quanto em particular. Passávamos horas discutindo não só a importância de intervenções teóricas, mas também a importância extrema da práxis, de intervir na realidade pedagógica e cultural e de deixar essas intervenções responderem pelo trabalho político e teórico. Infelizmente, como notei, um número exageradamente grande de "teóricos críticos" na educação se esqueceu da necessidade desse tipo de ação (APPLE, 1999, 2006). A teoria "manda de verdade", com poucas exceções, na realidade das instituições, em comunidades, e em suas lutas. Para essas pessoas a realidade se transformou em um "texto", um assunto para desconstrução, mas com pouca ação concreta na solidariedade com os oprimidos. Paulo estava compreensivelmente preocupado com isso, embora também compreensivelmente estivesse muito comprometido em interromper os sustentáculos epistemológicos, políticos e éticos de nossas formas aceitas de conhecimento.

Uma das questões em que mais gastamos tempo foi sobre *raça*. A partir de suas experiências no nordeste do Brasil, ele percebera que muitas maneiras de opressão são "codificadas por cor". Isso ilustra as histórias de assassinato e de tratamento de pessoas nativas do Brasil e de todo o mundo. Chegamos a discutir sobre o "mito da democracia racial" no Brasil e a política de identidade racial de rápido crescimento entre negros brasileiros. Para ele, este era um dos movimentos mais importantes do Brasil e de muitos outros lugares, e refletia sobre seu significado para a sua pedagogia dos oprimidos. Não consigo me lembrar das palavras exatas, mas os pontos eram parecidos com aqueles que ele escreveu em *Pedagogy of the Oppressed*, quando afirmou:

> A pedagogia dos oprimidos é uma pedagogia que deve ser forjada *com*, e não *para* os oprimidos... na luta incessante para recuperar sua humanidade. Essa pedagogia torna a opressão e suas causas objetos de reflexão dos oprimidos, e dessa reflexão virá a liberação (FREIRE, 1982, p. 25).

As lutas dos negros brasileiros contra a subjugação não eram abstrações para ele, que as via como parte das lutas necessárias contra a dominação (cf. APPLE, 1999).

Classe, obviamente, era uma realidade crucial para Paulo. Mas da mesma maneira que compreendia a importância das realidades de gênero que organizavam a sua e outras sociedades, também via a política de raça como uma grande arena que precisava de transformações igualmente sérias, e que não poderiam ser reduzidas simplesmente a uma simples expressão de relações de classe, embora estivessem ligadas a ela. Apesar de não ter escrito muito sobre isso em seus últimos trabalhos – embora seja latente em toda sua obra e possa ser como sua preocupação em relação à "reafricanização" em *Pedagogy in Process: The Letters from Guinea-Bissau* (FREIRE 1978) –, seu pensamento, também nessa questão, dava suporte à luta dos outros. A natureza crucial das opressões raciais e o papel da educação em desafiá-los ressurgirá no capítulo 4.

Eu e Paulo nem sempre concordávamos nessas questões. Mas nem sempre os pontos de concordância é que cimentaram minha admiração por ele. Uma das marcas de grandiosidade é quando se lida com a diferença. E aqui, mais uma vez, Paulo demonstrou o quanto especial era, dando-nos mais uma razão do quanto era amigo, professor, camarada... que faz falta. Muitas de minhas tarefas e responsabilidades atuais são modeladas na vivência de Freire.

As tarefas do estudioso/ativista crítico

Apesar de termos muito o que aprender – e reaprender – com Paulo, nossa tarefa não é simplesmente ser seguidores dele ou de qualquer pessoa que segue seu pensamento. Nos próximos capítulos falarei de algumas figuras históricas radicais que tiveram papel importante no desenvolvimento de movimentos anti-hegemônicos na educação nos Estados Unidos. A demonstração desse legado que herdamos de pessoas que trabalharam por tanto tempo para manter o largo rio da democracia crítica vivo na educação é vital (cf. HORTON, 1990; HORTON & FREIRE, 1990). Temos de basear nosso trabalho na memorização dessas pessoas e das perguntas que fizeram e, quando necessário, ir além.

Aqui me recordo dos argumentos do sociólogo Michael Burawoy em favor de uma sociologia radical. Como ele diz, uma sociologia radical é sempre baseada em duas questões-chave: 1) Sociologia para quem? e 2) Sociologia para quê? (BURAWOY, 2005). A primeira pede que nos reposicionemos para que possamos ver o mundo pela lente dos despossuídos. A segunda, que conectemos nosso trabalho às questões complexas, fazendo uso de uma "bússola moral da sociedade", com seus fins e meios.

Muitas pessoas sentem-se impulsionadas por trabalho teórico e político na educação, alimentando-se da paixão por justiça social, igualdade econômica, direitos humanos, ambientes sustentáveis, educação digna de seu nome; em resumo, por um mundo melhor. Porém, como discuti no capítulo 1, isso é cada vez mais difícil de se manter na situação em que muitos de nós se encontra. Muita coisa mudou ideológica e politicamente. Os primeiros anos do século XXI nos trouxeram um capitalismo sem restrições, alimentando tiranias de mercado e desigualdades gigantescas em uma escala realmente global (DAVIS, 2006). "Democracia" ressurge ao mesmo tempo, mas frequentemente se torna um véu tênue para os interesses dos poderosos locais e globais, como também para *disenfranchisement*[15], mentira e violência nacional e internacional (BURAWOY, 2005, p. 260). A retórica da liberdade e igualdade pode ter se intensificado, mas há evidência indiscutível de que há um aprofundamento ainda maior na exploração, dominação e desigualdade, e que ganhos anteriores na educação, segurança econômica, direitos civis etc. estão sendo apagados ou sob grave risco[16]. A religião de mercado – ela realmente funciona como uma religião, já que não parece responder a críticas empíricas – juntamente com visões muito diferentes do que o Estado pode e deveria fazer, pode ser resumida em uma palavra: neoliberalismo (BURAWOY, 2005); embora saibamos que nenhum termo pode expressar totalmente as formas de dominância e subordinação que têm histórias tão longas em tantas regiões do mundo.

Ao mesmo tempo, no campo social do poder chamado academia – com suas próprias hierarquias e técnicas disciplinares (e disciplinantes) –, a busca por credenciais acadêmicas, posições burocráticas e institucionais, arquivos de posse – enfim, toda parafernália de pressões para se seguir a norma, cercando instituições e carreiras – tentam assegurar que todos pensemos e ajamos "corretamente". Porém, o impulso original nunca é totalmente satisfeito (BURAWOY, 2005). O espírito que anima o trabalho crítico nunca estará totalmente sujeito à

---

15 Ato de impedir que uma pessoa exerça o direito ao voto [N.T.].

16 O livro de Eric Foner, *The Story of American Freedom* (1998), documenta as tensões e lutas sobre os próprios significados ligados a palavras como democracia. Também mostra que conquistas estão frequentemente sob risco de grupos dominantes e que, para perdurarem, precisam ser constantemente defendidas por indivíduos e por movimentos sociais.

lógica e aos processos racionalizantes; ele certamente permanecerá vivo em grande parte do trabalho de pedagogia crítica.

Sinceramente penso que parte da literatura sobre "pedagogia crítica" – literatura baseada em pessoas como Paulo Freire e que se desenvolveu originalmente como resposta à questão que intitula este livro – é problemática. Como os conceitos de globalização e pós-colonialismo, ela também sofre de um transbordamento de significados. Assim, "pedagogia crítica" pode significar qualquer coisa, desde ser responsável por seus alunos até formas poderosamente reflexivas de conteúdo e processos que desafiam radicalmente relações existentes de exploração e dominação do outro. E exatamente como parte da literatura sobre pós-colonialismo, as melhores partes das obras sobre pedagogia crítica constituem desafios cruciais aos nossos modos correntes de fazer educação.

Também é preciso dizer que há partes da literatura em pedagogia crítica que podem conter elementos estratégicos de conversão elaborados por atores de uma nova classe média que buscam abrir caminhos de mobilidade dentro da academia. A função desse tipo de obra – frequentemente sem corpo – é resolver a crise pessoal trazida pela "localização de classe contraditória" (WRIGHT, 1985) de acadêmicos que querem se retratar como politicamente engajados; porém, quase todo seu engajamento político é textual. Assim, esse tipo de teoria se torna desnecessário e as questões dele geradas são muito difíceis, cercando a vida de instituições. Em decorrência, *o que* realmente se deveria ensinar, *o como* ensinar e *como isso* devia ser avaliado passam a ser vistos como formas de "poluição", tediosas demais para serem trabalhadas. Isso pode degenerar em elitismo, mascarado como teoria radical. Mas como Freire e outros afirmaram repetidas vezes, teoria séria sobre currículo e pedagogia e sobre educação dentro e fora das escolas precisa ser feita em relação ao seu objeto. Isso não é somente um imperativo político, mas também epistemológico. O desenvolvimento de recursos teóricos críticos é bem-sucedido quando está conectado dialética e intimamente a movimentos e lutas reais (APPLE, 2006; APPLE et al. 2003).

Aquilo que Michael Burawoy chamou de "sociologia pública orgânica" nos oferece elementos-chave de como poderíamos pensar a problemática. Pautando-se parcialmente em Gramsci, ele diz que

> [o sociólogo crítico] trabalha em conexão íntima com um visível, denso, ativo, local e frequentemente alternativo "counter-public" [...]. [Desenvolve atividades em] um movimento de trabalhadores, associação de vizinhança, comunidades de fé, grupos de direitos de imigrantes, organizações de direitos humanos. Entre o sociólogo público e o público está um diálogo, um processo de educação mútua [...]. O projeto de tais sociologias públicas [orgânicas] é tornar visível o invisível, tornar o privado público, validar essas conexões orgânicas como parte de nossa vida sociológica (BURAWOY, 2005, p. 265).

Este ato de tornar-se – e este é um *projeto*, pois *nunca* está completo, *sempre* tornando-se – um estudioso/ativista crítico é complexo. Por causa disso, estenderei meus comentários anteriores sobre o papel da pesquisa crítica em educação. Meus argumentos não são completos nem totalizantes, mas são destinados somente a iniciar um diálogo sobre o que "nós" deveríamos fazer, e assim a memória de Paulo Freire mais uma vez ocupará a minha mente.

Em geral, há nove tarefas nas quais a análise crítica – e o analista crítico – na educação deve se envolver (APPLE, 2010).

1) Ela deve "dar testemunho à negatividade"[17]. Ou seja, uma de suas principais funções é iluminar os caminhos nos quais a política e a prática educacional se conectam

---

[17] Estou ciente de que a ideia de "dar testemunho" tem conotações religiosas diferentes; poderosa no Ocidente, pode ser vista como uma forma de imperialismo religioso em outras tradições religiosas. Mesmo assim, prefiro usá-la devido a sua poderosa ligação com os discursos éticos. Opiniões são bem-vindas de, p. ex., educadores críticos e pesquisadores muçulmanos em relação a conceitos alternativos que suscitem respostas similares. Agradeço a Amy Stambach por isso.

a relações de exploração e dominação – e a lutas contra tais relações – na sociedade como um todo[18].

2) Ao se engajar nesse tipo de análise, a análise crítica também deve apontar as contradições e os espaços de possível ação. Portanto, seu objetivo é examinar criticamente realidades atuais com uma estrutura conceitual/política que enfatize os espaços em que ações mais progressistas e anti-hegemônicas possam continuar. A documentação desses espaços e possibilidades de "ações agênticas" que já existam deve ser feita no nível das experiências individual e institucional (cf., p. ex., DILLABOUGH & KENNELY, 2010). Esse é um passo de absoluta importância, pois, caso contrário, nossa pesquisa pode simplesmente levar à incredulidade ou ao desespero.

3) Às vezes, isso também requer um alargamento do que conta como "pesquisa". Nesse ponto quero agir como "secretárias críticas" diante daqueles grupos de pessoas e de movimentos sociais que estão engajados no desafio das relações de poder desigual, ou à semelhança do que foi chamado de "reformas não conformistas" – termo que tem uma longa história em sociologia crítica e em estudos educacionais críticos (APPLE, 2012). Esta é exatamente a tarefa que foi tomada por Freire em seu trabalho pedagógico com pessoas oprimidas no Brasil, extraída das descrições densas de práticas escolares criticamente democráticas em *Democratic Schools* (APPLE & BEANE, 2007; cf. tb. GUTSTEIN, 2006; WATSON, 2012) e das descrições criticamente positivas das reformas transformado-

---

18 Aqui, exploração e dominação são termos técnicos, e não retóricos. O primeiro se refere a relações econômicas, a estruturas de desigualdade, ao controle de trabalho e à distribuição de recursos em uma sociedade. O último se refere a processos de representação e respeito e aos modos em que as pessoas têm identidades impostas sobre elas. Essas são categorias analíticas, é claro, e tipos ideais. Condições mais opressivas são em parte uma combinação de ambas. Estas são ligadas ao que Fraser (1997) chama de política de redistribuição e política de reconhecimento.

ras como a Escola Cidadã e o Orçamento Participativo em Porto Alegre (cf. tb. APPLE; AU & GANDIN, 2009; APPLE; BALL & GANDIN, 2010; APPLE et al., 2003), que serão detalhadas mais adiante. Quando acompanhado de um trabalho verdadeiramente cooperativo com esses indivíduos e grupos que estão construindo programas de sucesso, instituições e alternativas, isso aumenta o poder dessas descrições.

4) Quando Gramsci (1971) disse que uma das tarefas de uma educação verdadeiramente anti-hegemônica não era jogar fora o "conhecimento da elite", mas reconstruir sua forma e conteúdo para que servissem genuinamente a necessidades sociais progressistas, ele ofereceu uma chave de leitura para outro papel "orgânico" e "público". Assim, não precisamos nos envolver no que poderia ser chamado de "suicídio intelectual". Isso porque há habilidades intelectuais (e pedagógicas) sérias ao lidar com histórias e debates sobre questões epistemológicas, políticas e educacionais envolvidas na justificativa do que conta como conhecimento importante e o que conta como educação efetiva e socialmente justa. Essas não são questões simples e sem importância, e as habilidades práticas e intelectuais/políticas de lidar com elas foram bem-desenvolvidas. Porém, elas podem atrofiar se não forem usadas. Podemos devolver essas habilidades na assistência às comunidades, aprendendo com elas e se envolvendo em diálogos mutualmente pedagógicos, tornando possível que decisões sejam benéficas, a longo e a curto prazos, aos povos despossuídos (cf. BORG & MAYO, 2007; BURAWOY, 2005; FREIRE, 1970; SMITH, 1999).

5) Em seu processo, o trabalho crítico tem a tarefa de manter vivas as tradições de trabalho radical e progressista (cf. APPLE; AU & GANDIN, 2009, 2010). Diante de ataques organizados às "memórias coletivas" diferentes e contra movimentos sociais críticos – ataques que tornam

cada vez mais difícil manter a legitimidade acadêmica e social das muitas abordagens críticas que provaram ser tão valiosas na oposição às narrativas e relações dominantes – é absolutamente crucial que essas tradições sejam mantidas vivas, renovadas e, quando necessário, criticadas pelos seus silêncios e limitações conceituais, empíricas, históricas e políticas. Isso envolve cuidado em relação ao reducionismo e ao essencialismo, e pede que prestemos atenção ao que Fraser chamou de "política de retribuição" e "política de reconhecimento" (FRASER, 1997; cf. tb. ANYON et al., 2009; LYNCH; BAKER & LYONS, 2009). Isso inclui não somente a manutenção de tradições teóricas, empíricas, históricas e políticas, mas também é de extrema importância expandi-las e criticá-las positivamente. Isso também envolve a vivacidade de sonhos, visões utópicas e "reformas não reformistas", que totalizam grande parte dessas tradições radicais (APPLE, 2012; JACOBY, 2005; TEITELBAUM, 1993). A "pureza conceitual" não deve ser nosso objetivo. Pelo contrário, devemos nos abrir às concepções críticas para lidar mais plenamente com a série de dinâmicas destruidoras em nossas sociedades. Se a direita tem tido grande sucesso deve-se em parte à sua preparação para construir alianças através de diferenças marcantes (APPLE, 2006). A esquerda também deveria estar preparada.

6) Não é possível manter vivas essas tradições e também criticá-las positivamente quando elas não lidam adequadamente com realidades atuais, a não ser que perguntemos: "Para quem as estamos mantendo vivas?" "Como e em que forma elas devem estar disponíveis?" Todas as coisas que mencionei acima nesta taxonomia de tarefas requerem reaprendizado, desenvolvimento e uso de habilidades novas ou variadas de trabalho em muitos níveis e com múltiplos grupos. Assim, habilidades jornalísticas e de mídia, habilidades acadêmicas e populares e a ha-

bilidade de falar para diferentes audiências são cada vez mais cruciais (APPLE, 2006; BOLER, 2008). Isso requer que aprendamos a falar em diferentes registros e dizer coisas importantes de modo que não sobrecarregue o público ouvinte ou o leitor. Não é necessário dizer que essas habilidades e esses valores também precisam ser levados em consideração na prática de ensinar.

7) Educadores críticos devem *agir* de acordo com os movimentos sociais progressistas que seus trabalhos apoiam ou em movimentos contra suposições e políticas de direita que eles analisam criticamente. Esta é outra razão que o estudo acadêmico em educação crítica implica: tornar-se um intelectual "orgânico" ou "público". Deve-se participar, com sua *expertise*, de movimentos para transformar tanto uma política de redistribuição quanto uma política de reconhecimento. Isso também implica aprender com esses movimentos sociais (ANYON, 2005) e significa que o papel da "*intelligentsia* não comprometida" (MANNHEIM, 1936), alguém que "vive na varanda" (BAKHTIN, 1968), não é um modelo apropriado. Como Bourdieu (2003, p. 11) nos lembra, nossos esforços intelectuais são cruciais, mas eles "não podem ficar de lado, neutros e indiferentes, separados de lutas nas quais o futuro do mundo está em jogo".

8) Aprofundando os pontos do parágrafo anterior, o estudioso/ativista crítico tem outro papel. Ele precisa agir como mentor profundamente comprometido, como alguém que demonstra através de sua vida o que significa ser um excelente pesquisador e um membro engajado da sociedade, marcada por desigualdades persistentes. Precisa mostrar como se pode fundir esses dois papéis, de maneira que, embora tensa, possa incorporar os compromissos com a produção escrita e a pesquisa comprometidas socialmente, e participando de movimentos cujos objetivos são interromper a dominância.

9) Finalmente, participação também significa usar o privilégio que se tem como estudioso/ativista. Ou seja, cada um de nós precisa fazer uso de seu privilégio de abrir espaços em universidades e em outros lugares para os que não têm voz naquele espaço e nos locais "profissionais" que você, estando em posição privilegiada, tem. Isso pode ser visto, por exemplo, na história do programa do "ativista em residência", no University of Wisconsin Havens Center for Social Structure and Social Change, onde ativistas comprometidos em várias áreas (meio ambiente, direitos dos nativos, habitação, trabalho, disparidades raciais, educação e outros) ensinam e unem trabalho acadêmico com ação organizada contra relações de dominância. Ou pode ser visto em vários programas de Estudos da Mulher e programas de Estudos Indígenas, Aborígenes e da Primeira Nação que envolvem historicamente ativistas nessas comunidades como participantes ativos na administração e nos programas educacionais dessas áreas em universidades.

Essas nove tarefas exigem muito e serão retomadas mais adiante. Ninguém pode desempenhá-las bem, total e simultaneamente, embora Freire chegue perto disso. Como ele mesmo reconheceu, nunca será fácil confrontar as realidades da educação com uma sociedade profundamente desigual e frequentemente negligente, de forma que possamos responder *coletivamente* à pergunta que dá origem a este livro. O que podemos fazer é continuar honestamente nessa tentativa de lidar com as complexas tensões e atividades intelectuais, pessoais e políticas que respondem às demandas desse papel. Na realidade, embora seja por vezes problemático, o conceito "identidade" é útil aqui. É um modo de conceitualizar melhor o jogo entre essas tensões e posições, pois se refere a múltiplos posicionamentos possíveis que se pode ter e a formas ideológicas contraditórias que podem estar agindo tanto dentro de si quanto em qualquer contexto específico (cf. YOUDELL,

2011). E isso requer um exame crítico na busca de sua própria localização estrutural, seus compromissos políticos abertos e tácitos e suas ações incorporadas, uma vez que esse reconhecimento, com toda a sua complexidade e contradição, deve ser levado a sério.

Isso faz referência a questões maiores sobre política do saber, conhecimento e pessoas de quem falei anteriormente e que também foram apontadas por autores pós-coloniais como Young (2003), Bhabha (1994), Spivak (1988) e outros. Conceitos como "pedagogia crítica", "globalização" e toda a parafernália do vocabulário pós-colonial e pedagógico crítico podem ser usados de múltiplas maneiras. Eles são destinados a significar um conjunto intenso de relações, experiências e realidades históricas, geográficas, econômicas e culturais, complexas e contraditórias. Mas o que *não* pode ser perdido no processo de usá-las é a natureza inerentemente política de sua própria história e interesses. Se bem usadas, não há maneira "segura" ou "neutra" de mobilizá-las. Elas são destinadas a ser radicalmente anti-hegemônicas e a desafiar até como pensamos e participamos de movimentos anti-hegemônicos. Como podemos entender isso, se nós mesmos não participarmos desses movimentos? Freire certamente o fazia, como também E.P. Thompson, Raymond Williams, C.L.R. James, W.E.B. Du Bois, Carter Woodson, Anna Júlia Cooper, Angela Davis, Bell Hooks e tantos outros. Nós podemos fazer menos?

Mas quem somos "nós" aqui? Vozes de quem são ouvidas? Em grande parte da literatura crítica em educação, uma seleção de figuras icônicas foi feita. Frequentemente nas versões mais populares dessa literatura nos Estados Unidos, por exemplo, são figuras icônicas de educadores brancos progressistas. No próximo capítulo discutirei criticamente uma dessas grandes figuras icônicas, George S. Counts. Mas nos capítulos seguintes quero expandir essas vozes e as comunidades a que elas são orgânicas de modos significativos.

Examino mais de perto o que uma série de figuras minorizadas e envolvidas politicamente – que tinham uma profunda preocupação com o papel da educação na transformação social – realmente fizeram enquanto buscavam responder à pergunta que se encontra no coração deste livro. Isso é importante. Mas como vocês também constatarão, limitar nossa investigação apenas a grandes figuras – não importa o quanto articuladas elas possam ser – pode ser exatamente isso: limitador. Com o objetivo de olhar para isso mais dinamicamente, nos dois capítulos seguintes também expandiremos nossa atenção aos atores educacionais que trabalharam no nível zero. Questões acerca de um entendimento aprimorado do conhecimento vindo de baixo, de política da identidade, da criação de comunidades críticas baseadas em uma ética de cuidado, amor e solidariedade se tornarão ainda mais importantes nesses dois capítulos seguintes, especialmente em minhas discussões sobre atores minorizados.

3
George Counts e a política de mudança radical

Desafie as escolas

Embora Paulo Freire figure como um caso-paradigma de estudioso/ativista crítico, como notei logo no início do capítulo anterior, a maioria das nações – e nações nascentes – têm pessoas fazendo perguntas críticas sobre o ensino e sobre a política do conhecimento de que este participa (cf., p. ex., BALL, J., 2004; BEESE, 2004; BORIS, 1993; CHRISTIAN-SMITH & KELLOR, 1999; GONZALEZ, 2000; GUSTAFSON, 2009; MacDONALD, 2001; NABOKOV, 1991; SIMPSON, 2004; TAMURA, 2003; VALE & TORRES, 2000; WEILER & MIDDLETON, 1999; WILLIS, 1987; WILSON, 2004). Isso seria uma simples reprodução de objetivos ideológicos, de formas e conteúdos culturais de grupos dominantes? O ensino poderia ser usado para levantar questões sérias sobre sociedades existentes? Ele poderia ir ainda mais longe e ser reorganizado de forma que participasse ativamente na reconstrução dessas sociedades?

Como disse anteriormente, nos Estados Unidos, a figura *mainstream* mais notável por levantar essas questões foi George S. Counts. Ele é visto como uma das principais – senão a principal – figuras dentre educadores desafiadores que se colocaram à frente com ideais de transformação social. Ele também é considerado responsável por preencher várias tarefas que enumerei no capítulo 2. Seu pequeno livro *Dare the School Build a New Social Order?* (COUNTS, 1932b) é uma afirmação do comprometimento de educadores, e das instituições em que trabalham, no desafio de grandes suposições e processos capitalistas[19].

Embora eu vá falar posteriormente sobre isso, é importante destacar aqui uma palavra que utilizei no parágrafo anterior: *mainstream*. Refere-se a questões fundamentais acerca do papel da escola em sua luta contra a exploração e a dominação que foram, repetidas vezes, levantadas e discutidas nas comunidades oprimidas, tanto antes quanto durante o período em que Counts escrevia aquele pequeno livro. Muitas figuras de comunidades não brancas, de grupos de mulheres ativistas, de movimentos sobre a pobreza, de classe trabalhadora urbana e rural falaram, escreveram e agiram em seu conjunto de questões capitais. Isso significa que outra pergunta deveria acompanhar as questões levantadas por Counts e o título de seu livro também. *De que perspectiva estamos respondendo a esta pergunta?* Esta é uma questão que detalharei no capítulo 4.

Contudo, isso não minimiza a contribuição de Counts. As questões e os desafios de Counts, e o livro em que ele os levantou, são particularmente relevantes nos dias atuais, pois também nos encontramos em uma crise econômica destrutiva; há uma onda crescente de movimentos, políticas e estratégias reacionárias; muitas pessoas estão novamente perguntando o que as escolas podem fazer diante dessas crises e ataques ideológicos conservadores.

O poder das palavras de Counts – mesmo tendo sido escritas há décadas – torna-se absolutamente claro para mim cada vez que ministro aula sobre Ideologia e Currículo. Como leitura de abertura, faço uso de *Dare the School Build a New*

---

[19] Embora neste capítulo eu me concentre em Counts, ele certamente não estava só. Harold Rugg, John Childs e a figura ainda mais radical de Theodore Brameld, entre outros, também foram vozes poderosas de crítica à época. Cf., p. ex., Evans, 2006; Kriedel, 2006.

Social Order? Nessas aulas, as discussões sobre o trabalho de Freire, os debates e as discussões sobre o livro de Counts são animados, e com frequência cheios de paixão. Instigam os alunos a fazerem conexão entre o pessoal e o político; exigem que cada um dos leitores leve a sério um conjunto-chave de questões: Para que serve a educação? Quem se beneficia da atual sociedade? Que tipo de sociedade queremos? Qual é meu papel na construção e defesa de uma sociedade melhor? E, ainda mais forte: Do lado de quem estou?

O cenário para o livro de Counts foi em parte montado por Thorstein Veblen em *The Higher Learning in America* (VEBLEN, 1918). Além disso, livros populares como *The Goosestep* (SINCLAIR, 1923) e *The Goslings* (SINCLAIR, 1925), de Upton Sinclair, assim como o "simpósio sardônico", de Harold Stearn, *Civilization in the United States* (STEARN, 1922), criticavam todo o sistema educacional por depender cada vez mais de teorias de produção em massa e práticas de capitalismo industrial. A mensagem era clara: "Até que a mão morta dos homens de negócio fosse removida das escolas e o controle da educação colocado com os professores, a quem pertencia, seria loucura falar sobre liberar a inteligência ou reformar o currículo" (CREMIN, 1961, p. 125).

Embora os primeiros trabalhos de Counts tivessem sido surpreendentemente positivistas – afinal, ele completou seu Ph.D. com Albino Small e Charles Judd na University of Chicago –, logo se transformou em crítico sagaz do papel do ensino na reprodução social (CREMIN, 1961; SINCLAIR, 1923), analisando os modos como as escolas de ensino médio dos anos de 1920 reproduziam profundas desigualdades (COUNTS, 1927). Em seus últimos trabalhos sobre a composição de classes nos conselhos escolares, Counts combinou o que poderia parecer dois impulsos contraditórios: um compromisso com "um populismo mais efetivo refletido em um conselho escolar mais representativo e um profissionalismo mais efetivo refletido em um grupo de ensino cientificamente treinado e bem-organizado" (CREMIN, 1961, p. 226). No processo, Counts juntou uma "crítica sagaz do conjunto de membros do conselho escolar americano" com um chamado por um maior reconhecimento do papel crucial de conflitos sociais e políticos na criação e transformação de políticas educacionais (CREMIN, 1961, p. 226).

Ao invés de ver a educação separada de lutas e movimentos políticos, ele a considerava como *explicitamente* política. E ao invés de lutar para mantê-la acima da política, pensava que o único modo de entendê-la era se envolver em e com movimentos políticos. Parafraseando Counts poderíamos dizer que "se o movimento educacional progressivo não estiver diretamente ligado a algum movimento ou tendência profunda, ele não poderá ser nada, senão um instrumento de enganação" (cf., p. ex., COUNTS, 1932a, 1932b).

Counts foi influenciado por Charles Beard, autor da obra-paradigma *An Economic Interpretation of the Constitution of the United States* (BEARD, 1929). Para Beard, leis históricas universais – um conjunto de suposições largamente aceito na época – não dirigiam o curso da história. Ao contrário, forças poderosas econômicas, assim como sociais e políticas, eram os motores da história em períodos específicos. Entender essas forças e particularidades a partir de um ponto de vista ideológico não era possível nem desejável. "O passado é escrito e interpretado a partir dos problemas do presente e das possibilidades do futuro" (GUTEK, 2006, p. 7). Se os problemas que enfrentamos são influenciados pelos interesses econômicos que dominaram nossas estruturas sociais e políticas do passado e que continuam a dominar hoje, então é preciso ter clareza tanto sobre a gênese desses problemas sociais urgentes quanto sobre o que é necessário para se lidar com eles (GUTEK, 2006, p. 7).

Para Counts, isso significava que o ensino – como todas as grandes instituições – era "uma expressão de cultura e sociedade particular vivendo em um dado período da história em um local geográfico específico" (GUTEK, 2006, p. 7). Não são as leis universais, mas as relações de dominância social e econômica, com suas dinâmicas e instituições, os elementos-chave do que as instituições fazem agora e que podem e devem fazer no futuro.

Embora parte de sua linguagem e conceitos seja um tanto ultrapassada, Counts sabia manejar as palavras. A seguir, destaco um retrato que ele faz da realidade econômica enfrentada diariamente por milhões de pessoas.

> Aqui está uma sociedade na qual a maestria sobre as forças da natureza, ultrapassando o maior dos sonhos da Antiguidade, é acompanhada de extrema insegurança material; na qual completa pobreza anda de mãos dadas com a vida mais extravagante que o mundo já conheceu; [...] na qual crianças sem café da manhã caminham para escolas passando por lojas falidas, cheias de comida farta trazida dos fins do mundo; na qual homens fortes [sic], aos milhões, caminham pelas ruas em uma busca fútil por emprego e, com exaustão da esperança, entram para a fila dos homens vencidos (COUNTS, 1932a, p. 259-260).

Mas a crise era visível não apenas nesses homens – e mulheres – procurando por trabalho remunerado. Ela era acompanhada de uma crise igualmente visível nas escolas. Crianças famintas e sem teto, negócios falidos, um sistema financeiro em caos, desigualdades gigantescas... tudo isso – e muito mais – estava conectado a outros fatores, envolvendo também a educação. Enquanto Counts analisava o aspecto educacional, além do currículo ele viu um conjunto de decisões ligadas a ele que eram ideologicamente enraizadas em classes dominantes e suas concepções (errôneas) do mundo, que levou ao enfraquecimento da democracia sólida. Counts também foi testemunha de efeitos mais próximos da realidade: milhares de professores sendo dispensados; escolas fechadas ou enfrentando "pesadelos orçamentários"; salários de funcionários públicos deixando de ser pagos, e muitos outros indicadores de uma sociedade cujas prioridades estavam totalmente em desacordo com o que a retórica da democracia americana afirmava (GUTEK, 1984, p. 19). Para ele, a educação parecia continuar como se nada estivesse acontecendo, como se fosse desconectada da sociedade que estava à sua volta. Ou, quando conectada, ligada aos interesses de uma classe dominante.

Gerald Gutek, um dos mais fiéis seguidores de Counts em relação ao que estava errado com a educação e sobre o que esta poderia fazer, destaca o seguinte:

> Em *Dare the Schools Build a New Social Order?*, Counts alerta que a concepção da educação como uma essência e uma constante universal contribuía para a isolação da escola da vida política, social e econômica. Counts acreditava que a educação respondia aos propósitos e condições mutáveis e assumia um desenho particular em cada sociedade e época. Durante os anos de 1930, Counts exortou a profissão de educação americana para escapar da coerção da aristocracia econômica, aceitar os valores democráticos igualitários e organizar a vida em harmonia com a realidade emergente da sociedade tecnológica industrializada (GUTEK, 1970, p. 5).

Este comprometimento em "harmonizar" a educação com uma sociedade tecnológica industrializada não era destinado a simplesmente fazer com que as escolas se ajustassem às realidades atuais. Longe disso. Para Counts, era necessário um compromisso com valores cooperativos, não a competição interminável que guiava o capitalismo e criava as desigualdades gigantescas que permeavam tantos aspectos da sociedade. Isso demandava uma crítica abrangente do modo pelo qual o ensino servia eficazmente aos interesses das classes economicamente dominantes. Também era necessário um corpo de professores politicamente ativistas para ajudar na alteração dessa situação. Professores, então, seriam profundamente comprometidos; não neutros, mas partidários em relação às questões mais sérias e lutas sociais envolvendo escolas, a nação e o mundo (GUTEK, 2006, p. 7).

A luta contra os interesses dominantes deveria ser o princípio organizador, inspirador por uma aliança de forças que tinha alguma similaridade com os movimentos em torno do populismo de esquerda, a Aliança dos Fazendeiros, movimentos trabalhistas insurgentes e grupos semelhantes (MITCHELL, 1987; cf. tb. APPLE, 2000). Da mesma forma que esses movimentos lutavam contra tendências de monopólio e por uma democracia mais direta, o ensino e os professores também deveriam se juntar a esses tipos de aliança e movimentos anti-hegemônicos nas batalhas existentes contra forças poderosas de monopólio e a ideologia que as acompanhava.

O que nós poderíamos fazer para enfrentar essas forças de monopólio estava no centro da crítica de Counts. Anarquia econômica e aprofundamento da crise e das desigualdades permaneceriam se os Estados Unidos não aceitassem o papel crucial que o planejamento econômico coletivo precisa ter. Para Counts, os sistemas escolares em geral haviam sucumbido ao controle de movimentos e forças reacionárias; eram sustentados por um comprometimento ultrapassado com o individualismo econômico (GUTEK, 1970, p. 23). As escolas estavam isoladas da sociedade; viviam em um mundo artificial que tinha pouca relação com as realidades de tantas pessoas inseridas em uma sociedade motivada por lucro privado às custas das necessidades da maioria. No lugar do egoísmo e normas competitivas que dominavam a vida social e as grandes instituições dessa sociedade, a educação pública deveria adotar formas mais cooperativas de socialidade (GUTEK, 1970, p. 24)[20].

Mais uma vez, Counts reconhecia as sérias barreiras para que isso fosse realizado. A longa tradição de controle e de in-

---

20 Isso também tem paralelos com outras nações. Cf. Fielding e Moss, 2011.

teresses corporativos influenciando escolas as tornava mais conservadoras. Mas isso não era tudo. A própria educação estava dominada por grupos com capital econômico e social; as classes dominantes controlavam o ensino. Em combinação com ideologias que sempre mais permeavam a vida diária, tal postura levava à adoção de novas identidades. Isso é claro em seus primeiros trabalhos, como sua pesquisa e sua avaliação dos conselhos escolares: "[Trata-se de um] raro indivíduo [que] lutará honestamente para respeitar os melhores interesses de todas as classes" (COUNTS, 1927, p. 90).

Em seu ataque à economia *laissez-faire*, Counts não temia o "planejamento social" e a "engenharia social" (GUTEK 1970, p. 6). Com base no experimentalismo de John Dewey e o relativismo histórico de Charles e Mary Beard (BEARD & BEARD, 1914), ele desafiou o individualismo possessivo promovido por relações capitalistas e exigiu uma política que refletisse valores coletivos e cooperativos que acreditava ser absolutamente essenciais na sociedade que então emergia. Sua visão do papel normativo da escola nesse processo requeria um claro comprometimento dos educadores para se alinhar com as "massas trabalhadoras, ao invés das forças motivadas pela filosofia do individualismo econômico" (GUTEK, 1970, p. 12). Em meio à Grande Depressão dos anos de 1930, a escolha entre dois conjuntos de valores era clara, como também era claro o papel dos educadores e das escolas onde eles trabalhavam.

Uma aristocracia econômica controlava o aparato produtivo dos Estados Unidos, dominando antidemocraticamente a maioria das pessoas. Como resposta era preciso coordenar os esforços das escolas e outras instituições na reconstrução do Estado, da economia e da sociedade civil. Para Counts – e não apenas ele –, isso demandava várias atitudes. Gerald Gutek, biógrafo seu, retrata isso da seguinte maneira:

> [Era necessária] a inauguração de uma economia coletiva, o fortalecimento da sensibilidade política das pessoas comuns e a revitalização da herança

igualitária, democrática, para deslocar esse grupo dominante e retomar o controle das instituições sociais e, assim, a educação para as pessoas comuns. Depois de assegurar essa transformação necessária da sociedade americana e um ajustamento mais completo ao ambiente tecnológico, ele vislumbrava novos horizontes sociais e educacionais. Finalmente, essa reconstrução culminaria em uma restauração completa da democracia nos Estados Unidos (GUTEK, 1970, p. 12).

Se, por um lado, a posição de Counts indubitavelmente tendia em direção ao que Whitty chamou de "possibilitarianismo romântico" (WHITTY, 1974), por outro, dava mostras que estava a par do que estava errado na sociedade. Aqui Counts fala sobre a economia e suas bases ideológicas:

> A doutrina tão familiar de que o bem comum será melhor se cada indivíduo for encorajado a buscar seus próprios interesses terá que ser arrancada de nossos costumes e da vida institucional. Isso significa que o capitalismo privado – com sua dependência do lucro, com o princípio da competição e da propriedade privada de recursos naturais e ferramentas de produção – terá de ser abandonado totalmente ou transformado radicalmente em sua identidade. Em seu lugar deverá surgir uma economia altamente socializada, coordenada, planejada e devotada à tarefa de fazer com que a ciência e a máquina sirvam às massas humanas (COUNTS, 1932c, p. 519).

Counts certamente não era um tecnófobo. À semelhança de muitas pessoas ligadas ao Movimento Social Reconstrucionista, como Harold Rugg, ele pensava a tecnologia como um senso de poder da ciência que adotava o "método de inteligência". Guiada por tal método – quando unida a uma disposição positiva em direção ao planejamento social – a tecnologia era um recurso dinâmico que tornava possível a ação prática objetiva no mundo real (GUTEK, 2006). E quando conectada à crítica das relações existentes de exploração e subordinação e ao compromisso com o planejamento consciente para mover a sociedade em direções mais equitativas, ela tornava-se ferramenta verdadeiramente essencial. Para ele, "o crescimento da ciência e tecnologia nos trouxe para uma nova era, em que a ignorância deve ser substituída pelo conhecimento, a competição pela cooperação, a confiança na providência por planejamento cuidadoso, e o capitalismo privado por alguma forma de economia socializada" (COUNTS, 1934a, p. 48).

Essa ambiguidade mostra certa hesitação; senso de que, se por um lado o planejamento é crucial, por outro há vários métodos a ele associados. Essa não é a voz de um mero ideólogo que viu o futuro; ele sabia exatamente o que precisava ser feito e não toleraria qualquer crítica.

Seu texto foi escrito em uma época que colocava grande crença na tecnologia, na ciência e nas formas de racionalidade integralmente relacionadas a elas. Embora houvesse críticas dessas tendências na época, quase todos os envolvidos nos movimentos em que Counts era associado partilhavam dessa crença.

Como muitos outros, Counts acreditava que o movimento em direção ao "coletivismo" era irreversível; crença que gozava de popularidade internacional. Mas coletivismo de *que tipo* era a questão. Counts distinguia entre duas formas de coletivismo: ditatorial e democrático. O coletivismo democrático estava profundamente enraizado na tradição americana de cooperativas e no espírito de interdependência e inovação. Nisso, sua posição é mais parecida com as ideias social-democratas do socialismo fabiano britânico do que com as posições de esquerda mais radicais associadas aos modelos centrados no Estado: comunismo e socialismo burocrático de Estado (GUTEK, 1984, p. 81-89). Nesse aspecto, ele se aproxima de movimentos com uma longa história nos Estados Unidos (FONER, 1988).

Possivelmente Counts enfrentou críticas crescentes não só das elites econômicas e da mídia, como também dos liberais que temiam tanto a perda da liberdade pessoal como também uma "sociedade regimentada". Ele enfrentou da seguinte maneira esses argumentos em um artigo na *Social Frontier*:

> [*A Social Frontier*] vê a presente concentração de riqueza e poder nas mãos de poucos, com suas implicações de domínio e controle de classe, como um obstáculo opressivo ao crescimento pessoal de meninos e meninas americanos e como uma ameaça perpétua às liberdades de massas de pessoas. Para aqueles que dizem que o coletivismo significa regimentar, a resposta é que o coletivismo está sobre nós e que a única esperança de liberdade está na direção do controle democrático sobre as fontes materiais da vida abundante (COUNTS, 1934a, p. 48).

Mais uma vez, entretanto, enquanto o termo coletivismo foi escolhido por razões táticas e analíticas, seu significado não deve ser compreendido erroneamente; mais histórias populistas sustentavam suas suposições. Na tradição de onde Counts surgiu e no círculo de seus amigos havia uma clara "nostalgia pelo senso de vizinhança de pequenas cidades da América". Não era a ideia de fazendas enormes possuídas pelo Estado – ou da mais moderna fazenda-fábrica capitalista gigantesca – que o guiava. A "fazenda familiar", com a intimidade e as interconexões da vida em vizinhança, parecia ser "a base histórica sobre a qual o senso e o espírito da cooperação moderna poderiam emergir" (GUTEK, 1984, p. 96). Era esse tipo de intimidade e esse tipo de senso cooperativo que ele queria resgatar, tanto na sociedade como um todo quanto nas escolas.

Mas é preciso afirmar que, se por um lado Counts era um grande defensor de que as escolas deveriam ter papel fundamental na transformação do senso comum da nação – especialmente quanto aos valores expressamente críticos do grupo dominante –, por outro, ele era um crítico sagaz da falta de crença no poder da escola de solucionar por si mesma grandes problemas sociais. Por falta de conexões orquestradas com a mídia, a família e as comunidades, o papel da escola era "enfraquecido e irrealista" (GUTEK, 1984, p. 133). Para ele e para muitos de seus colegas era importante "falar em diferentes registros" e para diferentes públicos.

Ele tinha uma intuição que se assemelhava ao argumento de Antônio Gramsci: nós estamos envolvidos em uma "guerra de posição", não apenas em uma "guerra de manobra". Ou seja, as pessoas comprometidas com transformações sociais e culturais radicais devem lutar em muitas frontes e em muitos locais – a economia, a mídia, a escola e outros aparatos culturais –, desde os níveis locais até os mais globais. E tudo isso deve ser feito simultaneamente e com coordenação consciente (GRAMSCI, 1971). Educadores não podem e não devem tentar fazer sozinhos tais transformações. Como educadores eles podem – de fato, devem – oferecer alguma liderança, certamente limitada. Mas apenas se juntando a outros é que isso poderia ir para frente (GUTEK, 1984, p. 134).

Counts, portanto, não romantizava o poder da educação. Pare ele, muitos educadores – e especialmente aqueles que se viam como "progressistas", colocavam desmedida crença no ensino como agente poderoso de transformação social. Muitas outras instituições também eram educativas, e a própria escola estava profundamente conectada a elas, intercambiando-se. A falta de reconhecimento dessas relações e a crença não fundamentada nos efeitos independentes do ensino eram "não só sem imaginação, mas também temerosas" (GUTEK, 1970, p. 19).

Porém, as escolas não eram destituídas de poder. Elas poderiam ser reorganizadas em torno de "hábitos e compromissos" mais democráticos; poderiam ministrar um currículo "necessário para a participação inteligente na vida política e econômica". Isso não deveria ser simplesmente a educação centrada na criança, divulgada pelos progressistas individualistas e excessivamente românticos. Também não poderia estar baseado no conhecimento "do" passado, tão amado pelos conservadores culturais tradicionais que frequentemente dominavam discussões sobre o que seria selecionado como "conhecimento oficial" (APPLE, 2000). Educadores não encontravam uma saída, nenhuma solução divorciada de escolhas éticas e políticas fundamentais dos tipos de conhecimento e valores incrustrados em toda sua experiência escolar. Para Counts, não escolher era uma escolha. Apenas fazendo escolhas baseadas no compromisso com uma visão mais articulada do "coletivismo democrático" é que os educadores poderiam oferecer liderança à sociedade (GUTEK, 1984, p. 135-136).

Sendo que a escola não era – nem poderia ser – neutra, e como a escolha dentre os valores e o vasto universo do conhecimento possível era inevitável, esta deveria ser guiada por uma clara visão normativa (LAGEMANN, 1992, p. 145). Assim, escolas e educadores tinham a responsabilidade comum de "censor, crítico, juiz da sociedade e suas instituições básicas" (COUNTS, 1926, p. 311-312). Pelo fato de as escolas serem em grande parte controladas por grupos dominantes – e assim eram predispostas a reproduzir a ordem social dominante –, essas responsabilidades eram ainda mais necessárias.

Counts reconhecia que a educação em si *não* era sempre "boa, progressista e democrática". Ela podia ser usada para incitar animosidades raciais, violência e formas de nacionalismo muito perigosas, interna e externamente (GUTEK, 1970). A batalha contra esses usos da educação deve ser travada dentro e fora da escola.

Porém, diante de tudo isso, Counts assumiu que os professores como um todo eram "naturalmente simpatizantes com as massas produtivas". Portanto, eles poderiam ser movidos a fazer aliança com aqueles que sofreram com os modelos econômicos e com as decisões impostas pelas classes dominantes (GUTEK, 1970, p. 220). Counts não era suficientemente radical quanto à natureza verdadeiramente constitutiva da raça e aos processos de racialização nos Estados Unidos; e nesse aspecto ele se parecia com muitos outros progressistas que infelizmente não eram capazes de reconhecer o poder de dinâmicas de racialização em torno deles e nas quais participaram "sem saber". Ao contrário de outros, entretanto, Counts não ficou quieto em relação a questões de raça. De fato, ele era bastante crítico dos sistemas de *apartheid* educacional no sul, embora menos convincente em seu reconhecimento em relação ao norte[21].

Embora muitos educadores progressistas brancos fossem mais cegos ao racismo do que Counts, havia outras diferenças entre eles. Para esse educador, com foco na criança, a educação progressista era caracterizada por várias falhas importantes. Dentre elas estava a falta de um programa social crítico sério, pelo fato de ignorar as crises econômica, política e cultural/educacional da Grande Depressão, como também por sua clara afiliação às formas ideológicas da classe média. Nenhum progresso sério em direção à criação de uma educação socialmente crítica poderia ser feito se tal posicionamento estivesse em seu centro (COUNTS, 1932a).

Não podemos ignorar que a Progressive Education Society e o Movimento do Reconstrucionismo Social tinham alcance muito limitado. Os aspectos formais da organização e do movimento geralmente se restringiam à sua classe. A título de exemplo, o PEA normalmente representava escolas particulares ricas, escolas-laboratório de faculdades e universidades, como também escolas vizinhas a comunidades urbanas e suburbanas (NELSON, 2006, p. xviii). Essa tendência – que Basil Bernstein chamou de classificação fraca e de estrutura fraca – teve (e ainda tem) raízes profundas no poder crescente da classe média na sociedade americana (BERNSTEIN, 1977).

---

21 Rugg demonstrou muito interesse pela então chamada "questão negra", mas não teve sucesso em conectar o problema de raça com a expropriação capitalista e a economia de trabalho. Cf. Watkins 2006, p. 220.

Educação crítica e doutrinação

A problemática do "romantismo" se estendia longamente. Progressistas educacionais frequentemente empregavam a retórica da transformação social, mas seu medo de impor ideias sobre as crianças e sua falta de entendimento dos modos pelos quais as escolas deviam conectar seu projeto a outras instituições "educativas" – em um esforço coordenado de reconstruir a sociedade – os deixou tão fracos a ponto de quase não terem importância diante de relações de poder dominantes (COUNTS, 1932b).

As tensões entre, digamos, o foco na criança e os compromissos políticos abertos podem ter criado limites artificiais, uma vez que muitos progressistas tentaram levar ambos a sério. É preciso destacar que expoentes figuras gravitaram em direção a um e a outro ponto. Talvez quem melhor exemplificou a tentativa consistente de se livrar dessa dualidade foi John Dewey (KLIEBARD, 2004; WESTBROOK, 1991). Porém, "a sua solução" levou a um desacordo entre ele e Counts.

Uma questão-chave se referia à doutrinação. Se o objetivo da educação era reconstruir a sociedade segundo as linhas propostas por Counts e outros, isso não significava uma imposição de valores? Não se tratava simplesmente de um processo de doutrinação? Estas, dentre outras, foram as principais questões que dividiram o movimento progressista na educação. O debate ficou acalorado durante anos. Alguns argumentavam que se concentrar em métodos de pesquisa com a mente aberta era a melhor solução. Outros argumentavam, com igual discernimento: considerando que valores, e especialmente os dominantes, já estavam sendo impostos tanto abertamente quanto implicitamente todos os dias por meio da educação, era responsabilidade dos professores e desenvolvedores de currículo fazer com que os estudantes examinassem criticamente os valores e conhecimentos dominantes existentes e que os educadores "enfatizassem os valores apropriados" (KRIEDEL, 2006, p. 75).

Obviamente, o próprio Dewey não se manteve quieto diante da necessidade de reconstruir a educação a partir da transformação social. Falando para a Progressive Education Association em 1928, sua mensagem foi clara:
> [Se] pensarmos que uma ordem social diferente em qualidade e direção da presente é desejável e que escolas deveriam lutar para educar com mudança social em vista, produzindo indivíduos que não são complacentes com o que já existe e equipados com desejos e habilidades para ajudar em transformá-lo, um método bastante diferente é indicado para a ciência educacional (DEWEY, 1928, p. 7).

Porém, esse foco no "método", dentre outras coisas, se transformou em profundas e seriíssimas divergências. Embora articulada, a posição de Dewey era vista por Counts e outros como muito neutra politicamente. O processo político se alimentava de substância política. O compromisso de Dewey com "o método da inteligência" o tornou muito suspeito de qualquer tentativa de "doutrinar estudantes para promover uma teoria de bem-estar social". Impor tal sistema violaria um compromisso com a razão democrática e com a "inteligência pragmática" (STANLEY, 2006, p. 95). Obviamente, Dewey não tinha uma visão inocente sobre o fato de que as escolas não podiam deixar de ensinar normas e valores políticos e sociais específicos, e ele se baseou em uma visão política (STANLEY, 2006, p. 95). Mas a imposição enfraqueceria radicalmente as formas, os processos e os valores democráticos que ele sentia tão fortemente como fundamento sobre o qual a democracia participativa deveria se basear. O desenvolvimento de uma "inteligência pragmática" era o único caminho a seguir.

Como ele afirmou em *The Social Frontier*, aqueles que apoiam a doutrinação como caminho à crítica e à justiça social
> [...] baseiam seu apoio na teoria, em parte no fato de que há bastante doutrinação ocorrendo nas escolas, especialmente no que se refere ao estrei-

tamento do materialismo sob o nome de patriotismo e no que se refere ao regime econômico dominante. Fatos infelizmente *são* fatos. Mas eles não provam que o caminho certo é se entusiasmar pelo método da doutrinação e inverter o seu objeto (DEWEY, 1937, p. 236).

No início desta citação, Dewey poderia descrever as mensagens dominantes que permeiam tão fortemente a sociedade. Enquanto expressava publicamente suas preocupações sobre a imposição, ele mesmo era criticado – às vezes com prudência, mas frequentemente com deboche – por conservadores, que viam nele muitas das tendências ideológicas que temiam em Counts e em outros pensadores (WESTBROOK, 1991). Quanto a Counts, ele e os educadores políticos que eram seus aliados podem ter escolhido uma palavra inadequada para descrever o processo e conteúdo educacional anti-hegemônico que tinham como objetivo, mas não há dúvida de que as chamas do medo e da crítica já estavam acesas.

Preocupações com doutrinação, falta de apoio de líderes poderosos dentro do movimento de educação progressista, posições de classe de seus membros, medos anticomunistas, medo de antagonizar "o público" e preocupações em assumir outras responsabilidades numa época em que as escolas já estavam cambaleando com os efeitos da crise econômica persistente levaram a uma resposta mais tépida ao desafio de Counts, que ele mesmo esperava (cf. CREMIN, 1961; CURTI, 1959; GUTEK, 1970). O ataque a Counts e a muitos de seus seguidores por serem "vermelhos" e "não patrióticos" – uma estratégia central empregada por movimentos de direita e seus porta-vozes até os dias de hoje (cf., p. ex., APPLE, 2004; HOROWITZ, 2006) – exerceu, com o passar do tempo, grande influência na perda de apoio e legitimidade das partes mais radicais do movimento exemplificadas por Counts.

Aqui é importante fazer uma comparação com Harold Rugg, outro grande educador politicamente progressista. Counts dividia com Rugg muitas de suas tendências intelectuais e políticas, como também os ataques que sofriam por grupos de direita. Possivelmente, mais do que Counts, Rugg sofreu ataques ainda mais intensos de organizações "patrióticas", como a American Legion (RILEY, 2006). Isso era esperado, pois, ao contrário de muitos outros progressistas engajados politicamente, livros escolares e materiais de currículo afins estavam sendo utilizados por ele em salas de aula. Rugg levou a sério várias tarefas que eu detalhei no capítulo 2 e estava profundamente comprometido com o trabalho dos educadores praticantes no que deveria ser ensinado nas salas de aula. Julgado pelos padrões de hoje, o material crítico nos livros escolares de Rugg pareceria relativamente ameno, até mesmo conservador sob muitos aspectos. Porém, para a direita corporativa e populista, a ameaça que Rugg significava ia além do perigo retórico. Haja vista que ele estava empenhado em abrir a mente da juventude àquilo que era impensável para a direita, especialmente dentro das escolas.

Como Counts, Rugg estava comprometido com uma estratégia dual para a transformação da economia, das lógicas e das relações relacionadas a ela. Isso envolvia uma economia planejada com a participação integral do governo na produção de mercadorias e no desenvolvimento de sua infraestrutura. A conquista disso "libertaria as pessoas dos caprichos do capitalismo", e, ao fazê-lo, "permitiria que os americanos liberassem seu espírito coletivo e trabalhassem juntos" na solução de problemas sociais urgentes que limitavam a esfera da justiça social (cf. EVANS, 2006, p. 45-68).

Mas não eram somente as forças de direita fora da educação que atacavam Counts, Rugg e outros. Como sugeri anteriormente, também havia críticos internos. Counts estaria fazendo mau uso da ciência social e propondo "conclusões equivocadas"? (LAGEMANN, 1992, p. 155). A última alegação foi feita por Franklin Bobbitt, um dos fundadores da "elaboração do currículo científico" (KLIEBARD, 2004) e um dos membros do movimento popular de eugenia (SELDEN, 1999).

Até mesmo Charles Judd, antigo professor de Counts na University of Chicago e um notável proponente de teste e "ciência" na educação, repreendeu Counts por causa de sua crença de que "professores tinham uma responsabilidade de liderar o caminho para uma nova era" (LAGEMANN, 1992, p. 155). Como Judd disse com bastante desdém, professores tinham papéis mais importantes para exercer "ao invés de corrigir os males do capitalismo e do industrialismo" (LAGEMANN, 1992, p. 156). Ele também disse que "Certos radicais [...] [que] defendem que os professores assumam o papel de líderes e dirijam a reorganização do sistema econômico e político" estavam equivocados. Ao contrário, professores deveriam concentrar suas energias em "treinar mentes para operar com clareza e independência" (JUDD, apud LAGEMANN, 1992, p. 156). Isso não podia ser feito por meio da radicalização e da ação politizada, mas apenas por meio da profissionalização aliada ao desenvolvimento e aplicação da ciência. A competência técnica ligada à ciência da educação deveria ser nosso objetivo a curto e a longo prazos. O que não deveria ser incluído nesses propósitos eram os "objetivos mais grandiosos relativos ao emprego da cducação para a mudança da sociedade" (LAGEMANN, 1992, p. 156)[22].

Essas críticas de educadores "científicos" conhecidos eram sem dúvida dolorosas, especialmente aquelas de Judd, com quem Counts sempre tivera relações bastante cordiais. Mas foram as acusações maiores, mais políticas, que tiveram efeito mais impactante publicamente. Como muitos outros críticos do poder dominante comprometidos socialmente, Counts era acusado de ser um "vermelho". De fato, levando a sério seu comprometimento em ver globalmente os problemas educacio-

---

22 A tentativa de elaborar um modelo de educação a partir de uma visão particular da ciência não é importante aqui. Ela é parte de uma estratégia de conversão consciente na qual tipos particulares de capital, de aparentemente elevado *status*, devem ser convertidos em prestígio crescente para uma disciplina incipiente.

nais, ele retornou de uma visita em 1929 à União Soviética com um cavanhaque recém-crescido que tinha grande semelhança com Trotsky (LAGEMANN, 1992, p. 147). Além disso, como muitos críticos das políticas econômicas e sociais do *laissez-faire* das administrações presidenciais de Coolidge e Hoover, o que ele viu na União Soviética causou-lhe grande efeito. Uma sociedade na qual o público era mobilizado, onde havia claro compromisso com um planejamento autoconsciente e outros elementos que se articulavam com o objetivo de construir uma sociedade mais igualitária... tudo isso ecoava em Counts e em muitos outros pensadores (LAGEMANN, 1992, p. 147).

O rótulo de "vermelho" foi dado a Counts repetidamente, uma tática usada com frequência contra aqueles que levantam justamente questões sobre a imoralidade de uma sociedade que parece se importar mais com os lucros do que com a saúde, a educação, o bem-estar social e o respeito à grande parcela da população[23]. Entretanto, como observei anteriormente, Counts era menos "vermelho" do que alguém que combinasse uma crença romântica no que ele sentia que estava sendo perdido – a autoconfiança e relativa igualdade que aparentemente caracterizava o gênio da América – e uma crença na sociologia e sua racionalidade mais crítica *se* fossem reconstituídos em torno de um conjunto específico de objetivos e valores sociais (LAGEMANN, 1992, p. 151).

Mais precisamente, embora certamente à esquerda, Counts era alguém bastante aberto politicamente. Ele apoiava uma frente unida que combinava liberais, socialistas e comunistas, pelo menos inicialmente. O compromisso de Counts com várias ideias trabalhistas é visível em seus esforços para

---

23 Este certamente é o caso da atual política dos Estados Unidos. Qualquer pessoa, incluindo o ex-Presidente Obama, que defenda maior comprometimento público com os pobres ou assistência médica para todos, é chamado de "socialista". Isso simplesmente mostra uma profunda ignorância das tradições socialistas e social-democratas pelas várias facções de direita.

fundar o Partido Trabalhista Americano e em seu chamado para que professores não formassem associações profissionais, mas sim sindicatos trabalhistas e se unissem com outros sindicatos que representassem trabalho organizado em suas constantes lutas por justiça econômica, segurança e respeito. Às vezes seu chamado era muito menos radical do que podia parecer inicialmente, considerando as correntes radicais poderosas dentro do movimento e sindicatos trabalhistas que eram cada vez mais influentes e poderosos. Porém, seus esforços nos sindicatos dos professores, como também seu ativismo na American Federation of Teachers, onde foi presidente de 1939 a 1942, e sua defesa por uma organização mais politizada e orientada ao sindicato claramente o diferenciava de muitos outros educadores que pareciam consideravelmente mais satisfeitos com políticas mais amenas e relações de trabalho menos antagônicas (GUTEK, 2006, p. 9). Com a barganha coletiva dos professores e quase todos os funcionários públicos, agora sob o ataque orquestrado da direita, com funcionários públicos e toda a esfera pública forçada a pagar por quase todos os problemas sociais que ela não criou, estamos testemunhando a razão pela qual Counts acreditava ser tão importante a existência de sindicatos fortes.

Mas com o passar do tempo e, mais uma vez, como muitas figuras que inicialmente apoiavam fortemente princípios de esquerda até os anos de 1930, embora ainda na esquerda, ele se tornou anticomunista ferrenho e foi um daqueles que lideraram as lutas contra os comunistas na AFT (LAGEMANN, 1992, p. 158-159). Infelizmente, essa cruzada também teve efeitos bastante negativos em um número considerável de professores marcados com a histeria anticomunista.

Counts podia ser sagaz e irônico ao discutir suas filiações e crenças políticas. Embora fosse constantemente criticado por suas supostas simpatias comunistas, devido às suas críticas ao elitismo econômico e às suas análises dos conflitos de classe, ele se afastou de todas as simpatias que ele possa ter criado. De fato, próximo ao fim de sua carreira, em resposta à questão se ele era um marxista, sua resposta foi: "Não, eu sou um metodista" (GUTEK, 2006, p. 10).

Porém, jamais um "neocon" – elementos que moveram antigos trotskistas e comunistas para a direita – exerceu influência sobre Counts (BURAS, 2008). Ao dizer isso, não quero ser mal-interpretado. Frequentemente, comentaristas e escritores *mainstream* demonizam comunistas, socialistas e outros movimentos e ativistas de esquerda. Eles colaboraram na perda de memória das posições antirracistas defendidas por esses partidos e movimentos, dos profundos compromissos com a igualdade entre ativistas do movimento e "pessoas comuns" e de ideias teóricas, políticas e morais que alicerçaram as posições dessas pessoas. Nesse processo, esses comentaristas e autores também nos causaram imenso dano ao tornar possível que esquecêssemos escritores, artistas, músicos... tantas pessoas que mantiveram viva a esperança de um futuro melhor. Aquela esperança era real, mesmo com sua visão frequentemente utópica, às vezes inocente e quando os partidos políticos foram menos democráticos do que muitas pessoas esperavam (BULHE, 1981; DUBERMAN, 1989; KAZIN, 2011; KESSLER-HARRIS, 2001; LEWIS, 2000; MONTGOMERY, 1979; NAISON, 1983; NICHOLS, 2011; RABINOWITZ, 1996; ROBERTS, 1984; ROEDIGER, 1989; SERRIN, 1993; ZINN, 1997).

Encerrando esta seção, faço uma nota pessoal. Sempre fui chamado de "bebê de fraldas vermelhas". Sou filho de uma mãe comunista, de um pai socialista e neto de um trabalhador têxtil comunista que morava em um andar abaixo de nossa residência. (Vocês podem imaginar as discussões surgidas em cada refeição.) Cresci pobre e vivi em um bairro também pobre de imigrantes e de afro-americanos em Paterson, Nova Jersey, uma das cidades mais industriais da nação. Conheço em primeira mão os compromissos, o ativismo sindical, as ações antirracistas e a solidariedade inter-racial, a assistência coletiva, a ética, a humanidade que organizava nossas vidas diárias e constituía as estruturas de sentimento, como também a economia emocional daquele bairro. O cuidado, o amor e a solidariedade estavam ligados a uma política que exigia economia socialmente justa. Éramos todos de esquerda. Agora, as caracterizações que dominam a memória "oficial" dessas organizações e das pessoas que fazem parte delas são tão distantes, que não são simplesmente erradas, mas profundamente desrespeitosas e ofensivas.

Pensando em Counts hoje

Como devemos pensar em Counts? Seria fácil criticá-lo pela sua crença inquestionada no "progresso", na tecnologia, na ciência e na "racionalidade". Também seria fácil desafiar sua tendência a homogenizar a imensa diversidade dos Estados Unidos como "as massas". Porém, ainda permanece algo instigante em seus argumentos e exigências; sobre suas críticas articuladas de uma economia – e as pessoas responsáveis por ela – que, também agora, não parece ser estruturalmente *capaz ou disposta* a servir ao bem comum, baseada em exploração e dominação.

No posicionamento de Counts há, em relação a muitas coisas, simultaneidade instigante e inocente. Ele faz aliança com "estruturas do sentimento" de atores comuns; visão parcialmente populista que a própria natureza dos homens e das mulheres "comuns" nos levaria de volta ao que sempre sustentou a nação americana e muitas outras (SMITH, 2008). Sua posição invocaria valores igualitários, dependência mútua das pessoas, habilidade de fazer grandes "ajustes" diante de novas demandas sociais. Tal aliança é retoricamente poderosa e realmente responde a *partes* da história dos Estados Unidos.

No entanto, isso é obviamente produto de seu tempo. Essa visão do mundo tecnológico e de sua dependência fundamental do planejamento científico – cientificista de muitas maneiras – e racional incorpora o que Habermas chamou corretamente de "lógica intencional/racional", que tem interesse cognitivo no controle e na certeza (HABERMAS, 1971). Essa é uma lógica que pode desestabilizar as intuições de Counts sobre a necessidade de mudança constante e a interrupção da dominância (APPLE, 2004).

Sua posição não é suficientemente fundada – o que hoje se torna muito mais visível – na maneira como o império americano agiu internacionalmente, não só como fonte de libertação, mas também de dominação e corrupção (CHOMSKY, 2003). Ela homogenizou as "massas trabalhadoras" de tal maneira que marginalizou a natureza constitutiva da raça, com suas dinâmicas e estruturas que estão até mesmo no coração de democracias supostamente liberais (MILLS, 1997). Sua posição é em grande parte omissa no que diz respeito à realidade das mulheres, seu trabalho doméstico e sua sexualidade (BULHE, 1981; KESSLER-HARRIS, 2001).

E, finalmente, a posição de Counts é, com frequência, muitíssimo romântica, tanto sobre o poder das escolas como geradoras de transformações radicais quanto sobre os compromissos ideológicos de professores/educadores, de um modo geral. Nós educadores podemos ter compromissos, crenças éticas e políticas múltiplos e contraditórios. Podemos ser, digamos, progressistas sobre questões de gênero e ao mesmo tempo bastante conservadores em relação à raça e sexualidade. Podemos apoiar nosso sindicato quando se trata de negociar nossos salários, mas também acreditar que, de um modo geral, os sindicatos não passam de grupos de interesses e que possuem muito poder. Podemos achar que o governo deveria ajudar os pobres em determinadas áreas e, opostamente, considerar que a sociedade é feita de "pobres que merecem" e de "pobres que não merecem" e, assim, levarmos em consideração as políticas neoliberais. Dentro das salas de aula podemos nos empenhar em dar oportunidades ao aprendizado de alunos pobres e não brancos, mas considerarmos que já foi dada muita ênfase nos direitos das minorias e nas políticas antirracistas. Também podemos pensar que não há mais lugar para as teorias feministas, com suas pesquisas, políticas e ações, porque o problema são "os garotos" (WEAVER-HIGHTOWER, 2008). Portanto, os professores não estão imunes ao projeto político-social que a direita implantou há décadas.

Podemos mostrar que isso não é ficção pelas tensões que existem nos sindicatos dos professores e nas escolas em relação à educação bilíngue, imigração, educação multicultural orientada criticamente etc. Que isso não vai simplesmente desaparecer – e pode piorar – pode ser constatado em alguns dados de minha própria instituição: University of Wisconsin, Madison. A renda familiar média de nossos estudantes ingressantes de educação para professor primário é USD (dólar dos Estados Unidos) 30.000 a USD 40.000 mais alta do que há apenas alguns anos. Na última avaliação havia apenas três (sim, apenas três) alunos não brancos para cada cem estudantes admitidos. Será um trabalho árduo lutar contra as realidades de suas experiências baseadas em classe e raça.

Porém, ao mesmo tempo, as grandes mobilizações de professores e funcionários públicos, de estudantes, desempregados, grupos de imigrantes, dentre outros, contra os ataques da direita contra professores, trabalhadores do setor público, pobres, os fundos para a educação e assistência médica... mostraram que é possível fazer alianças que vão além de políticas e identidades (NICHOLS, 2012). O mais importante não é o tempo de duração dessas alianças, mas elas precisam ser feitas constantemente. Voltarei a esse assunto no último capítulo.

Counts não se atina a tais complexidades, assim como muitos outros. No entanto, reafirmamos, *há* poder em suas palavras. Seu clamor por uma escola política e socialmente ativa – em um conjunto de compromissos morais, políticos e econômicos com professores/educadores – tem grande ressonância até os dias atuais. Ao exigir que os educadores se identificassem e agissem solidariamente com as forças de "reconstrução social", que eles direta e honestamente confrontassem as contradições da riqueza e da imensa pobreza, Counts vislumbrava um papel central da escola na transformação radical de toda a sociedade, que iria "guiar os americanos 'da insegurança para segurança, do caos para o planejamento', do 'lucro privado' à 'segurança coletiva' e do 'luxo vulgar e desejo vil' a uma 'vida compartilhada abundante'" (apud GUTEK, 1970, p. 14; cf. tb. COUNTS, 1934b).

O que podemos fazer em relação a isso? Podemos nos envolver em ações politicamente sensatas e poderosas dentro e fora das escolas sem sermos simplesmente mais um grupo interessado em impor? Podemos, por exemplo, lidar mais sabiamente com a questão da doutrinação, afastando-nos das polaridades que geralmente norteiam os debates? Em caso afirmativo, com quem poderemos aprender isso?

Vamos ser francos. Essas questões não são facilmente solúveis, mas constituem um *dilema* que não desaparece; é preciso lutar constantemente contra ele, política e educacionalmente. Ele incorpora questões profundas que vão ao âmago de nossas lutas para mudar a sociedade *e* tratar uns aos outros como seres iguais que merecem respeito, cuidado e solidariedade. E no constante debate sobre essas tensões é que se instaura um conjunto mais democrático de formas e práticas institucionais. Como Raymond Williams (1961) talvez colocaria, apenas com o envolvimento nesses debates, incluindo todas as vozes até então marginalizadas (também os alunos), é que se tornaria possível progredir em direção à "grande revolução".

A discussão do capítulo 5 sobre as formas democráticas encontradas na política e nas práticas educacionais em Porto Alegre darão mais clareza de como essas tensões podem ser gerenciadas de maneira mais participativa. Mas, por enquanto, faz-se necessário voltar às soluções pedagógicas práticas para o dilema. A análise excepcional de Diana Hess de como as questões profundamente controversas podem ser mediadas e usadas como princípios orientadores na prática deliberativa das escolas é bastante significativa (HESS, 2009). Seu trabalho oferece exemplos esclarecedores de como lidar com as questões de Dewey e Counts, de maneira pedagogicamente bem pensada e taticamente sábia. Não se trata de uma resposta completa, mas certamente nos dirige a uma abordagem que medeia tensões. Essas tensões, que não podem ser apagadas, também não constituem "problemas", mas, reafirmo, são *dilemas* verdadeiramente necessários ao processo de ensino e à política educacional. A partir da sugestão de Hess podemos caminhar em direção a um processo pedagógico que abre espaços para o diálogo e a ação que poderiam ter sido perdidos se não déssemos oportunidade de engajamento da juventude, com questões socialmente importantes. Isso também pode ser observado nas salas de aula de lugares como Fratney Street School em Milwaukee, onde as tensões de crítica e abertura são trabalhadas todos os dias (cf., p. ex., APPLE & BEANE, 2007).

Mas o debate sobre doutrinação não se restringiu às questões críticas no currículo e à maneira como os estudantes podiam aprender a lidar com elas, tornando-se mais reflexivos, pessoal e politicamente. Ele também se referia profundamente à reconstrução de todo processo de ensino, com suas formas de currículo, aulas e avaliações, seus objetivos e sua relação com a (des)organização da ordem social maior. E aqui novamente temos muito o que aprender com essas escolas e salas de aula que desenvolveram modos práticos de combinar duas tensões constitutivas dentro do debate.

Os exemplos que eu e James Beane oferecemos em *Democratic Schools* (APPLE & BEANE, 2007) demonstram como um processo verdadeiramente crítico e democrático de ensino foi criado em verdadeiras escolas e comunidades em todo o território dos Estados Unidos. Essas escolas enfatizam as habilidades e disposições de investigação crítica de mente aberta, combinadas com expectativas e definições mais amplas do que conta como conhecimento oficial. Porém, tudo isso está ligado à prática de ensino que não aceita o atual modo de ser do mundo. Esses exemplos mostram caminhos sobre o debate a respeito da doutrinação. Eles documentam claramente que, apesar de um tempo de procedimentos de responsabilização redutivos e "culturas de auditoria" (APPLE, 2006), pressões econômicas aparentemente intermináveis e ataques ideológicos contra a própria ideia de ensino público, não se trata simplesmente de um sonho utópico criar um ambiente que seja vital, intelectual, social e politicamente poderoso para diversos grupos de estudantes, professores e comunidades. Nenhum desses exemplos sacrifica a substância intelectual nem pessoal ou o compromisso social. Quando nos voltarmos para a discussão sobre as reformas criticamente democráticas em Porto Alegre, no capítulo 5, ficará claro que essas transformações educacionais comprometidas socialmente não existem simplesmente na "imaginação utópica" de Counts.

Quando reunido com o material significativo publicado consistentemente em periódicos como *Rethinking Schools*, com o trabalho do Crea na Espanha (SOLER, 2011) etc., temos bons motivos para afirmar que há, de fato, modos para ir além dos argumentos exclusivos no debate sobre doutrinação e nas suposições exageradamente racionalistas que sustentavam muitos dos esforços do próprio Counts.

Educação anti-hegemônica

Até aqui centrei minha atenção em estudiosos/ativistas como George Counts. Mas vamos nos lembrar de duas coisas: 1) Movimentos sociais empurram líderes para a linha de frente, criando uma relação dinâmica entre movimentos e líderes; 2) frequentemente são grupos mais "anônimos" de atores politizados, formando alianças e exigindo mudanças substanciais, que são os motores da transformação. Portanto, por exemplo, os protestos de grupos como o Harlem Committee for Better Schools em Nova York nos anos de 1930 formaram uma aliança entre ativistas afro-americanos, professores negros e membros progressistas do sindicato dos professores que clamavam fortemente por reformas substanciais nas escolas e melhores condições de trabalho para os professores. *Eles* realmente fizeram o trabalho pesado que permitiu que a visão de Counts parecesse possível.

Ativistas socialistas e comunistas brancos e negros – muitos deles professores – eram bastante ativos nessas mobilizações. Isso mais uma vez aponta para a história do compromisso de muitos esquerdistas com projetos claramente antirracistas que, por vezes, iam muito além dos escritos de Counts (WATKINS, 2006, p. 225-226; cf. tb. NAISON, 1983).

O fato que essas ações e alianças atravessam linhas raciais é significativo (WATKINS, 2006, p. 225). Mas não sejamos românticos demais. A política da brancura e a rearticulação da divisão racial permaneceram aberta e organizadamente como dinâmica crucial nas lutas educacionais. Embora estivessem presentes durante todo o século XX, tornaram-se talvez mais visíveis na controvérsia de Ocean Hill-Brownsville em Nova York, nos anos de 1960, quando escolas se tornaram arenas que polarizaram muitos professores brancos e comunidades não brancas que eles serviam. A controvérsia também teve papel fundamental no movimento de muitos professores "liberais" e de seus líderes sindicais, como também de muitos intelectuais anteriormente liberais, em posições mais neoconservadoras (cf. PODAIR, 2005; BURAS, 2008).

Exemplos como este são significativos para realçar meus argumentos neste livro. Como notei no capítulo 1, escolas são *arenas de conflito* e os conflitos que elas geram e que encenam têm impactos duradouros em outras áreas da vida social e intelectual. O impacto dessas profundas divergências sobre políticas e práticas educacionais, sobre o que deveria contar como conhecimento importante e sobre quem deveria tomar essas decisões é sentido em esferas de nossas vidas aparentemente longínquas dos corredores escolares e das salas de aula. Counts podia estar certo em enfatizar o possível papel do ensino na transformação social; mas não acredito que o crescimento do poder das forças neoconservadoras é o que ele tinha em mente.

Elementos de educação popular

Se por vezes o ensino serviu – às vezes simultaneamente – como arena para alianças de raças e para o crescimento das tensões raciais, é importante enfatizar mais uma vez que ele frequentemente fez isso por meio do trabalho não só de pessoas como Counts, mas também de grandes grupos de atores "anônimos". Tanto antes quanto no período em que Counts e outros educadores radicais baseados em universidades clamavam por uma educação comprometida com a transformação da sociedade, havia impulsos educacionais críticos e instituições em erupção nos Estados Unidos. Na medida em que as divisões e antagonismos de classe cresceram, que recessões e depressões criaram condições intoleráveis para milhões de trabalhadores e famílias, e que a pressão por lucros e ganho privado tornaram a vida em lares, fábricas e fazendas cada vez mais difícil, a classe trabalhadora, pessoas pobres, mulheres, pessoas não brancas oprimidas e muitos outros grupos formaram movimentos sociais cujo catalisador sem dúvida chegou aos corredores e salas da universidade. Educadores críticos como Counts, Rugg, Brameld e outros não só lideraram, mas foram *empurrados* para uma posição mais radical.

Este é um ponto importante. Um dos perigos de se concentrar em atores históricos isolados – mesmo aqueles muito importantes como Paulo Freire (capítulo 2), George S. Counts (seção anterior deste capítulo) ou os influentes ativistas e educadores afro-americanos W.E.B. Du Bois e Carter G. Woodson (principais assuntos de meu próximo capítulo) – é que minimizemos o poder de movimentos sociais e mobilizações em massa que, com o tempo, oferecem espaço para que atores isolados ganhem destaque. Temos de pensar nisso em termos bastante dinâmicos. Movimentos sociais empurram atores para frente, da mesma maneira que atores isolados expandem criativamente aquele espaço e oferecem modelos, identidades alternativas e liderança que possibilitam tais movimentos seguirem em frente (cf., p. ex., ANYON, 2005; APPLE, 2000; KOVEN & MICHEL, 1993).

A educação foi a arena ou o principal interesse de muitos desses movimentos, e os adultos se tornaram sua "principal audiência". Escolas como Rand School for Social Justice, Brookwood Labor College e Commonwealth College "foram fundadas sob a premissa de que a educação dos trabalhadores poderia ter um papel significativo na promoção da compreensão crítica e da reorganização radical da sociedade" (TEITELBAUM, 2009, p. 216). Igualmente importante, e entre as mais duradouras dessas instituições educacionais profundamente comprometidas com a transformação social, está a Highlander Folk School. Ela foi fundada em 1932, ano em que Counts fez seu chamado para construção de uma nova ordem social. Ela era, e continua sendo, o centro para a organização trabalhista, para a educação em obediência civil, em direitos civis e ações antirracistas, como também no ensino das habilidades necessárias para o desafio da dominância nas esferas públicas e privadas (TEITELBAUM, 2009, p. 317; cf. tb. HORTON, 1990). De fato, seria quase impossível ter uma visão completa do movimento de direitos civis nos Estados Unidos sem a Highlander. De muitas maneiras ela pode ser considerada a predecessora nos Estados Unidos do que Paulo Freire fez com seu trabalho.

Escolas de trabalhadores, *labor colleges*[24], grupos de estudo, aulas sobre história e organização do trabalho em salões, casas ou até nas próprias fábricas e instituições e atividades similares estavam presentes nas primeiras décadas do sécu-

---

24 Faculdades destinadas a membros e funcionários do sindicato e suas famílias [N.T.].

lo XX. Mulheres politicamente progressistas frequentemente organizavam cursos por correspondência, grupos de leitura, palestras e reuniões sobre mobilizações, "questões femininas" e muito mais (BULHE, 1981; STANSELL, 2010). Mobilizações afro-americanas que desafiavam o conhecimento oficial e que constantemente se organizavam contra regimes de *apartheid* e relações econômicas, sociais e educacionais opressivas se proliferaram. Como notei no capítulo 1, ativistas e movimentos similares se faziam presentes entre grupos latinos, indígenas americanos, chineses e muitos outros.

Essas atividades educacionais por vezes atravessavam limites de classe e ocasionalmente fronteiras raciais, embora um grande número de obras trabalhistas radicais e de ativismo feminino ainda fosse marcado por concepções racistas. Essas ações ajudaram a criar um esquema de organizadores comunitários, trabalhistas "educadores populares" para construir e defender um movimento de massa contra as condições exploradoras impostas a tantas pessoas (TEITELBAUM, 2009, p. 317-318; cf. tb. CONNOLLY, 2010; TEITELBAUM, 1993).

Alcançando as crianças

Foi igualmente importante que homens e mulheres adultos tivessem como foco – em seus trabalhos remunerados e não remunerados, com seus direitos políticos – alcançar a juventude da nação.

Muitos ativistas radicais apoiavam escolas públicas e sua expansão, vendo nelas, pelo menos parcialmente, uma grande vitória da classe trabalhadora. Isso também ocorreu com grande número de ativistas educacionais afro-americanos que lutaram – e também morreram – pelo direito a uma educação pública de qualidade (cf., p. ex., ANDERSON, 1988). Um número considerável de professores aderiu a esses movimentos de classe, gênero e raça, lutando constantemente para criar um ambiente educacional que fosse responsivo às necessidades dos povos oprimidos e que reagisse contra a "visão capitalista" em relação às pessoas, tidas como trabalhadores substituíveis (cf., p. ex., CROCCO; MUNRO & WEILER, 1999). Essa crítica ao trabalhador substituível – cuja única utilidade para o capital era ser uma máquina geradora de lucro – é exatamente o que foi tomado mais tarde por muitos ativistas dos direitos do deficiente.

Porém, nas primeiras décadas do século XX, dúvidas sobre o modo como a educação pública estava sendo levada e sobre o que estava sendo ensinado eram cada vez maiores. Em parte, isso era devido à influência dos críticos da escola politicamente progressista, mais uma vez afirmando as relações dinâmicas entre movimentos e escritores críticos nas universidades.

Quais eram os discursos críticos que circulavam sobre o que as escolas estavam fazendo? Influências capitalistas dominavam o sistema formal de educação. O mesmo sistema educacional expandido pelo qual havíamos lutado tanto e por tanto tempo parecia servir "aos interesses da classe dominante". As "valiosas contribuições do trabalho organizado estavam sendo ignoradas". Por exemplo, nos cursos do Texas a "iniciativa livre" passou a ser valorizada acima de tudo e quaisquer desafios a ela eram vistos como antipatrióticos.

As preocupações se concretizaram em 1917, quando um jornal socialista de Nova York afirmou que "o maior inimigo de qualquer progresso na arte da vida humana é nosso sistema educacional empírico, tirânico". Qual foi a resposta? Além das vitórias eleitorais para conselhos escolares, da luta por melhores condições em todas as escolas públicas, os professores se tornaram ativistas e passaram a apoiar seu sindicato. Diziam: "[temos que capturar] as escolas [...] para que possamos introduzir a verdade e a imparcialidade nos níveis elementares no lugar do ensino falso e distorcido que agora ocorre" (TEITELBAUM, 2009, p. 319).

Entretanto, para um grande número de ativistas educacionais, tanto dentro quanto fora do aparato educacional formal, "capturar as escolas" pode ter sido um objetivo de longo prazo ou um tanto romântico, dadas as estruturas existentes de poder e dinheiro. As batalhas pelas escolas continuaram, mas foram unidas à tarefa de criar um ensino alternativo e opositor na preparação melhor das crianças para a missão de construir uma nova sociedade.

A educação anti-hegemônica incluía muitas formas e orientações institucionais e ideológicas, todas visando a uma política de interrupção. Várias escolas anarquistas foram construídas em todo o país (AVRICH, 1980). Escolas Socialistas de Domingo, Escolas de Trabalhadores e outros tipos de escolas de "crianças radicais" surgiram em lugares tão diversos como Mineápolis, Cleveland, Harlem, como também em Nova York, Filadélfia, Boston, Chicago, Milwaukee, Baltimore, Rochester, Newark, Peterson (minha cidade natal), Nova Jersey (lar de alguns dos movimentos de trabalhadores, ações culturais e políticas anti-hegemônicas mais militantes de toda a nação) (TEITELBAUM, 2009, p. 320-321; cf. tb. TEITELBAUM, 1993. Sobre Paterson, cf. GREEN, 1988; SHEA, 2001; TRIP, 1987). Essas escolas, e especialmente as Escolas Socialistas de Domingo, desafiavam abertamente formas dominantes de conhecimento e ideologia.

É importante dizer que em muitas dessas escolas anti-hegemônicas foram mulheres ativistas que tomaram a liderança, tanto no estabelecimento das escolas quanto no ensino (TEITELBAUM, 2009, p. 320). Este é um assunto de suma importância que discutirei no quadro histórico de professores ativistas, próximo capítulo – as professoras e ativistas afro-americanas foram importantíssimas na Association of Negro History and Life e no *Negro History Bulletin*. Isso aponta mais uma vez para o papel crucial que as mulheres tiveram na construção, execução e defesa de um conjunto de práticas educacionais que se opunha a regimes ideológicos dominantes e defendia um conjunto mais justo de relações básicas: econômicas, culturais e políticas.

Nesta seção me referi repetidamente ao trabalho de Kenneth Teitelbaum sobre a história inicial da educação crítica nos Estados Unidos, em grande parte por ser inovador, mas também porque – como Harold Rugg – os educadores ativistas envolvidos levavam currículos e o ensino a sério, buscando intervir diretamente na vida diária das escolas. A análise de Teitelbaum sobre políticas e práticas que guiaram Escolas Socialistas de Domingo é modelo que precisa ser repetido agora. Teitelbaum identifica treze temas interligados que servem de base para o currículo e a pedagogia dessas escolas (TEITELBAUM, 2009, p. 321-323).

1) Ênfase do lugar do indivíduo no mundo social e uma "dívida... com infinitos outros, especialmente trabalhadores".

2) Orgulho de pertencer a uma comunidade de classe trabalhadora.

3) Ao invés de normas e valores competitivos e privatizados que dominam a sociedade, valores cooperativos e coletivos devem substituí-los.

4) Afirmação do internacionalismo e das conexões com pessoas de outras nações.

5) Antimilitarismo e "antifalso" patriotismo em oposição aos interesses econômicos dos que fazem guerra e a sistema capitalista que tem lucro com as guerras.

6) Empenho para corrigir a imagem pública de ativistas e radicais da classe trabalhadora como grupos minoritários extremistas, para que a "classe trabalhista seja vista como um instrumento de progresso social". Isso estava ligado a uma apresentação mais honesta do empobrecimento, não como resultado de deficiências pessoais, mas como resultado da organização econômica dominante na sociedade.

7) Uma mensagem otimista sobre o progresso humano no qual o "homem" progrediu de estágio em estágio, movendo-se em direção a uma sociedade diferente

da presente, uma sociedade socialista democrática na qual as lutas contra exploração e divisões de classe serão bem-sucedidas.
8) Educação pela defesa da justiça social e da igualdade.
9) O tema anterior estava ligado à ideia de que uma melhor compreensão da gravidade dos problemas sociais era necessária, mas não suficiente. Ela deveria estar ligada a programas concretos de ação para minorar problemas como pobreza, habitação inadequada, destruição ambiental e doenças.
10) Atenção constante era dada às "condições cotidianas da classe trabalhadora" e à responsabilidade social coletiva de todos ao lidar com essas condições.
11) Uma *commonwealth* cooperativa foi apresentada como o objetivo de torná-la real. Suas características incluíam propriedade pública e a administração da propriedade social e industrial, "fim da escravidão do salário" e a eliminação da estrutura desigual de classe que impedia um grande número de pessoas desenvolverem suas habilidades.
12) A importância da educação não só como um caminho para a mobilidade vertical, mas para os estudantes entenderem melhor o mundo social e sua responsabilidade em mudá-lo.
13) "Fazer as crianças perguntarem 'por quê?'" Isso levava os estudantes a terem atitude crítica em seu cotidiano quanto às instituições e às relações que as sustentam. Para muitos educadores da Escola Socialista de Domingo isso não significava que as crianças simplesmente "se tornassem seguidores não pensantes da doutrina socialista quando alcançassem a idade adulta, mas, ao contrário, que compreendessem a necessidade, e buscassem fazer parte, da batalha contra a exploração e a desigualdade social".

Em sua descrição e análise dessas escolas e das pessoas que as construíram e trabalharam nelas, Teitelbaum aponta tanto as potencialidades quanto as limitações de suas ênfases curriculares e pedagógicas. Suas práticas educacionais frequentemente incorporavam o que então era considerado educação socialmente responsável: métodos baseados em projeto, projetos comunitários, trabalhos em grupo, conexão de currículo com mundos socioeconômicos e culturais fora da escola e com o que agora chamamos de "fundos de conhecimento" que as crianças trazem consigo. Uma educação com o claro objetivo de transformação social, com um currículo que desafiava o que normalmente era tido como "conhecimento oficial" e que o substituía com conhecimento fundado em uma concepção mais apurada do mundo, para que estudantes e professores pudessem responder àquele mundo.

De muitas maneiras, o processo pelo qual os currículos e o ensino eram organizados responde aos argumentos de que pedagogias progressistas são em grande parte um fenômeno de classe média (APPLE, 2004; BERNSTEIN, 1977). Entretanto, vistos de um modo mais gramsciano, no qual a tarefa é tomar formas dominantes de conhecimento oficial e reorientá-las para que sejam organicamente conectadas a problemas sociais de uma comunidade e ajude a resolvê-los, eles podem ser profundamente libertadores (APPLE, 1996, 2012).

Porém, como Teitelbaum também reconhece, a educação que foi organizada era frequentemente baseada em uma visão utópica que tanto pode servir como base de exclusão como também de inclusão. Dinâmicas de classe "devoraram" todo o resto. Toda a comunidade e todos os seus elementos eram vistos através dessas lentes. Em uma sociedade como a norte-americana, na qual a categoria classe frequentemente não é mencionada, prestar atenção à dinâmica e contradições é um poderoso ato anti-hegemônico. Mas essa não é a única dinâmica, e ela não pode ser utilizada para explicar tudo o que é importante sem causar danos a histórias reais de muitos grupos de pessoas oprimidas, norte-americanas ou não. Como a multiplicidade de desigualdades e o poder diferencial podem ser trabalhados em relação às transformações educacionais em grande escala é um tema que será abordado no último capítulo.

Entretanto, sejamos cautelosos. Gênero e raça eram levados a sério nas mobilizações históricas, até mais do que os críticos foram capazes de admitir. Nelas, não há dúvida de que essas dinâmicas foram levadas até mais a sério do que, de um modo geral, nas escolas. Também é preciso dizer que as teorias de estágios evolutivos – que eram parte de sua orientação – apontavam para o progresso que movia do "primitivo" para o "civilizado". Dinâmicas como gênero e raça também tendiam a ser vistas como epifenomenais ou simplesmente explicáveis pelas lentes de "classe" e de "anticapitalismo". A solução estaria na eliminação da "natureza de classe" da sociedade existente. O próprio "progresso" era linear, aparentemente garantido pelas leis do movimento histórico.

O fato de que podemos reconhecer problemas, contradições e dilemas dessas visões e abordagens mostra que nossa tarefa não é simplesmente olhar para trás e ressuscitar processos e teorias mais antigos. Porém, reler o relato de Teitelbaum nos faz lembrar de alguns pontos essenciais. Tudo o que foi feito naquela época tem um poder imenso de mobilizar atores e construir movimentos, como também proporcionar novas identidades às pessoas oprimidas, que podem se ver e ver seus esforços diários como parte de uma porção maior da história. E tudo isso deve ser visto no contexto daquele tempo. Finalmente, é preciso ter bem presente que *temos* muito o que aprender com os educadores que devotaram tempo e energia construindo escolas, currículos e ensino anti-hegemônico. Nesse sentido, há recursos que esquecemos, para o nosso próprio dano.

Essas complexidades e possibilidades contraditórias, com suas limitações, podem ser vistas mais uma vez nesta conclusão do capítulo.

E no conhecimento oficial?

A influência desse tipo de interesse não se limitava aos esforços de professores ou às instituições anti-hegemônicas como as Escolas Socialistas de Domingo. Ela também era percebida em documentos de currículo oficiais, de maneira surpreendente. Por exemplo, nos anos de 1940, mesmo nas escolas segregadas do sul, o comando do estudo oficial das escolas da Virgínia direcionava normas diferenciadas de tratamento aos estudantes negros e aos brancos. Após dois anos de estudo envolvendo milhares de professores e cinco semanas de reuniões e conferências com o superintendente estadual, funcionários administrativos, professores... decidiu-se por um grupo de estudo, com ênfase bastante significativa até os dias atuais (VIRGINIA STATE BOARD OF EDUCATION, 1943).

Por exemplo, em relação à luta das massas para se libertarem da dominação de poucos foram destacados, entre outros, os seguintes itens:

- indivíduos e minorias poderosas sempre buscaram controlar e subjugar as massas;
- muitos movimentos significativos da história surgiram dos esforços humanos para se livrar do cabresto da opressão e da escravidão;
- o respeito aos direitos humanos não surgem inevitavelmente ou como um presente;
- a democracia – relativamente nova no mundo – é um experimento no esforço de se estabelecer direitos humanos e liberdade para todos os homens;
- a atual ordem social não é fixa nem permanente; o homem continua a modificá-la em sua busca por justiça e liberdade.

Também foi constatado que a sociedade precisava ser reconstruída e que a escola exercia importantíssimo papel nesse processo, assemelhando-se ao pensamento de Counts quanto à ciência e tecnologia:

- o homem deve aprender a controlar suas descobertas e invenções;
- imperialismo, nacionalismo econômico, descompasso entre progresso social e científico... ameaçam a ordem internacional;
- imperialismo, diplomacia e capitalismo fracassaram ao não poderem impedir a guerra;
- a perpetuação do governo democrático depende da educação das pessoas por ele governadas;
- minorias organizadas na defesa dos interesses egoístas lutam pelo controle do governo, mas quem tem mais recursos financeiros leva vantagem.

Foram incluídos os grandes objetivos da escola em formar cidadãos críticos, cônscios da sociedade em que vivem e de suas relações de dominância. Dentre eles, destacamos:
- de um modo geral, os ganhos obtidos no comércio e na indústria são da aristocracia detentora de terras;
- minorias poderosas conseguem controlar o governo subsidiando partidos políticos, investindo em propaganda política, como também influenciando escolas, igrejas e mídia;
- individualismo e "espírito de classe" são muito estreitos para corresponder aos direitos da vida cooperativa.

E ainda mais criticamente são elencados estes pontos, como se tivessem sido escritos pelos próprios reconstrucionistas sociais:
- o capitalismo é baseado no lucro do proprietário, e não no serviço das massas humanas;
- a distribuição de mercadorias em uma sociedade capitalista tende a ser feita para poucos;
- o sistema capitalista não é planejado e tem pouca direção;
- recursos naturais são explorados em detrimento do lucro;
- em relação ao capital o trabalhador tende a ser reduzido a um *status* servil;

- a vida econômica moderna é baseada em um sistema de aquisição;
- ao invés do lucro o serviço deveria ser valorizado em benefício da coletividade;
- a democracia tem como princípio o maior bem para o maior número de pessoas;
- a indústria deve ser organizada para enriquecer a vida moral e intelectual de todos.

Muitas vezes os objetivos de uma escola comprometida eram passados aos estudantes juntamente com ideais morais, intelectuais e econômicos conservadores, como o capitalismo, geralmente visto como grande criador de riquezas e que exigia pontualidade, manutenção da família tradicional, falar dos "homens" como sendo o modelo de ser humano, e assim por diante. No entanto, após a aparição desses objetivos mais críticos houve uma nova tomada de foco. O fato de que as conclusões foram fruto de um círculo de estudo *oficial*, discutido e mediado pelos interesses de pessoas em um sistema de *apartheid*, já diz muito. O próprio Estado já havia se tornado instância de conflito e concessão, e com a implantação dessa dinâmica de estudo pode-se perceber a importância de reagir contra as políticas usuais, também vindas do próprio Estado (APPLE, 2012; APPLE et al., 2003). A constante pressão organizada sobre políticas governamentais e sobre suposições ideológicas tidas como verdade podem fazer – e nesse caso claramente fizeram – muita diferença. Muitas das concessões levaram a perceber a natureza da desigualdade, da relação entre economia e governo e da importância da luta coletiva na transformação da sociedade (cf. BOND, 1935; HOLMES, 1939; McKINNEY, 1936; THOMAS, 1936).

Aos estudantes *negros* foram ensinadas perspectivas poderosamente críticas, oficialmente reconhecidas e com influência crescente nos protestos contínuos aos movimentos insurgentes no Estado e na sociedade civil, contra estruturas profundamente opressivas. Assim, houve vitórias que não poderiam passar despercebidas: o conhecimento oficial foi radicalmente transformado; vozes e perspectivas vindas "de baixo" foram incluídas. E dentre as instituições centrais para se aprender a reagir contra várias formas de dominância estava a escola.

Ao mesmo tempo em que muitos dos educadores ativistas deram respostas diferentes à pergunta de Counts, eles devotaram suas vidas pela causa da transformação social, tanto dentro quanto fora do sistema formal da escola pública. Mas eles não estavam sós. Como fiz no início deste capítulo, volto a questionar: "Da perspectiva de quem estamos perguntando e respondendo à pergunta se 'A educação pode mudar a sociedade?'"

A seguir me voltarei a um importante grupo de atores históricos que tanto perguntaram quanto responderam à pergunta de Counts, antes e durante o período em que ele próprio a fez.

4
Du Bois, Woodson e a política da transformação

De que perspectiva?

No final do capítulo anterior detalhei lutas bem-sucedidas a respeito do que se deveria contar como conhecimento oficial. Nas escolas segregadas da Virgínia, a ocorrência de grandes transformações levaram a novas declarações incrivelmente poderosas, mostrando a riqueza e o poder da sociedade americana. Para falar o mínimo, essas declarações têm ressonância até hoje. Talvez *porque* esse tipo de currículo fosse criado por e para o "Outro", que era visto como menos importante, houve possibilidade de instituição dessas novas perspectivas. Como também pode ter sido o resultado de lutas bem-sucedidas e de concepções progressistas crescentes que estavam permeando cada vez mais a sociedade. Com a política do currículo e as concepções sempre presentes sobre o conhecimento oficial (APPLE, 2000), qualquer explicação provavelmente compreenderia elementos de ambas as causas. Não importa quais foram as razões, não há dúvida de que perspectivas críticas sobre a própria estrutura da sociedade que cresceu durante a Depressão – e que fora visível dentro de comunidades afro-americanas e outras comunidades marginalizadas durante anos – estavam tendo avanços e sendo ensinadas como conhecimento legítimo para estudantes nas escolas.

As raízes dessas formas de entender a sociedade têm uma longa história. Surgiram de movimentos sociais e intelectuais opositores que viram, durante décadas, a educação crítica como sendo essencial na luta por igualdade.

No capítulo anterior, concentrei-me em George Counts, em suas próprias tentativas de entender a relação entre escolas e forças dominantes na sociedade, como também em suas complexidades e contradições. Mas, repetindo o que disse no início, Counts não foi o primeiro nem o único educador radical a levantar ou responder a esse tipo de questão.

Algumas das maneiras mais eficazes e poderosas de fazer e responder a essas perguntas – como também de *agir* sobre elas – podem ser encontradas em comunidades oprimidas. Nessas comunidades, dentre as tradições mais articuladas e poderosas estão os esforços coletivos dos afro-americanos para instaurar uma educação que respondesse às suas necessidades de curto e longo prazos. Essas tradições tinham como primeiro objetivo instaurar novas realidades sociais que criavam essas necessidades. Abordarei dois dos mais perspicazes e comprometidos estudiosos/ativistas desses movimentos: W.E.B. Du Bois e Carter G. Woodson. Entretanto, expandirei minha análise além deles para destacar as contribuições de mulheres e homens ativistas em seu cotidiano nas instituições educacionais.

No início deste capítulo quero deixar registrado uma dificuldade que tenho ao pensar e escrever os capítulos históricos desta obra. Embora eu me utilize de uma série de autores afro-americanos, com o risco de ser injusto, pois em suas comunidades há uma vasta esfera de *tradições* articuladas e profundamente comprometidas, e muitos livros seriam necessários para descrevê-la, fazendo-lhe justiça. Outro dado importante: cada grupo oprimido, cada grupo subalterno, cada comunidade diaspórica teve e ainda tem vozes e atores envolvidos na política cultural, com lutas sobre conhecimento, cultura e história e sobre o papel da educação em relação à exploração e à dominação. Toda comunidade de pessoas marginalizadas se deparou com essas relações complexas e com a necessidade da criação de instituições educacionais que reagissem contra a dominação e defendessem valores como cuidado, amor e solidariedade.

Sou muito consciente do papel que as "presenças ausentes" têm na construção de narrativas históricas. Igualmente reconheço a importância e o poder da questão: "De que perspectiva você está respondendo à pergunta que organiza este livro?" A resposta à pergunta "A educação pode mudar a sociedade?" pode ser muito diferente, dependendo da posição histórica e atual de determinada sociedade, marcada ou não por uma política complexa e frequentemente contraditória de (re)distribuição e reconhecimento. Mas em um livro como este não é possível fazer tudo, independentemente do esforço do autor. Esta é uma tarefa conjunta na restauração de memórias coletivas e histórias de lutas, de ensinamentos mútuos sobre essas histórias e suas interações atuais, de encontrar espaços onde essas lutas aconteceram e podem acontecer, como também formar unidades descentralizadas e dialeticamente relacionadas ao aprendizado coletivo que documenta a multiplicidade e o poder desses movimentos passados e presentes. Diante deste grande leque, concentro-me em dois personagens, cônscio de que muito ainda precisa ser dito diante de tantas pessoas oprimidas e de suas vozes que podem ser ouvidas.

W.E.B. Du Bois e a transformação da cultura e da educação

Em primeiro lugar apresento um dos mais importantes estudiosos/ativistas afro-americanos que falou com muita propriedade sobre a educação e a luta constante em relação à política cultural: W.E.B. Du Bois. Esta seção do livro não pode conter todas as suas conquistas. Seus argumentos são não apenas desafiadores, mas também mudaram durante sua vida; tornaram-se mais sutis, radicais e poderosos ao enfrentar e lutar contra a racialização nacional e internacional de assembleias de poder econômicas, políticas e culturais. O que posso fazer aqui é lembrar que há perigos muito reais associados à visão comumente aceita de que o livro de George Counts *Dare the School Build a New Social Order?* foi a única ou mesmo a principal declaração desse desafio. Para grande parte de educadores progressistas predominantemente brancos, talvez tenha sido. Mas para povos oprimidos esta pergunta foi e continua sendo feita – como também respondida; ou seja, antes, durante e depois que os próprios reconstrucionistas sociais a faziam.

Portanto, embora Counts seja visto historicamente como a figura que levantou a questão de forma mais impactante, ele não foi o primeiro nem o único que teve a profunda preocupação com o papel do ensino na transformação social. Grupos oprimidos e marginalizados, através de seus intelectuais orgânicos e de sua história de ação vivida, constantemente criticaram em profundidade a importância do ensino na sociedade. As tradições radicais negras oferecem um caso-paradigma.

Embora Counts e Rugg possam ter se interessado pela "questão negra" (WATKINS, 1993), as tradições radicais negras (o plural é importante aqui) eram significativamente mais avançadas e profundas em seu entendimento a respeito da natureza constitutiva da raça e das estruturas e dinâmicas de racialização – e das intersecções poderosas de raça e classe – do que esses educadores críticos brancos.

Teoria e prática educacional negra se desenvolveram sob circunstâncias opressoras. Nunca houve, é claro, uma resposta uniforme a essas condições. De fato, "a resposta negra à servidão e exclusão correu toda uma escala, de capitulação/ acomodação a total resistência" (WATKINS, 1993, p. 322), embora saibamos que aquilo que aparenta ser capitulação ou acomodação pode incorporar ocultamente resistência e luta (SCOTT, 1990).

W.E.B. Du Bois é um exemplo proeminente de várias ramificações complicadas nessas tradições. Para ele, uma educação que não fosse pessoal e socialmente emancipatória não era uma educação séria. A educação precisa "dar à nossa juventude um treinamento desenvolvido acima de tudo para torná-los homens de poder (DU BOIS, apud WATKINS, 2006, p. 223). Tal educação teria vários objetivos; dentre eles tornar possível que "pessoas marginalizadas, especialmente afro-americanos, influenciassem e reformassem a sociedade" (WATKINS, 2006, p. 223).

Du Bois não estava satisfeito com afirmações retóricas sobre a educação, embora fosse imensamente talentoso em retórica quando necessário. Seus objetivos estavam expressamente ligados a uma visão de organização socialista democrática coletivista, incluindo riquezas, recursos e conhecimentos desiguais daquela sociedade. Lutas sobre ideias e ideologia tinham um lugar central em sua análise, e o aparato educacional formal da sociedade seria a instância onde essas lutas podiam e deviam continuar (WATKINS, 2006, p. 223-224). Falando especificamente sobre o sul dos Estados Unidos, Du Bois diz assim em *The Souls of Black Folk*. "[O] Sul acreditava que um negro educado era um negro perigoso. E o Sul não estava totalmente errado, pois a educação entre todos os tipos de homens têm tido, e sempre terá, um elemento de perigo e revolução, de insatisfação e descontentamento" (DU BOIS, 1903/2009, p. 27)[25].

Du Bois não estava sozinho ao reconhecer esse "perigo". Atravessando limites de classe, pessoas brancas temiam o ensino público para os negros. Nas palavras de James Anderson, a ameaça de uma "classe trabalhadora negra alfabetizada emergente em meio a uma classe branca pobre e em grande parte analfabeta... constituía um assalto frontal ao mito racista da inferioridade negra, que era crucial para a manutenção

---

25 Agradeço a Justin Lonsbury por me fornecer várias citações específicas de Du Bois, Washington e Woodson como suporte aos meus argumentos neste capítulo.

do sistema de casta racial do Sul" (ANDERSON, 1988, p. 27). Forçados pela pressão crescente de ativistas negros e movimentos sociais negros sobre grupos brancos dominantes e o estado racial, a solução foi oferecer um ensino público (limitado) segregado, mas fazê-lo de uma forma que se assegurasse que o conteúdo e as orientações ideológicas mantivessem os negros submissos. Fraser argumentava (1989) que grupos dominantes são frequentemente impelidos a agir por movimentos sociais vindos de baixo; então eles tentam devolver reformas mais seguras para que sua dominância não seja ameaçada. Entretanto, uma vez estabelecidas, essas reformas quase sempre abrem espaços de conflito, e o terreno nunca pode ser totalmente controlado pelos poderosos. Isso era algo que Du Bois claramente reconhecia.

Mas não eram somente instituições formais de educação que o preocupavam. A política cultural diária, os discursos de imperialismo dos brancos que dominavam "nossas" estruturas interpretativas tinham um lugar central em suas críticas sagazes e apuradas. Em seus primeiros trabalhos, como *The Hands of Ethiopia* e *The Souls of White Folk*, ele criticou severamente o expansionismo capitalista imperialista da época e argumentou que o racismo era um "fator crucial [...] de venda da expansão imperial às classes trabalhadoras brancas" (LEWIS, 2000, p. 15). Supremacia branca, a dicotomia da cor, era o que justificava a injustiça nacional e internacional. "Por todo o mundo esse sermão está sendo pregado. Ele tem sua literatura, tem seus 'padres', tem sua propaganda secreta e acima de tudo ele paga" (DU BOIS, apud LEWIS, 2000, p. 15; cf. tb. FORD, 1936).

Note aqui a ligação de classe e raça. Atores da classe trabalhadora branca eram colocados sob a liderança de grupos economicamente dominantes por meio de uma ideologia de supremacia branca (cf. tb. GILLBORN, 2008). Ao fazê-lo, eles participavam ativamente de uma dupla exploração: a sua própria e daqueles para quem a sociedade negara a condição de pessoa. Essa negação e essa ideologia estavam em todas as esferas da sociedade: a econômica, a política e a cultural, incluindo a educação.

Em seu "entrelaçamento magistral do pessoal e do universal", em trabalhos como *The Souls of the White Folk* e *Darkwater*, Du Bois

> fez o argumento pela educação pública mais abrangente, pela expansão do cânone da cultura geral, para incluir as vidas e as obras dos excluídos e dos oprimidos. O objetivo era "fazer todos inteligentes", expondo-os ao que uma geração na última década do século XX conheceria como multiculturalismo, ou melhor, disse Du Bois, "para descobrir talentos especiais e gênios" (DU BOIS, apud LEWIS, 2000, p. 16; cf. tb. DU BOIS, 1920).

Qual era a resposta de Du Bois para a pergunta sobre o tipo de educação que permitiria que isso continuasse? Muito dependia do público para quem ele estava escrevendo. Frequentemente usava suas próprias experiências em universidades de elite – como Harvard – como uma alavanca narrativa para abrir espaços para outras histórias e possibilidades. Em seus escritos para um público leitor em grande parte branco, ele destacava "as vidas de incontáveis outros meninos e meninas talentosos não brancos que encontraram a saída de emergência da educação fechada a pregos" (LEWIS, 2000, p. 17). Esse tipo de apelo tinha uma longa história dentro de muitas comunidades oprimidas. Concepções de mérito despercebido, culpa branca e *noblesse oblige*[26] eram combinadas para criar uma resposta mais solidária àqueles com poder.

Nesses escritos há algo que se aproxima de uma fé "quase evangélica" em educação e de seu poder transformador, um elemento que é manifestado quase poeticamente pelo com-

---

26 O termo em francês conceitualiza que a nobreza implica uma série de responsabilidades que vão além do título recebido; p. ex.: responsabilidades sociais e de liderança [N.T.].

positor afro-inglês Samuel Coleridge-Taylor. Em seu ensaio "The Imortal Child", Du Bois faz um apelo por uma educação mais progressista, que fosse enraizada nas posições instrumentalistas defendidas por Dewey (LEWIS, 2000, p. 17; DEWEY, 1922; cf. tb. DEWEY & DEWEY, 1962). Para Du Bois, nesse caso o objetivo fundamental da educação era identificar talentos, permitir que a curiosidade crescesse e, com a mesma importância, fossem criadas condições que promovessem a democracia social. Como ele mesmo diz, "no tratamento da criança o mundo anuncia seu próprio futuro e fé" (DU BOIS, apud LEWIS, 2000, p. 17). Superar os maus-tratos educacionais das crianças negras era um passo importante para a criação de condições desse futuro e fé.

Tanto o conteúdo quanto o estilo das palavras que citei de Du Bois são importantes. Para ele, a língua não era somente uma arma a serviço da luta constante por igualdade e justiça (LEWIS, 2000, p. 19). Ela também era poética. Du Bois também reconhecia a necessidade de falar em diferentes registros para diferentes audiências. Sua habilidade de combinar esses aspectos era sem igual. Abaixo transcrevo as frases evocativas de David Levering Lewis em sua avaliação de *Darkwater*:

> *Darkwater* foi destinada a ser bebida profundamente pelos brancos [...]. Du Bois planejou levantar o véu da raça o suficiente para que as pessoas brancas vissem – e até mesmo sentissem –, por meio de uma linguagem atraente e de indicadores morais, como é ser um cidadão de segunda classe na América [...]. Obscurecidas e distorcidas pelo véu, as diferenças reais e relativas entre as pessoas baseadas em geografia, recursos naturais e história tornam-se manifestações morais e genéticas de inferioridade, justificando dominação e degradação (LEWIS, 2000, p. 20).

Aqui Du Bois está agindo como um educador cujo foco está no "povo branco", na transformação das condições sociais e educacionais ao mudar a consciência dos grupos dominantes.

Este não é um ato inconsequente, pois de muitas maneiras havia menos um "problema negro" do que um problema *branco*, da mesma maneira que há um "problema rico" e não um problema pobre, um problema "capaz" e não "incapaz"/deficiente ou um problema heterossexual, e não um problema *gay*.

Mas Du Bois, é claro, não estava falando com pessoas brancas em grande parte de seu trabalho. Em *The Souls of Black Folk*, ele também fez um poderoso desafio ao programa educacional de Booker T. Washington. Levantou sérias objeções à ênfase industrial e agrícola de Washington, assim como à política em que Washington se engajava para gerar apoio a essa ênfase (McSWINE, 1998, p. 2). Para Du Bois, as questões em torno de lutas culturais e a ideia de uma "pessoa educada" tinham muita importância. Tornar-se consciente de sua condição, como uma coletividade de pessoas negras, por meio da luta contra o opressor e de sua influência sobre o oprimido, era crucial. O conhecimento de seu eu coletivo, de sua história e da realidade deve ser um instrumento central na definição das condições de liberdade. Como vimos no capítulo 2, o trabalho de Freire se afina muito bem nisso. A perda da identidade – uma perda crucial para as pessoas negras – é refletida na perda da cultura e da história coletiva. Ela só pode ser superada quando um "eu autêntico" for reconstruído (McSWINE, 1998, p. 6).

O que significava ser uma pessoa educada, quem era essa pessoa, o que o conteúdo dessa educação deveria ser... tudo isso mudou com o tempo para Du Bois. Isso não é de surpreender, já que, como muitas outras pessoas que veem atentamente as transformações que ocorrem à sua volta e delas aprendem, Du Bois respondeu de novos modos, politicamente sábios, às solicitações do mundo em que ele vivia, à classe global e à dinâmica de raça em seu envolvimento na ação política (LEWIS, 1993, 2000). Mas, mesmo com essas mudanças, um impulso identificável, segundo Raymond Williams, como "estrutura de sentimento" (WILLIAMS, 1961, 1997) estava sempre presente. Nas palavras de Cornel West, "como Emerson e outros pragmatistas, os modos democráticos de Du Bois estão fundados na detecção dos poderes criativos humanos no nível da vida diária" (McSWINE, 1998, p. 6; WEST, 2002).

Evidências, tanto de seu reconhecimento da importância da política cultural quanto de sua habilidade de se tornar mais sutil em seus argumentos, podem ser percebidas nos anos de 1930. Em um discurso na Fisk University em 1933, Du Bois falou profundamente sobre a condição "maçante e desencorajadora" do ostracismo social dos negros. A educação estava se tornando não só mais segregada, mas também cada vez mais abaixo dos padrões internacionais. O mito de universalidade do melhor conhecimento cultural – uma posição que fora crucial em seus primeiros trabalhos – não poderia mais suportar o teste da realidade. "A quimera da universalidade obscureceu uma realidade educacional primordial das pessoas negras" (LEWIS, 2000, p. 313)[27]. Ao contrário de Carter Woodson – que falara em Fisk dois anos antes e de quem falarei na segunda metade deste capítulo –, Du Bois fez uma "formulação eloquente e cheia de nuanças intelectuais em sua reavaliação sobre os objetivos raciais" (LEWIS, 2000, p. 314).

Embora Du Bois estivesse reavaliando seus argumentos sobre os fins e os meios da educação, sua posição não era a mesma de Booker T. Washington. No discurso "Atlanta Compromise", Washington disse o seguinte:

> Os mais sábios de minha raça entendem que a agitação das questões de igualdade social é loucura dos extremistas e que o progresso no desfrute de todos os privilégios que virão para nós deve ser resultado de lutas severas e constantes, ao invés de força artificial... A oportunidade de ganhar um dólar em uma fábrica agora vale infinitamente mais do que a oportunidade de gastar um dólar em uma ópera (WASHINGTON, 1901/2009, p. 131; cf. tb. HENINBURG, 1936).

---

27 Em relação à educação baseada em "filiação étnica", cf. McCarthy, 1998.

Du Bois teria concordado com a importância de "lutas constantes", mas sua visão de uma educação anti-hegemônica era claramente mais ampla e significativamente mais crítica social e culturalmente do que a posição mais acomodada de Washington. Du Bois argumentava que o ensino superior, e por conseguinte toda a educação, deveria ser fundado na "vida da raça". Para ele, as tensões internas da comunidade negra sobre educação técnica *versus* conhecimento adquirido nas artes liberais – uma posição com a qual estava historicamente alinhado – tinham se exaurido. Agora o essencial era se mover além desses binários. Se a educação valia a pena deveria ser constatado em seu "grau de influência e promoção da autenticidade racial – a franqueza com a qual a educação liberal e a educação técnica reconhecem a realidade da experiência negra na América" (LEWIS, 2000, p. 313). Somente se tais reconhecimentos fossem feitos e tais binários dissolvidos a educação poderia realizar seu propósito de transformar as vidas e as condições dos negros.

Como Woodson, cujo *The Mis-Education of the Negro* (WOODSON, 1933) era uma "crítica sem remorso do elitismo e do eurocentrismo", Du Bois estava desafiando educadores e ativistas a fundar a educação na "vida da raça". O discurso de Fisk foi profético. De várias maneiras ele prefigurou, anunciou e recomendou as posições diaspóricas e afrocêntricas que se tornaram, com o passar do tempo, cada vez mais fortes dentro de comunidades negras (LEWIS, 2000, p. 313).

A Depressão levara em parte a essa reavaliação que deu à educação técnica um lugar. Mas Du Bois não estava tão preparado para "criticar a antiga ênfase nas artes liberais" como Woodson fizera em *The Mis-Education of the Negro*. Ele tomou uma posição que dividiu a culpa entre "os fortes princípios morais da velha Atlanta University [e] Tuskegee com seu vocacionalismo simplista..." Nenhuma dessas abordagens era capaz de lidar sozinha com "as tensões da modernização de uma raça, começando do fundo da pilha de trabalho". Evitando binários mais uma vez, sua resposta nos anos de 1930 foi construir uma educação que fosse uma fusão criativa das artes liberais e da educação técnica (LEWIS, 2000, p. 389); mas sempre com um olhar crítico, com uma visão do lugar da educação no desafio da supremacia branca e do sistema econômico explorador, fundamento da vida diária não só nos Estados Unidos, mas também da criação e defesa de impérios. Uma política de retribuição e uma política de reconhecimento estavam unidas.

Cada vez mais, Du Bois enfatizava o lugar de africanos continentais e diaspóricos na história e as realidades duras daquela história que exigiam uma educação africana que começasse de um ponto diferente. Sob muitos aspectos, ele tinha uma "pedagogia protoafrocêntrica"; empregava cultura, história, pensamento e sistemas de valores africanos para "interpretar e entender toda a história" (RABAKA, 2003, p. 404-405). Nisso, sua posição é muito similar à tradição marxista do proletariado (LUKÁCS, 1971) e do feminismo de ponto de vista[28] (HARDING, 2003). Para Du Bois, "as pessoas negras têm uma contribuição muito maior a fazer à civilização e à humanidade do que qualquer outra raça" (RABAKA, 2003, p. 405).

Aqui Du Bois está questionando sua posição original de um *talented tenth*[29] educado, que se tornava poderoso devido à sua base no melhor conhecimento que a "civilização" tinha a oferecer, uma posição sujeita a ampla crítica sobre seu elitismo, uma visão das pessoas tornando-se "civilizadas" do topo para baixo e um pedido para que professores e líderes negros ensinassem o que eles mesmos haviam sido – na maioria das vezes

---

28 "*Standpoint feminism*" ou "feminismo de ponto de vista" centra-se em uma sociologia para mulheres baseada na ideia de que as ciências sociais feministas devem ser vistas do ponto de vista da mulher ou de grupos específicos de mulheres [N.T.].

29 O termo *talented tenth* designa uma classe de liderança de afro-americanos no início do século XX. O termo foi criado por liberais brancos, mas se tornou conhecido quando Du Bois publicou um artigo com o mesmo nome [N.T.].

forçosamente – impedidos de saber (RABAKA, 2003, p. 414-415). Sua vontade de se envolver em autocrítica é mais rara do que gostaríamos de admitir dentro da atual comunidade educacional crítica, especialmente nas universidades. Porém, ela faz clara alusão a vários pontos que observei no capítulo 2.

Como Counts, Du Bois alterou a base de seus argumentos. Mas, ao contrário de Counts, Du Bois se tornou cada vez mais radical e mais ligado à liderança e às alianças internacionais e coletivas (RABAKA, 2003, p. 418-419). É claro que, como todos nós, ele tinha seus defeitos. Mas sua franqueza e seu radicalismo não dogmático, seu caráter autorreflexivo, sua exigência de que a educação anti-hegemônica fosse baseada nos problemas, culturas, histórias, tradições e pensamentos das pessoas oprimidas... tudo isso foi a marca dessa pessoa cujo compromisso era com uma educação que desafiava diretamente as instituições sociais, econômicas, políticas e culturais dominantes, como também as hipóteses e estruturas de conhecimento e sentimento que reproduziam dominância (RABAKA, 2003, p. 419, 2007).

Como Counts, precisamos olhar para o trabalho de Du Bois para entender o que significa para ele responder ao questionamento se escolas e a educação podem construir uma nova ordem social. Ele teve debates intensos em relação à educação na/sobre a África e os povos africanos, às possibilidades de cooperação inter-racial, à participação política em partidos dominantes e alianças e, é claro, aos objetivos e processos educacionais (LEWIS, 1993, 2000). Como Watkins (1993) nos lembra, em ensaios como "Diuturi Solente", Du Bois questionou radicalmente o "medievalismo de práticas educacionais que mantinham a submissão negra". À semelhança dos educadores reconstrucionistas sociais dentro da comunidade branca, ele clamou por um processo e conteúdo de educação que "criticaria o capitalismo, prometeria a democracia, propagaria o ensino comum, alimentaria o ensino emancipatório, apoiaria a transformação social e procuraria uma civilização mais elevada" (WATKINS, 1993, p. 334).

Embora fosse criticado por vários outros líderes negros pelas suas tendências elitistas, com o tempo a posição de Du Bois se assemelhou ao argumento de Antônio Gramsci, de que o conhecimento dominante não pode ser ignorado, especialmente quando serve como dispositivo de classificação para a estratificação social. Ao contrário, a tarefa é reorientar o conhecimento dominante para que seja profundamente ligado aos problemas sociais, econômicos, políticos e culturais urgentes que assolam as comunidades oprimidas e ajude a resolvê-los (GRAMSCI, 1971; APPLE, 1996). A orientação para a criação de intelectuais orgânicos estava, ao menos em parte, presente na visão de Du Bois em relação ao *talented tenth*. Se a natureza politizada daquela orientação era tão poderosa quanto deveria ter sido em seus escritos é assunto para um considerável debate. Mas, sem sombra de dúvida, todos os educadores críticos têm uma dívida com Du Bois, quer percebam ou não.

Carter G. Woodson e as lutas educacionais

Em minha discussão sobre W.E.B. Du Bois outro personagem começou a ganhar destaque. Não foi Booker T. Washington, sobre quem há uma literatura volumosa (BAKER, 2001; BRUNDAGE, 2003; JACKSON, 2008; NORRELL, 2011; SMOCK, 2009; WEST, 2006), mas Carter G. Woodson, que também deu uma resposta poderosa, clara e positiva à pergunta de Counts, esforçando-se durante toda a sua vida para torná-la realidade.

Ao contrário de Du Bois, Woodson sempre foi um autodidata. Ele foi aceito pela Berea College quando esta era uma das poucas faculdades do sul que admitiam estudantes negros[30]. Depois de completar seu doutorado em Harvard, ele se tornou um dos historiadores mais importantes das expe-

---

30 Um ano após sua graduação, a legislação de Kentucky passou a Day Law, que tornou ilegal o ensino integrado, tendo implicações no Berea College.

riências afro-americanas. Não somente fundou o *Journal of Negro History*, como também participou de esforços cruciais para restaurar a memória coletiva e se opor aos modos como a raça branca agia nos Estados Unidos e em outros países. Nesse processo ele organizou um movimento nacional para criar a "Semana da História Negra", que mais tarde se tornou "Mês da História Negra"[31]. A importância de suas contribuições para a história da educação, escravidão, migração afro-americanas, profissionalismo negro, experiências religiosas negras e tantas outras áreas permanecem até hoje. Elas foram a base para o trabalho de estudiosos/ativistas de gerações futuras (WOODSON, 1915, 1918/1969, 1922, 1930, 1933, 1944, 1945).

O caminho de Woodson não foi fácil nem parecido com o de Du Bois. Durante vários anos, no final do século XIX, ele deu aulas em West Virginia, em uma escola para mineiros negros. Isso levou-o à simpatia pela classe dos mineiros. Isso faz lembrar as memórias do educador e analista cultural crítico Raymond Williams do início de sua vida em um vilarejo mineiro galês (SMITH, 2008)[32]. Mais tarde, experiências docentes levaram Woodson às Filipinas e depois às escolas públicas de Washington DC (GOGGIN, 1993, p. 14-15).

Dez anos de trabalho como professor e administrador em escolas públicas de Washington deixaram Woodson com um nítido senso da falta de recursos à superpopulação das escolas urbanas para a juventude negra; um fato que aprofundarei quando discutir a vida dos professores e crianças em escolas rurais afro-americanas. Essa constatação levou-o

---

31 Os sentimentos e a popularidade de Woodson foram muito importantes para esse acontecimento. Goggin, entretanto, alega que Woodson tinha muitos motivos para para estabelecer a Semana da História Negra. Ele certamente queria "aumentar a consciência e o interesse na história negra entre as massas negras", mas também esperava que o evento gerasse caixa para sua organização filantrópica (GOGGIN, 1993, p. 84).

32 É importante às pessoas que têm Williams como ícone e modelo expandirem suas perspectivas e incluírem estudiosos/ativistas como Woodson, McCarthy e C.L.R. James [N.T.].

a fortalecer seu senso do "poder inspirador da educação" para os afro-americanos. Muito tempo depois de deixar o cargo e assumir uma posição na Howard University, ainda era muito visível seu interesse pelo ensino público, como também seu compromisso com a educação parcialmente vocacional e com a educação adulta (ambas com um claro impulso crítico) aos descendentes africanos (GOGGIN, 1993, p. 47-48).

Sua pesquisa compreendia quase todos os aspectos da experiência negra nos Estados Unidos, que ia do período colonial às primeiras décadas do século XX. Mas ele não parou por aí; concentrou-se também na cultura negra do Caribe, da África e da América Latina. Ele e seus colegas não pouparam esforços nesse trabalho acadêmico. Livros escolares e outros materiais para escolas elementares e secundárias passaram a conter sua pesquisa para um público cada vez mais amplo. Ao lado disso Woodson estava envolvido com a preservação da "documentação histórica e contemporânea da experiência negra para futuras gerações de estudiosos". Essa recuperação da história foi muito importante para mudar radicalmente a interpretação histórica de afro-americanos: de "vítimas da opressão branca e do racismo" para agentes ativos que fizeram suas próprias histórias, mesmo em terríveis condições (GOGGIN, 1993, p. 67).

Essa dupla tarefa pode ter sido "menos poética" e menos literária do que o trabalho de Du Bois. Mas o trabalho de Woodson pode iluminar as respostas que comunidades negras deram às perguntas de Counts sobre o papel e o engajamento dos professores nas transformações radicais. Mesmo existindo diferenças, Woodson e Du Bois consideravam as necessidades das pessoas negras e suas comunidades como princípios orientadores.

Em seu livro (ainda) poderoso, *The Mis-Education of the Negro* (WOODSON, 1933), Woodson foi claríssimo sobre o que desejava. "Podemos esperar que professores revolucionem a ordem social para o bem da comunidade?" A resposta foi afirmativa. "De fato podemos esperar exatamente isso. O sistema educacional de um país não tem valor a não ser que cumpra essa missão (WOODSON, 1933, p. 145).

Condenando fortemente o foco eurocêntrico dos currículos escolares, Woodson argumentou:

> Você pode estudar a história como foi oferecida em nosso sistema, da escola elementar até a universidade, e nunca ver a África ser mencionada, a não ser negativamente. Você, portanto, nunca aprenderia que os africanos foram os primeiros a domesticar as ovelhas, bodes e vacas, que desenvolveram a ideia de julgamento com um júri, produziram os primeiros instrumentos de corda e deram ao mundo sua maior dádiva com a descoberta do ferro (WOODSON, 1933/2010, p. 25-26).

O conteúdo eurocêntrico reproduzia identidades que distorciam a consciência da juventude negra. O ensino da "mesma economia, história, filosofia, literatura e religião que estabeleceu o código de moral presente" não permitiria que as mentes negras se libertassem do controle de uma sociedade opressora dominada pelos brancos (WOODSON, 1933/2010, p. 14). A transformação radical dos currículos e do ensino era importantíssima para a reconstrução da sociedade (BROWN, 2010).

Mas o problema não poderia ser resolvido simplesmente com o engajamento de professores a partir de pronunciamentos. Para Woodson, era preciso equipar professores com conhecimento e valores. Woodson redobrou suas tentativas de alcançar professores através de sua Association for the Study of Negro Life and History (Associação para o Estudo da Vida e História dos Negros). Preocupado que até mesmo faculdades e universidades negras não tinham programas significativos a respeito da "História dos Negros", ele pediu aos professores que se matriculassem em cursos de História Negra que eram oferecidos pelo "Departamento de Estudo em Casa", estruturado por ele, como um modo de reagir contra o racismo mordaz da sociedade[33]. Embora não pareça ter havido grande número de matrículas, a longo prazo o trabalho constante de Woodson teve outros efeitos, talvez mais significativos. Faculdades e universidades historicamente negras criaram cursos sobre "História dos Negros", especialmente por meio de seus programas de educação adulta. Além disso, ramificações da associação de Woodson em grandes áreas urbanas tiveram acesso a um grande número de pessoas negras, que passaram a frequentar seus cursos sobre História Negra (GOGGIN, 1993, p. 87). Esses esforços educacionais *legitimaram* novos conhecimentos e novas identidades.

Com o advento do *Negro History Bulletin* em 1937, Woodson encontrou outros modos de chegar criativamente a um público mais popular do que aquele do mais acadêmico *Journal of Negro History*. Frequentemente organizado em torno de temas especiais e repleto de fotografias, ele divulgava o que professores estavam fazendo para estudar e celebrar a história dos negros e suas conquistas. De uma maneira similar aos periódicos de educação progressista atuais como *Rethinking Schools*, ele também ofereceu espaços significativos ao trabalho sobre a "História dos Negros" escrito por alunos-crianças (GOGGIN, 1993, p. 115).

O constante alcance de um público negro maior, que atravessava os limites da classe, demonstrava a convicção de Woodson de que a educação crítica deve ir para fora desses prédios que chamamos de escolas, se transformações sérias precisam ocorrer. Mas, além do efeito pedagógico, isso ajudou a combater a crise financeira que Woodson e sua associação enfrentavam constantemente. O constante empenho de Woodson possibilitou muitos ganhos. Por outro lado ele não

---

[33] Para um relato inicial desse estudo, cf. Noffsinger, 1926. Agradeço a Chris Crowley por me sugerir essa obra.

cedeu – para mim corretamente – a pressões de filantropias e fundações brancas. Também não confiava em muitas instituições negras nas quais ele sentia que a pressão e a liderança brancas ainda dominavam.

Sua popularidade e seu grande trabalho o levaram, como também seus associados, ao reconhecimento em muitas comunidades negras. Além disso, o aumento de distritos escolares urbanos com grandes populações afro-americanas possibilitou a integração da história negra no currículo. Bibliotecas começaram a formar coleções sobre história negra; institutos de formação de professores se concentravam no conteúdo e no ensino do que antes fora expressamente marginalizado; grande quantidade de pessoas não brancas passaram a se interessar pela disseminação de sua história (GOGGIN, 1993, p. 116-118). Algumas dessas mudanças podem se encaixar no que Nancy Fraser chama de "política e discursos de necessidade", ou seja, grupos dominantes escutam as exigências vindas de baixo, se apropriam da linguagem e, então, colocam em seu lugar reformas que não ameaçam sua liderança como um todo (FRASER, 1989). Mas, mesmo que esse seja o caso, tratam-se de grandes ganhos, com efeitos em cascata e que não podem ser apagados facilmente[34]. Isso, mais uma vez, é parte de uma estratégia que Raymond Williams chamou de "a longa revolução" (WILLIAMS, 1961) e o que Antônio Gramsci reconheceu como uma "guerra de posição" (GRAMSCI, 1971), na qual o maior número de espaços possível é ocupado por forças anti-hegemônicas.

Tudo isso foi conquistado enquanto, ao mesmo tempo, durante os anos de 1930 e 1940, Woodson nutria uma geração de estudiosos negros e brancos que transformaram fundamentalmente a pesquisa histórica e o registro da raça nos Estados Unidos, na África etc. (GOGGIN, 1993, p. 122). Embora hou-

---

34 Para uma discussao dos sucessos mais contemporâneos do movimento gerado em grande parte por Woodson, cf. Binder, 2002.

vesse divergências significativas entre os projetos acadêmicos e políticos de ativistas negros como Du Bois e Woodson (GOGGIN, 1993, p. 136-138), ambos concordavam que um enorme número de intelectuais e filantropos brancos – apesar de aparentemente apoiar os esforços acadêmicos e culturais negros – atribuía aos negros inferioridade social e intelectual[35]. Seu "erro em não ceder" em muitas coisas durante toda a sua carreira também pode ser visto como reconhecimento da importância do controle negro sobre um ideal a preservar, reconstituir e tornar público o passado a serviço de uma batalha constante por reconhecimento.

A crença que norteava Woodson era clara. As lutas dos afro-americanos durante séculos contra a opressão se apoiavam em várias bases. Mas dentre as mais importantes estava o conhecimento de seu passado. Um projeto educacional que se estendesse além da academia, para incluir as classes médias e trabalhadoras negras, era essencial (GOGGIN, 1993, p. 140). Mas para conseguir isso o trabalho histórico tinha de ser *feito*; arquivos tinham de ser desenvolvidos; uma quantidade maior de pessoas precisava ser envolvida. Materiais e canais de comunicação precisavam ser desenvolvidos para tornar a história disponível em uma variedade de níveis e para estimular a população negra a conectar-se constantemente com seu passado.

Além disso, essa história tinha de devolver às instituições que haviam sido relativamente negligenciadas por outros historiadores o lugar central que ocupavam na história dos negros. Dentre as muitas conquistas de Woodson estava seu reconhecimento, logo no início, do papel crucial da religião na vida dos negros. Como sua biógrafa Jacqueline Goggin coloca, Woodson demonstrou que "oferecendo mais do que esperança e inspiração através da escravidão e liberdade, a Igreja negra se de-

---

35 Goggin (1993) tem uma discussão muito útil sobre as tensões entre Du Bois e Woodson em várias questões. Cf. tb. Lewis (2000) sobre como os estudiosos afro-americanos eram frequentemente marginalizados.

senvolveu como uma instituição educacional, política e social, servindo como fundação de uma cultura negra independente" (GOGGIN, 1993, p. 204). Assim, se a pergunta de Counts for expandida, como penso que deve ser, para "A *educação* pode contribuir para a construção de uma nova ordem social?", então Woodson também responderia sim, *se* formas e instituições religiosas como centros de cuidado, amor e solidariedade forem vistas à luz das experiências negras.

Mas a conexão entre educação e concepções religiosas na experiência negra dos Estados Unidos ainda não tem nada de surpreendente. Em *Educating the "Right" Way* (APPLE, 2006) devoto bastante atenção ao poder da religião, e especialmente a movimentos religiosos conservadores. Como a integração negra de textos e concepções religiosas, mas com significativamente menos preocupação com justiça racial e econômica, movimentos "autoritários populistas" também empregaram textos e concepções religiosas em sua transformação radical do que conta como "verdade" e na reconstrução da educação durante mobilizações da direita. Para os afro-americanos, concepções religiosas tiveram um papel ainda mais significativo. Durante todo o século XIX e além dele, afro-americanos "tiveram que lidar com os significados religiosos do espaço norte-americano" (AFRICAN-AMERICAN RELIGION PROJECT, 2006, p. 2). Os autores do African-American Religion History Project afirmam:

> Evangélicos afro-americanos partilhavam com evangélicos euro-americanos a crença de que a Bíblia não oferecia apenas um relato do passado de Deus lidando com o mundo, mas também um conjunto de pistas para decifrar o significado da história contemporânea. Mas eles interpretavam de maneiras diferentes um conjunto comum de imagens bíblicas. Protestantes brancos com frequência comparavam a América à terra prometida. Protestantes negros eram mais inclinados a vê-la como o Egito, a terra de seu cativeiro – e ansiar por um êxodo. Por um tempo a

emancipação pareceu sua grande libertação. Da mesma maneira que Deus afligira os egípcios e trouxera uma criança de Israel pelo mar, Deus afligiu a América branca com a Guerra Civil e guiou pessoas afro-americanas escolhidas pelas águas da guerra para o solo seguro da liberdade. Mas onde estava a Terra Prometida?

No período cada vez mais difícil do fim do século XIX, protestantes negros encontraram-se sob pressão para responder a essa pergunta (p. 2).

Sim, era difícil encontrar respostas, mas a linguagem, metáforas e imagens profético-religiosas continuaram – e continuam – a ter um papel importante no imaginário negro (WEST, 2002). Compromissos religiosos devem ser vistos como participantes da reconstrução da sociedade. Eles oferecem consolo, sustento, esperança e força para a tarefa de "continuar, continuar" diante de uma nação de um império que, juntos, criam uma arena para nossas lutas contínuas por redistribuição e reconhecimento.

Como tantos outros estudiosos/ativistas afro-americanos, com o tempo Woodson foi se tornando sempre mais radical em relação a muitos fatos. Condições materiais e ideológicas tornaram quase impossível que isso não acontecesse: o fracasso de grupos brancos dominantes em cumprir seus compromissos retóricos; suas visões paternalistas frequentemente ocultando a "inferioridade natural" negra; os horrores e a violência de um racismo e de uma sociedade racializadora; a "deseducação do negro" por educadores; a imensa natureza destrutiva da Depressão etc. Esses e outros fatores levaram Woodson, Du Bois e outros a reconhecerem a necessidade de uma grande reestruturação das instituições de ordem social em que viviam (GOGGIN, 1993, p. 140-142). Temos uma grande dívida com esses estudiosos/ativistas, esses intelectuais públicos, que lideraram e foram impelidos por movimentos sociais que exigiam tal transformação.

Ainda mais do que Counts, Woodson foi capaz de causar grande impacto, não só por causa do poder realmente verdadeiro de seu estudo acadêmico, mas também pelo trabalho comprometido de educadores ativistas em organizações, comunidades e escolas. Na próxima seção deste capítulo destacarei esses "atores desconhecidos".

A vida de professores negros

Woodson levou a sério a missão de devolver os frutos de sua pesquisa, oferecendo ajuda concreta àqueles que trabalhavam em escolas e comunidades. Mas e os professores de quem Woodson falava e para quem ele devotava tantos esforços? Eles poderiam personificar os sonhos que motivavam Counts, Du Bois e Woodson? Assim como em meu capítulo introdutório debati contra a ideia do "trabalhador universal", aqui não podemos falar sobre o "professor universal", como se todos os professores fossem iguais. Posições sociais e econômicas diferenciadas e histórias muito diferentes precisam ser levadas a sério.

As pessoas que tiveram de responder aos desafios dos críticos da dominância eram professores, sendo que suas vidas eram tornadas mais complexas pelas realidades materiais e ideológicas em que viviam e ensinavam. Deixe-me tomar como exemplo a realidade da maioria dos professores negros no Sul durante o período em que Counts, Du Bois e Woodson estavam clamando por uma educação mais radical. Escolho este grupo de professores, pois as condições que eles enfrentavam tanto dentro das escolas em que trabalhavam quanto nas estruturas econômicas e políticas racistas que organizavam sua sociedade estavam dentre as situações mais sérias e estressantes que se pode imaginar.

Como Michael Fultz mostrou com tanta clareza, das escolas afro-americanas sulistas entre 1925 e 1926, mais de 93% eram rurais. A grande maioria dessas escolas tinha um ou, menos frequentemente, dois professores. Quase 74% de todos os professores afro-americanos nessa área ensinavam em escolas rurais. Durante os anos de 1939 e 1940 o padrão continuava. Quase 80% das escolas afro-americanas em oito estudos sulinos e mesmo no Distrito de Colúmbia eram escolas de um ou dois professores, com a maioria sendo ainda de um professor (FULTZ, 1995).

Enquanto a consolidação escolar e seu transporte cresceram para a maioria dos estudantes, muitos membros da comunidade e líderes brancos não se acanharam em levantar "sérias objeções" à adequação de fundos para a educação da juventude afro-americana. Racismo significava acessibilidade limitada, padrões de frequência problemáticos e condições de trabalho muito difíceis para professores negros (FULTZ, 1995).

Muitas dessas escolas estavam em condições lamentáveis, caracterizadas por terríveis instalações físicas, com equipamentos e suprimentos inadequados ou inexistentes. A variação de idade dos professores negros e de seus alunos era muito maior do que a de seus colegas brancos com seus alunos (FULTZ, 1995).

Acrescentado a isso, no ano de 1933, por exemplo, a educação acadêmica e profissional de professores negros nessas escolas era abaixo das normas nacionais. Enquanto 56% dos professores negros de escola elementar tinham entre seis semanas a dois anos de faculdade, quase 68% dos professores brancos se enquadravam nessa faixa; mais de 22% dos professores negros comparados com menos de 6% dos professores brancos não tinham ido além do ensino médio (FULTZ, 1995). As realidades de uma economia racializada, uma sociedade de *apartheid* e o empobrecimento trágico da educação pública negra tiveram efeitos danosos na vida de professores e estudantes negros (FULTZ, 1995).

Porém, diante de tais condições severas, humilhantes e desmoralizantes, os professores continuaram a lutar bravamente para oferecer um ensino sério e até mesmo criativo. No período que estamos considerando – e fatos parecidos são encontrados ainda hoje –, um número considerável de professores afro-americanos ativistas e ativistas comunitários lutou e buscou oferecer uma educação digna do nome (cf., p. ex., ANDERSON, 1988; BROWN-NAGIN, 2011; DOUGLAS, 2005; HORNSBY, 2009; MOSS, 2009; MURCH, 2010; ANDERSON, 1990). Fultz cita frases-efeito da época:

"O professor genuíno sabe que sua tarefa não é limitada pelas quatro paredes da sala de aula." "Ele está lidando com algo mais: condições sociais." "A escola é considerada responsável pelo *status* mental, moral, religioso e físico das pessoas que a conduzem." "O trabalho do professor na sala de aula e o trabalho do professor diretamente com as pessoas da comunidade são vistos com a mesma importância." "Se o professor negro deve reconquistar a estima do público e assumir sua posição merecida de liderança na reconstrução de nossas vidas, ele precisa sair do 'livro de classe' e enfrentar os problemas práticos do bem-estar social" (FULTZ 1995, p. 406-407).

O professor, em sua "integridade moral", deveria ter uma consciência ativista em relação ao que significava ser negro nas comunidades. Havia, é claro, grandes diferenças entre ativistas e intelectuais negros dentro de suas comunidades em relação ao que constituía a integridade moral e sobre o papel do ativismo radical consciente ao viver essa moralidade. Uma ênfase sobre o comprometimento deles é feita por Charles Tompson, editor do *Journal of Negro Education*, em 1939: "Se eu fosse um 'Hitler educacional', não nomearia nenhum professor para uma escola de negros que tivesse interesse e conhecimento sobre o mundo em que vive e a relação peculiar que os negros sustentam com ele" (TOMPSON, apud FULTZ, 1995, p. 407).

Com exceção da referência a Hitler, Tompson está falando com muitos outros educadores e membros da comunidade que exigiam mais do professor negro como um modelo, como alguém que via a sua missão não apenas em transmitir "conhecimento oficial", mas também em transformar estudantes e comunidades, sendo "orgânico" para essas comunidades e para as pessoas descendentes de africanos (cf. tb. FOSTER, 1997; REDCAY, 1935).

Parte disso pode ter incorporado a uma ética de "autoajuda", algo que tinha uma longa história dentro de comunidades negras e outras comunidades oprimidas. Para algumas pessoas, talvez, isso parecesse sem dúvida menos anti-hegemônico do que gostariam. Mas a luta diária para que a comunidade assumisse o controle de suas próprias vidas, agisse contra a negligência sistemática da juventude negra, as precaríssimas condições físicas das escolas, o orçamento discriminatório, a estrutura racista do salário dos professores... tudo isso era absolutamente crucial (FULTZ, 1995, p. 140). Era, de fato, um ato *político*.

As responsabilidades não acabavam aí. Mais uma vez, como Fultz observa, professores tiveram que se tornar os repositórios das histórias de seu povo, um claro reconhecimento do significado crucial do papel da memória coletiva nas lutas por justiça social (LIVINGSTON, 2009). Mas o "conhecimento da história negra como um mandato curricular era apenas o começo... [Conhecimento de história e literatura negras] iriam fortificar a criança afro-americana e oferecer uma base para a liderança professoral na comunidade e assuntos raciais" (FULTZ, 1995, p. 411-412). Professores negros podem ter estado mais próximos da visão de Counts em relação à liderança.

Vamos nos lembrar, entretanto, das circunstâncias econômicas, políticas e ideológicas em que tantos professores negros trabalhavam. Em um estado fundamentalmente racista, em que as atitudes de desprezo (e absolutamente revoltantes) por parte de administradores e membros do conselho escolar brancos eram notórias, parte da realidade que todos os professores negros tinham que enfrentar era a importância de não alienar pessoas brancas que tinham controle não apenas da máquina política, mas também o controle das finanças

(FULTZ, 1995, p. 413-414). É claro que a aparente complacência e de não alienar a estrutura de poder branca era frequentemente estratégica; algo que pessoas oprimidas haviam se tornado mestres em fazer por necessidade (SCOTT 1990; cf. tb. DE CERTEAU, 1984). Normalmente, sob tal aparência havia um interior em ebulição, que procurava constantemente oportunidades para interromper a dominância e reafirmar reivindicações por reconhecimento e respeito.

Esse "campo minado racial" era uma relativa impotência de educadores negros objetivando mudar as regras econômicas e de autoridade oficial. E tudo isso fazia parte de uma visão particular de educação partilhada pela grande maioria dos sulistas brancos. A declaração de John Dollard feita durante os anos de 1930, em sua análise dessa situação, era clara. "Ele [o negro sulista] tem seu lugar e ele deve saber isso; o objetivo das instituições sociais de apoio como a educação é mantê-lo em seu lugar" (DOLLARD, apud FULTZ, 1995, p. 414).

Presos em uma situação que não haviam escolhido, constantemente se deparando com as "depravações causadas pelo racismo branco [...] e pelas altas expectativas colocadas sobre professores negros (incluindo a importância que afro-americanos colocavam sobre a educação como um meio de oportunidade, justiça social e elevação racial)" (FULTZ, 1995, p. 419), professores negros de todos os níveis se engajaram no duro trabalho de criar uma educação que era mais do que tantas autoridades brancas consideravam como útil para "o Outro". Mesmo se eles não tivessem tido contato com os materiais do curso de estudo publicado em Virgínia nem tivessem participado dos crescentes movimentos de protesto, tomaram como missão tornar públicas as condições degradantes do ensino para crianças negras. Testemunhar era uma tarefa essencial, pois as escolas não podiam mudar a sociedade se o ensino não mudasse.

O educador como um ser moral, um ativista da comunidade, um contador da verdade e testemunha de condições deploráveis, como o mantedor e defensor da memória da história e cultura negras... tudo isso constituía um pesado fardo para se carregar. Como Fultz nos lembra, as contribuições que professores negros fizeram nessas escolas e em tantas outras instituições de educação e cultura não são valorizadas como deveriam. Muitas vezes eram pedidas a eles coisas contraditórias: "elevação racial"; não antagonizar autoridades brancas; servir como modelos de "integridade" para seus alunos e comunidades; ensinar em circunstâncias imensamente difíceis e com treinamento, materiais e suporte insuficientes; unir-se aos outros para "penetrar a 'mente e a consciência da América'" expondo a estrutura racial e efeitos sobre crianças negras... e tudo isso feito ao mesmo tempo? Por necessidade, os papéis dos professores negros nessas e em tantas outras escolas eram ideologicamente complexos e repletos de tensões.

Algumas de suas respostas eram falhas; outras eram criticadas também por afro-americanos por não serem radicais o bastante (FULTZ, 1995, p. 419-420), talvez olhando em retrospectiva, com razão. E ainda assim podemos dizer que poucas pessoas personificaram as esperanças de uma educação que "serviria as massas dos despossuídos" como esses professores. É possível constatar não só por que os esforços de Woodson como estudioso para restaurar a memória coletiva eram tão cruciais, mas também por que a tarefa de coletar materiais substanciais para professores nas escolas que serviam a estudantes afro-americanos era tão importante para sua vida e trabalho. Espera-se que Counts tenha compreendido.

Uma última pergunta permanece. Grande número de professores negros lutou continuamente para preencher os múltiplos papéis políticos, sociais e culturais que haviam assumido, geralmente em condições econômicas e ideológicas extremamente difíceis. Mas quem fazia a ponte entre esses professores e o chamado de Du Bois, e especialmente de Woodson, para que eles mudassem radicalmente a escola e a sociedade, restaurassem a memória coletiva e tornassem possível o desenvolvimento de identidades poderosas que lhes dariam força para não só sobreviver como um povo, mas para continuar uma luta de séculos por redistribuição e reconhecimento? É para isso que nos voltaremos.

Sobre o papel de professores ativistas

Havia uma interação dinâmica entre a vida e as necessidades dos professores negros, tanto no Norte quanto no Sul, e aqueles que trabalhavam constantemente para produzir e distribuir materiais curriculares críticos, lições e estratégias de ensino. Isso era visto como um elemento-chave para restaurar e defender a memória coletiva, para desafiar concepções sociais dominantes e tornar professores e ativistas da comunidade capazes de usar a educação como uma ferramenta em seus esforços para transformar a sociedade.

Na última seção alertei para não se pensar em "professor universal"; o mesmo também é válido em relação a "ativista universal". Por trás de Woodson (e o mesmo pode ser dito sobre muitos outros) havia um grande número de educadores ativistas apoiando sua associação, como também os periódicos e materiais que eram publicados. Em sua maioria, os ativistas eram mulheres. Devido a esse fato, a questão do ativismo feminino torna-se importante.

Alguns afirmaram, incluindo W.E.B. Du Bois, que Carter G. Woodson "não tinha concepção do lugar da mulher na criação" (DU BOIS, 1950, p. 25). Porém, essa afirmação não deixou de ser desafiada. Até o próprio Du Bois, pioneiro na transformação da desumanizada imagem da mulher negra em símbolo poderoso, não conseguia ir muito além das convenções de gênero de sua época (DAGBOVIE, 2003, p. 38; RABAKA, 2007). Como Pero Gaglo Dagbovie demonstrou, quaisquer que fossem as contradições do próprio Du Bois, muitas posições de Woodson eram progressistas, considerando o contexto do período em que ele vivia, e além disso, muitas de suas ações sustentaram o trabalho de estudiosas, escritoras e educadoras negras. "Embora moldado por normas de gênero de sua época, ao contrário da avaliação limitada de Du Bois, Woodson de muitas maneiras desafiou as ideologias machistas de sua época" (DAGBOVIE, 2003, p. 22). Como notei no capítulo 2 e no início deste capítulo, *agir* juntamente com educadores e movimentos é uma tarefa crucial. E é nesse ponto que várias dessas ideologias são desafiadas.

Woodson fez isso de várias maneiras. Ele defendeu a mulher afro-americana (e a africana) em estudos como *The Negro in Our History, Negro Makers of History* e *The Story of the Negro Retold*, que reagiram contra imagens desumanizadas de mulheres negras (DAGBOVIE, 2003, p. 23). Embora seja verdade que homens afro-americanos fossem o principal foco de grande parte de seu trabalho, em seus estudos e escritos populares – e, notavelmente, em seus esforços para estabelecer a Semana da História Negra e o *Negro History Bulletin* –, ele abriu um espaço para ser preenchido por educadoras e ativistas que tinham certeza sobre a importância do papel da educação na reconstrução da sociedade e do papel dos negros nela. De fato, sem o trabalho de professoras, bibliotecárias e ativistas sociais, os esforços de Woodson para popularizar a história africana e afro-americana em escolas e comunidades não teria tido tanto sucesso (DAGBOVIE, 2003, p. 30). Isso demonstra que muitas pessoas podem ter reconhecido erroneamente o que *conta* como trabalho político. Como Kathleen Casei nos lembra, nossas categorias usuais do que aceitamos como trabalho político frequentemente excluem tipos de ações rotineiras em que muitas mulheres se empenham (CASEY, 1993).

Os espaços que Woodson abriu para mulheres foram em parte resultado de seu trabalho, mas também da pressão de um movimento emergente e de estudiosos comprometidos, escritores e ativistas afro-americanos. Em 1935, a Association for the Study of Negro Life and History elegeu duas mulheres negras para seu conselho executivo, Lucy Harth Smith e a ainda mais notável Mary McLoud Bethune, como presidente da ASNLH. Durante seus anos como presidente da associação, Bethune criou um ambiente propício a artistas, escritoras, ativistas políticas e culturais negras, como também a um grande número de professoras, que tornaram o *Negro History Bulletin* um sucesso (DAGBOVIE, 2003, p. 33).

Isso foi ao encontro da concepção de Woodson e Bethune sobre o significado crucial de fazer a história e sobre a importante contribuição de pessoas negras. Aprender a falar em diferentes registros por meio de um ato de redefinição do papel do intelectual era claro em suas mentes. Dagbovie mostra-se mais uma vez perspicaz:

> Bethune articulou sua visão da função da história e do papel do intelectual negro reiterando os objetivos de Woodson para a Associação na busca pela "verdade" e enfatizando que estudiosos negros concentrassem seus esforços na popularização da história afro-americana. "A utilidade social dos estudos e descobertas depende de sua tradução para uma língua comum", afirmou Bethune. Como Woodson, ela acreditava que historiadores negros precisavam armar crianças afro-americanas com o conhecimento de seu passado "glorioso" de "conquistas maravilhosas..." Ela acreditava que as crianças afro-americanas podiam ser encorajadas a superar grandes obstáculos, a "fazer uma nova história" se elas fossem expostas ao que seus ancestrais haviam conquistado (DAGBOVIE, 2003, p. 32).

Embora impulsos populistas possam ser limitadores se forem os únicos modos para se julgar os benefícios a longo prazo de estudos sérios, a ênfase sobre a valorização dos frutos de uma compreensão histórica e a restauração da memória coletiva era integral para as tarefas do *Bulletin*. Apesar de não ser talvez tão radical quanto outros movimentos e exigências, por meio dos esforços de Woodson e Bethune o *Bulletin* tornou-se o meio pelo qual essa visão ganhou vida. Uma força dinâmica por trás disso eram as mulheres. Nesse processo, o *Bulletin* tornou-se "uma arena onde mulheres negras, principalmente professoras e ativistas sociais, podiam articular suas preocupações sobre a educação da juventude negra, a reforma da sociedade americana e elevar as massas de seu povo" para desafiar mais radicalmente as estruturas racistas da sociedade onde viviam (DAGBOVIE, 2003, p. 34).

Portanto, o *Bulletin* é um predecessor de periódicos democráticos críticos contemporâneos como o *Rethinking Schools*. O papel de professores ativistas – e, para o *Bulletin*, professoras ativistas em particular – era anunciado nele. Ambas as qualificações são importantes: professoras e mulheres ativistas. Não seria exagero dizer que muito do que essas professoras estavam fazendo era o que Counts intuíra, e elas estavam fazendo isso sob o olhar de muitos teóricos brancos radicais de educação e transformação social. Isso não deveria nos surpreender. Para sentir as grandes contribuições que já estão sendo feitas em relação a uma educação comprometida com a transformação social por grupos oprimidos, é essencial que vozes dissidentes de comunidades brancas se engajem em um constante ato de reposicionar e assumir ao máximo concepções de grupos oprimidos do mundo em que todos vivem.

Lembrando mais vozes

Ao enfocar Du Bois e Woodson notei vários itens sobre o significado da vida de professores negros e professoras ativistas nas seções anteriores deste capítulo. Isso é importante não só por causa do lugar que eles ocupavam ao pressionar por baixo e ocupar os espaços que pessoas como Woodson lutaram para abrir a novas identidades de educadores negros nas maiores batalhas contra relações dominantes. Também é importante, entretanto, reconhecer que através de múltiplas comunidades, frequentemente "negro" é "representado ideologicamente como gênero masculino (HENRY, 1998, p. 1; cf. tb. RABAKA,

2007). Como tantas outras comunidades oprimidas da época, os debates sobre educação normalmente se concentravam na educação dos homens, como nos diz Renea Henry:

> Vemos dentro das preocupações estratégicas do debate entre Du Bois e Washington, por exemplo, uma ênfase na educação de homens negros (a imagem do garoto no campo de milho lendo os clássicos), seu preparo para participar de maiores sistemas sociais e econômicos, suas habilidades para servir como provedores de famílias tradicionalmente configuradas e muito pouca atenção para as ramificações da educação de mulheres negras (HENRY, 1998, p. 1-2).

Porém, aqui a restauração da memória coletiva, das múltiplas vozes que emergiram das experiências subalternas torna-se ainda mais significativa, pois havia discussões notáveis sobre isso durante todo tempo em que esses debates floresceram. Dez anos antes da publicação de *The Souls of Black Folks*, a educadora negra Anna Júlia Cooper publicou *A Voice From the South* (COOPER, 1988). O lugar para o ensino superior para mulheres negras era central nas preocupações de Cooper. Para ela, "o avanço da mulher afro-americana [é] a condição necessária para o avanço e o progresso racial" (HENRY, 1998, p. 2).

Para o leitor atual, várias justificativas de Cooper podem parecer bastante conservadoras. Seu argumento de que o *status* da mulher representava uma medida fundamental da "civilização" é problemático, mas sua ênfase na defesa da causa da mulher afro-americana é inegável. De fato, é muito provável que o livro de Cooper e suas ideias tenham influenciado o próprio Du Bois; influência que ele não admitia (HENRY, 1998, p. 2).

Minha intenção ao levantar a questão de especificidades de gênero *não* é negar a suma importância da vida e do trabalho de W.E.B. Du Bois ou diminuir a voz eloquente e a dedicação de Woodson. Ao contrário, é nos lembrar (e me lembrar) mais uma vez da seletividade inevitável envolvida ao destacar vozes de comunidades oprimidas que desafiaram a dominância e que visionaram uma educação que a interrompia. Nossas escolhas também podem reproduzir marginalizações[36]. Assim, por exemplo, o fato de que em *Dare the School Build a New Social Order?* Counts não fala de histórias específicas e realidades de mulheres e de professoras e mulheres ativistas (cf., p. ex., APPLE, 1986), não necessariamente invalida seus argumentos sobre exploração de classe na economia e a composição de classe nos conselhos escolares de sua época. Mas isso aponta para os modos em que suas hipóteses dirigem sua atenção para dinâmicas sociais especificas. Com todo o seu brilhantismo e sacrifício, intelectuais orgânicos que são membros de comunidades oprimidas não estão sozinhos. Esse é um ponto que destaquei no capítulo 1 quando afirmei que devemos criar unidades descentralizadas baseadas em um reconhecimento com nuanças e politicamente aberto à multiplicidade de relações de exploração e dominação e às lutas contra essas relações. Dessa forma, um "nós" mais rico e mais diverso, que não é baseado nas noções falsas e românticas de que podemos partilhar a dor uns dos outros, mas em um reconhecimento de que alianças, quando possível, são cruciais nas estratégias de interrupção.

Falando sobre isso no nível do trabalho acadêmico, mais uma vez Renea Henry dá voz a essa preocupação, enquanto nos dá um alerta e recursos para uma narrativa mais rica.

> O livro de 1997 de Joy James, *Transcending the Talented Tenth: Black Leaders and American Intellectuals*, é crucial ao discutir criticamente as deficiências e a linguagem da filosofia de Du Bois em questões de igualdade de gênero e de classe. Adicionalmente, o trabalho de Paula Giddings, Kevin Gaines e Hazel Carby, assim como as biografias de contemporâneos de Du Bois, tais como a de Ida

---

36 Como afirmei anteriormente, as visões de Du Bois e de outros estudiosos/ativistas eloquentes mudaram com o tempo. Cf. Kurzma (s.d.).

Wells-Barnett, são inestimáveis para a recuperação de todo escopo de discurso intelectual da época de Du Bois e ganhar o senso de participação em que era vivido. Temos de permanecer conscientes sobre os modos em que produções intelectuais e estruturas institucionais podem contribuir para a exclusão ou eliminação de outros estudiosos da participação total (HENRY, 1998, p. 2)[37].

Essas histórias e essas vozes, assim como as histórias e vozes de tantas pessoas de comunidades oprimidas e diaspóricas, têm de ser tornadas visíveis. Mais uma vez, isso aponta para o significado crucial do trabalho de historiadores e estudiosos ativistas de hoje.

Porém, embora reconhecendo sua grande importância, a história das vozes e dos movimentos não é nosso único guia. No próximo capítulo, cujo coautor é Luís Armando Gandin, volto-me para uma análise que não é da história de intelectuais públicos que deram uma resposta afirmativa à pergunta que guia este livro ou de educadores comprometidos que trabalharam tão diligentemente na produção, distribuição e ensino de currículos transformativos, mas é um exemplo mais

---

37 Mais uma vez, a restauração da memória coletiva tem um papel crucial em concepções anti-hegemônicas. Outros estudiosos tiveram importantes papéis nesta tarefa, além desses mencionados por Henry. P. ex., Ângela Davis e D.G. White, entre outros, ajudaram a restaurar a história do indivíduo e a resistência coletiva de mulheres afro-americanas. Para Davis, mulheres afro-americanas escravizadas se envolveram em padrões de resistência à escravidão que foram essenciais para garantir a sobrevivência de suas comunidades. De fato, reorganizando o trabalho doméstico e dos cuidados da mulher, assim como seu trabalho agrícola – o trabalho principal da comunidade escravizada como um todo –, geraçoes de vidas de mulheres e lutas podem ser vistas com novos olhos. Considerando as brutalidades selvagens da escravidão, através de suas ações "mulheres afro-americanas, como subprodutos de um ambiente extremamente opressivo, foram capazes de perseverar, sob múltiplas formas de opressão, na humanização de comunidades inteiras" (DAGBOVIE, 2003, p. 619-620; cf. tb. WHITE 1985). Ao restaurar o conhecimento dessa tradição de "suprema perseverança e resistência heroica", tornou-se possível que mulheres afro-americanas contemporâneas ligassem suas lutas às lutas de suas ancestrais (DAGBOVIE, 2003, p. 621).

atual que demonstra que o sucesso é possível mesmo em tempos difíceis que tantos de nós enfrentamos nacional e internacionalmente, se alianças são formadas e se valores que devem guiar nosso trabalho não são tratados de maneira retórica.

5
Mantendo transformações vivas

Aprendendo com o "Sul"

Luís Armando Gandin
Michael W. Apple

Os últimos três capítulos foram em grande parte históricos. Eles tiveram objetivos específicos em mente. Um dos objetivos era neutralizar a amnésia histórica que se tornou uma parte tão importante do projeto social e pedagógico de transformação radical da direita, em sua tentativa de mudar nossas identidades fundamentais e nosso senso comum e alterar os valores que empregamos para pensar sobre as instituições centrais de nossas sociedades. Um segundo objetivo estava em parte conectado aos meus pontos sobre a importância do trabalho "secretarial" crítico para restaurar a memória coletiva de um conjunto muito maior de vozes que exigiam que as escolas desafiassem as hierarquias que dominavam a sociedade. Isso requeria que eu não limitasse minha discussão às vozes maiores, embora elas tenham sido e sejam cruciais. Mas era também necessário incluir o trabalho de educadores, ativistas, mulheres educadoras e escritoras, professores minorizados em lugares como escolas rurais e outros que eram profundamente envolvidos no uso de instituições educacionais e cenários de educação como locais em um processo maior de criação e recriação de identidades coletivas. Para eles, estabelecer escolas, currículos e práticas de ensino que conectassem indivíduos e escolas a comunidades oprimidas e que fossem organizados em torno de normas de cuidado e solidariedade era parte de um projeto maior de emancipação.

Como eu disse no início do capítulo anterior, muito mais vozes têm que ser ouvidas da vasta multitude de comunidades despossuídas e pessoas que constantemente lutaram sobre a política de conhecimento, a relação entre ensino e maiores conjuntos de poder diferencial econômico, político e cultural e os modos nos quais professores e outros eram tratados. A formação de unidades descentralizadas em que eu e outros acreditamos que sejam tão vitais à transformação da educação e da sociedade maior requer uma política de voz e representação.

Eu percebo totalmente que há graves perigos em empregar as experiências de um grupo para representar as experiências de outros. De fato, este dilema me perturbara muito. Mas no fim decidi ir em frente na esperança de que os leitores entenderiam o dilema e encontrariam o suficiente em minhas discussões dessas figuras que escolhi para se ver nos tipos de lutas nas quais cada uma dessas figuras se envolveu.

Dentre os temas principais que caracterizaram os esforços de figuras como Freire, Counts, Woodson, Du Bois e os professores ativistas educacionais e culturais que muito se devotaram para dar vida às suas ideias estão os seguintes:

1) Um profundo reconhecimento da natureza crucial do trabalho cultural e da luta sobre conhecimento e memória.

2) Uma clara compreensão da importância de professores, trabalhadores de alfabetismo e ativistas comunitários e suas habilidades, conhecimentos, valores e compromissos.

3) Uma avaliação não romântica dos tipos de poder diferencial que organizavam as sociedades em que eles viviam.

4) A importância de construir comunidades e então criar relações íntimas entre escolas e outros locais educacionais com essas comunidades.

5) Um compromisso com uma visão de democracia *densa*, com uma democracia que é totalmente participativa e que habita todas as instituições.

6) A natureza a longo prazo do que Williams chamou de "a longa revolução" (WILLIAMS, 1961), as tentativas de construir tal democracia e, também, de tornar a escola um local visível e poderoso para a realização dessa visão.

Esses compromissos não são "somente" encontrados nos trabalhos de pessoas no passado. Movimentos importantes estão sendo criados *agora*, sendo alguns deles diretamente derivativos da linhagem que discuti nos capítulos 2, 3 e 4. Esses movimentos estão engajados em formar alianças anti-hegemônicas que estão tendo efeitos poderosos e duradouros em neutralizar a direita. Eles são bem-sucedidos em se envolver em ações que lutam contra divisões de classe e racismo, que desafiam suposições e práticas existentes em torno de "habilidade", que exibem sério respeito pelas habilidades e valores de professores engajados, que oferecem mecanismos para a construção de identidades ativistas entre as comunidades e, neste processo, que alteram as relações maiores entre o Estado e a sociedade civil. Tais movimentos são baseados em uma tomada de consciência do significado das suposições que existem por trás de meus argumentos anteriores sobre como as lutas pelos direitos do deficiente podem ser poderosamente ligadas aos desafios a algumas das principais formas ideológicas básicas que sustentam o capitalismo; a ideia do trabalhador universal que apenas tem valor para o lucro que pode ser gerado por meio de seu trabalho. Esses movimentos em educação e suas conexões entre educação e lutas maiores demonstram como dinâmicas e relações criticamente democráticas podem ser criadas, apesar de diferenças, reconhecendo e construindo sobre uma sensibilidade para reformas não reformistas, mutualmente benéficas.

Neste capítulo, escrito com Luís Armando Gandin, nosso foco muda da análise histórica de estudiosos/ativistas importantes e seus aliados no trabalho educacional para respostas mais atuais à pergunta: "A educação pode mudar a sociedade?" Como vocês verão, mais uma vez a resposta pode ser sim, especialmente se tais mudanças na educação forem também vistas como partes orgânicas de ideais transformadores maiores.

Em meu capítulo introdutório dei vários exemplos de realidades que tantos de nós estamos vivendo. Estamos passando por um período de crise que afetou todas as nossas instituições econômicas, políticas e culturais. Mas uma das instituições tem estado no centro da crise e das lutas para superá-la, a escola. Os neoliberais nos dizem que somente entregando nossas escolas, professores e crianças ao controle do mercado competitivo encontraremos uma solução. Neoconservadores nos dizem que a única saída é a volta ao "verdadeiro conhecimento". O conhecimento popular, o conhecimento que é ligado e organizado em torno da vida dos membros mais desfavorecidos de nossas comunidades não é legítimo. Mas seriam as posições neoliberais e neoconservadoras as únicas alternativas? Nós não pensamos que sejam.

Como notei anteriormente, o grande educador brasileiro Paulo Freire enfatizava constantemente que a educação deve começar com um diálogo crítico. Essas duas últimas palavras eram cruciais para ele. A educação deve segurar nossas instituições dominantes na educação e a sociedade maior em questionamento rigoroso e, ao mesmo tempo, esse questionamento deve envolver profundamente aqueles que menos se beneficiam dos modos que essas instituições funcionam. Ambas as condições são necessárias, pois a primeira sem a segunda é simplesmente insuficiente para a tarefa de criar uma educação criticamente democrática.

Obviamente, muitos educadores comprometidos já sabem que a transformação de políticas e práticas educacionais – ou a defesa dos ganhos democráticos em nossas escolas e comunidades – é inerentemente política. De fato, isso é tornado constantemente visível pelo fato de que movimentos neoliberais e neoconservadores tornaram o ensino e os currículos os alvos de ataques conjuntos por anos. Uma das alegações das forças da direita é que as escolas estão "fora de contato" com os pais e as comunidades. Embora essas críticas não estejam erradas, precisamos encontrar modos de expandir os esforços históricos discutidos nos últimos três capítulos. Precisamos nos engajar no trabalho duro de documentar esforços atuais em conectar nosso trabalho educacional com comunidades locais, especialmente àqueles membros dessas comunidades com menos poder, que são mais verdadeiramente democráticos do que as ideias de democracia "magra" visionada pela direita. Se não fizermos isso, definições neoliberais de democracia – baseadas em individualismo possessivo e no qual a cidadania é reduzida a simples práticas de consumo – prevalecerão (APPLE, 1999, 2000, 2006).

Se por um lado é crucial reconhecer e analisar o poder e as consequências reais de políticas neoliberais e neoconservadoras (algo que nós dois temos feito há muito tempo; cf., p. ex., APPLE, 1996, 2006; GANDIN, 1994, 1998, 1999), por outro, é também essencial entender as renegociações que são feitas em níveis regionais e municipais. Como Ball (1994) enfatiza, "a política é [...] um conjunto de tecnologias e práticas que são realizadas e que geram lutas em cenários locais" (p. 10). Portanto, ao invés de assumir que políticas neoliberais e neoconservadoras ditam exatamente o que ocorre no nível local, temos que estudar as *rearticulações* que ocorrem nesse nível para sermos capazes de mapear a criação de alternativas.

Educadores de várias nações tiveram que lidar com essas transformações de ideologia, política e prática. Para nós, é importante aprender duas coisas das experiências de outros educadores que estão agora lutando contra as forças de desigualdade. Em primeiro lugar, nós podemos aprender sobre os efeitos reais de políticas neoliberais e neoconservadoras, podemos aprender como interromper políticas e práticas neoliberais e neoconservadoras e como construir alternativas educacionais mais completamente democráticas (APPLE, 2006). Desta forma, podemos responder à pergunta de Counts sobre o papel do ensino na transformação social, assim como educacional, nas situações atuais, assim como históricas, que educadores enfrentam.

Um dos melhores exemplos disso pode ser atualmente encontrado em Porto Alegre. As políticas que foram adotadas lá pelo Partido dos Trabalhadores, tais como "Orçamento Participativo" e a "Escola Cidadã", ajudaram a construir o sustentáculo para políticas mais progressistas e democráticas diante do poder crescente de movimentos neoliberais em nível nacional. Por muitos anos, o Partido dos Trabalhadores pode aumentar sua maioria até entre pessoas que haviam votado anteriormente em favor de partidos com programas educacionais e sociais muito mais conservadores, porque estava comprometido a tornar possível que até os cidadãos mais pobres participassem nas deliberações de políticas e sobre onde e como o dinheiro seria gasto. Prestando atenção a formas mais substanciais de participação coletiva e devotando recursos para encorajar tal participação, Porto Alegre demonstrou que era possível ter uma democracia mais "densa", mesmo em tempos de crise econômica e ataques ideológicos de partidos neoliberais e da impressa conservadora. Programas como a "Escola Cidadã" e a partilha do poder real com aqueles que vivem nas "favelas", assim como com as classes trabalhadora e média, profissionais e outros, oferecem larga evidência que a democracia densa oferece alternativas realistas para a versão eviscerada da democracia magra encontrada sob o neoliberalismo (SMED, 1999b).

De muitas maneiras, as políticas e práticas que foram lá construídas se estendem de formas poderosas e sistêmicas em várias reformas similares que estão sendo construídas em outros países (APPLE & BEANE, 1998, 2007). Porém, igualmente importante era a função pedagógica desses programas em Porto Alegre. Eles desenvolveram as capacidades coletivas dentre as pessoas para capacitá-las a continuar a se envolver na administração democrática e controlar suas vidas. Isso levou e leva tempo; mas o tempo gasto nessas coisas agora prova que posteriormente valerá realmente a pena.

Neste capítulo, descrevemos e analisamos as políticas da "Administração Popular" em Porto Alegre. Assim, oferecemos um retrato denso do que aconteceu lá e construímos e expandimos nossos recursos teóricos e políticos críticos para compreendê-lo. As propostas para a formação de uma "Escola Cidadã" foram explicitamente desenvolvidas para mudar radicalmente as escolas municipais e a relação entre as comunidades, o Estado e a educação. Esse conjunto de políticas e os processos de implementação eram partes constitutivas de um projeto claro e explícito com o objetivo de construir não só uma escola melhor para os excluídos, mas também um projeto maior de democracia radical. Como toda transformação social e educacional séria, as reformas em Porto Alegre estão em fluxo e estão sendo contestadas e defendidas. Porém, muito do que foi construído durou e é crucial não "apenas" para o Brasil, mas para todos nós em tantas nações que estamos tendo dificuldades em salas de aula e escolas para criar uma educação que sirva a todas as nossas crianças e comunidades. Em essência, o que foi construído em Porto Alegre pode ser visto como exemplo do que Eric Olin Wright chamou de "*utopias reais*" (WRIGHT, 2010). Este é um exemplo primoroso de onde o "Sul" pode agir como professor do "Norte" (APPLE, 2012).

Para entender os limites e possibilidades de tais tentativas durante uma época do que foi anteriormente chamado de "modernização conservadora", precisaremos examinar de perto várias coisas: como a proposta para a Escola Cidadã se conecta com o projeto maior da "Administração Popular"; os maiores objetivos normativos e *design* institucional criados por este projeto em andamento; e as possibilidades e problemas de gerar as novas realidades que o Partido dos Trabalhadores se comprometeu a criar. A primeira parte deste capítulo situa brevemente a experiência de Porto Alegre no contexto político e educacional maior do Brasil. A segunda parte apresenta os objetivos normativos da Escola Cidadã e examina os mecanismos que ajudaram a alcançar esses objetivos. Na terceira parte, discutimos a consistência entre os objetivos normativos e o *design* institucional construído para implementar esses objetivos. Na quarta parte, discutimos alguns problemas em potencial do projeto. Finalmente, oferecemos algumas considerações sobre o futuro do projeto e sua contribuição em potencial para a melhoria das relações democráticas dentro e fora da educação.

Porto Alegre e a "administração popular"

Porto Alegre é uma cidade de 1,3 milhão de habitantes. De 1989 a 2005 foi governada por uma coligação de partidos de esquerda, sob a liderança geral do Partido dos Trabalhadores (PT, formado em 1979 por uma coligação de sindicatos, movimentos sociais e outras organizações de esquerda). O PT foi reeleito três vezes consecutivas, dando, assim, maior legitimidade ao partido e suas políticas.

Segundo um dos antigos prefeitos de Porto Alegre (um membro respeitado nacionalmente do Partido dos Trabalhadores), o propósito do governo é "recuperar as energias utópicas", "criar um movimento que contenha, como processo social, as origens de um novo modo de vida, construindo uma 'nova vida moral' (Gramsci) e uma nova articulação entre Estado e sociedade [...] que poderia levar a atividade social e a consciência da cidadania a uma nova ordem" (GENRO, 1999, p. 9)[38]. A administração municipal, a "Administração Popular", trouxe melhorias materiais significativas para os cidadãos mais empobrecidos da cidade. Para dar apenas um exemplo,

---

[38] Esta e todas as outras traduções de fontes brasileiras são nossas.

como Santos (1998) nota, "em relação ao saneamento básico (água e esgoto), em 1989, apenas 49% da população era coberta. No fim de 1996, 98% das casas tinham água e 85% eram servidas pelo sistema de esgoto" (p. 485). Em termos de educação, o número de escolas mais do que dobrou desde que a Administração Popular assumiu, Nos Estados Unidos, esse tipo de orientação recebeu o nome de "socialismo de esgoto", uma ênfase na resolução de problemas muito reais da vida diária dos membros menos privilegiados da sociedade.

Uma medida em particular adotada pela Administração Popular – *Orçamento Participativo* ou OP – é creditada com a realocação de recursos para as vizinhanças pobres. O OP é um mecanismo que garante uma participação popular ativa e a deliberação no processo de decisões para a alocação de recursos para investimento na cidade. Santos oferece uma descrição compacta de como o OP funciona:

> Em um breve resumo, os centros de OP em assembleias plenárias temáticas, o Fórum de Delegados e o Conselho de OP (COP). Há duas rodadas de assembleias plenárias em cada uma das dezesseis regiões e em cada uma das cinco áreas temáticas. Entre as duas rodadas, há reuniões preparatórias nas microrregiões e áreas temáticas. As assembleias e as reuniões têm um objetivo triplo: definir e classificar exigências e prioridades regionais ou temáticas, eleger os delegados para o Fórum de Delegados e os conselheiros do COP e avaliar a *performance* do executivo. Os delegados funcionam como intermediários entre o COP e os cidadãos, individualmente ou como participantes em comunidade ou organizações temáticas. Eles também supervisionam a implementação do orçamento. Os conselheiros definem os critérios gerais que presidem a classificação de exigências e a alocação de fundos e votam a proposta do Plano de Investimento apresentada pelo executivo (SANTOS, 1998, p. 469).

O OP está no coração do projeto de transformar a cidade de Porto Alegre e incorporar a população pobre historicamente excluída nos processos de tomada de decisão. De igual importância, como vários pesquisadores mostraram (AVRITZER, 1999; AZEVEDO, 1998; BAIOCCHI, 1999; SANTOS, 1998), é o fato que não só as condições materiais da população pobre mudaram, mas também o OP gerou um processo educativo que criou novas organizações e associações nos distritos. Os cidadãos da cidade foram envolvidos em um extenso projeto pedagógico envolvendo seu próprio empoderamento. Houve um processo de aprendizado político por meio da construção de organizações que tornam possível a participação total no OP. Em essência, o OP pode ser considerado uma "escola de democracia". O aprendizado adquirido dentro do OP é transferido para outras esferas da vida social (para mais detalhes sobre este assunto cf. BAIOCCHI, 1999; cf. tb. BOWLES & GINTIS, 1986). Porém, talvez haja um aspecto ainda mais importante no OP. As agências governamentais "ensinam" o Estado a servir melhor à população. Isso é crucial, pois aponta para o papel das lutas sobre a educação na transformação do próprio Estado.

Trabalhando juntamente com o OP, houve outro projeto especificamente educacional para a cidade, a *Escola Cidadã*, implementada pela Secretaria Municipal de Educação ou Smed. A Escola Cidadã impelia na mesma direção e tinha como objetivo iniciar logo cedo uma versão "densa" da educação para a cidadania no processo de educação formal por meio da criação de mecanismos institucionais democráticos.

Antes de descrevermos alguns desses mecanismos criados pelo projeto da Escola Cidadã, queremos situar essa iniciativa dentro do contexto global de reformas predominantemente neoliberais. Se quisermos entender o caso da Escola Cidadã, temos de investigar as rearticulações particulares conseguidas nesse local.

O conceito de articulação é central aqui, porque ele nos ajuda a entender o trabalho ideológico que foi feito para desconectar e reconectar ideias e práticas. Para desarticular um conceito historicamente associado com movimentos anti-hegemônicos e rearticulá-lo com um discurso hegemônico é necessário bastante trabalho ideológico criativo, algo que estamos vendo na reconstrução neoliberal de Nova Orleans. Para desarticular esse conceito do discurso hegemônico e então rearticulá-lo a iniciativas progressistas e anti-hegemônicas – algo que era muito importante nas políticas de construção de formas democráticas densas em Porto Alegre – é ainda mais difícil. Este é um processo dinâmico e não estático. Como Hall afirma, "uma articulação é [...] a forma de conexão que *pode* fazer uma unidade de dois elementos diferentes, sob certas condições. É uma ligação que não é necessária, determinada, absoluta e essencial para todo tempo" (HALL, 1996, p. 141).

O conceito de articulação nos oferece uma ferramenta para entender que a aparente homogeneidade e solidez de um dado discurso na realidade é uma construção histórica, que tem de ser constantemente renovada se quiser ser mantida. Conexões que são estabelecidas entre grupos e ideologias específicas não são *dadas*. Elas são melhor descritas como "não necessárias", como mais ou menos relações contingentes tornadas possíveis em um contexto específico e um momento histórico específico.

Esta estrutura conceitual pode nos ajudar a entender melhor o caso de Porto Alegre. Uma das alegações principais das forças modernizadoras conservadoras é que a educação não é apenas um causa crucial das crises econômicas e culturais que muitas nações estão passando, mas também grande parte da solução. Se "nós" prepararmos estudantes para um mundo que é crescentemente governado por relações de um novo capitalismo mais competitivo do que nunca, "nós" estaremos melhor preparados para ter sucesso no mercado globalizado. A educação, portanto, é enfatizada como um local privilegiado nesse discurso hegemônico.

Entretanto, quando esse discurso chegou ao Brasil e mais especificamente à cidade de Porto Alegre, algumas rearticulações interessantes foram alcançadas. No discurso dominante, uma ênfase em educação é relacionada a uma tentativa consistente de colonizar o espaço de discussões "legítimas" sobre política e prática educacional e, assim, produzir um ambiente educacional mais sintonizado com as necessidades econômicas do mercado. Mas quando esse processo global entra no Brasil, contradições são criadas e um produto híbrido é formado. Esse é o caso porque, embora o discurso hegemônico tente colonizar a esfera educacional, exatamente como no exemplo de "ensino limitado" para crianças negras no capítulo 4, quando ele encontra as realidades do contexto brasileiro, cria espaços não intencionais para experiências alternativas. Este é um ponto conceitual e político crucial que é conectado intimamente a uma das tarefas apontadas no capítulo 2. Ele nos faz lembrar de procurar por contradições e oportunidades no que pode ordinariamente ser visto simplesmente como expressões de formas e relações dominantes. A ideia de que a educação resolverá os problemas do país paradoxalmente dá permissão a um espaço discursivo que pode ser reocupado por argumentos por mais investimentos na educação. A Administração Popular usou esse espaço para priorizar a educação para *todos*, em um país onde a educação para os pobres foi decididamente negligenciada. Uma vez que o espaço foi retoricamente reocupado por um discurso de mais investimento na educação, a Escola Cidadã pôde implantar e implantou seus ideais alternativos. Ela pôde trabalhar em uma transformação muito real das prioridades e pôde investir em um projeto com o objetivo de construir uma "democracia densa" que enfoca uma educação emancipatória para os excluídos. Neste processo, a Administração Popular também pôde recuperar e reinventar conceitos como "autonomia", "descentralização" e "colaboração". Embora esses conceitos tenham sido tomados e rearticulados por neoliberais, eles têm historicamente um sentido completamente diferente nos movimentos populares no Brasil. A Administração Popular em si começou a desarticular com sucesso esses conceitos-chave do discurso neoliberal e a rearticulá-los no projeto da Escola Cidadã.

Porém, precisamos estar cientes das complexidades das políticas de movimentos históricos. O fato de que essas desarticulações e rearticulações aconteceram não significa que a Administração Popular ganhou permanentemente a batalha. Como será visto na parte final deste capítulo, os próprios grupos hegemônicos estão constantemente tentando ganhar novamente o sentido de conceitos-chave e reocupar o terreno de políticas educacionais e seus significados. Portanto, a educação permanece sendo um local de luta. Mas é ainda crucial perceber que um bloco hegemônico dominante não pode controlar todos os espaços simultaneamente. Como o projeto da Escola Cidadã mostra, até os próprios discursos de grupos dominantes podem ser rearticulados para favorecer propósitos anti-hegemônicos.

Isso é visível no uso do conceito de cidadania, um "significante deslizante" que pode ser usado tanto por neoliberais quanto por tendências mais progressistas. Este conceito, central ao projeto de Porto Alegre, tem um significado muito específico no Brasil contemporâneo. Não se trata de uma categoria aleatória; ele simboliza as lutas contra tentativas atuais de introduzir lógicas do mercado dentro de cenários públicos tais como a educação. Portanto, uma ênfase na formação de cidadãos dentro de escolas públicas tem de ser lida dentro desse contexto de luta discursiva. A categoria de "cidadania" serve como uma arma discursiva contra as noções rivais de "cliente" ou "freguês", que têm um papel importantíssimo na linguagem do neoliberalismo.

Ela oferece posições do sujeito para identidade e agência muito diferentes do que aquelas oferecidas pela ideia do consumidor em um conjunto de relações de mercado. O sentido político de cidadania foi rearticulado em um conjunto de ideias e práticas mais críticas socialmente, que pretende construir um novo senso comum que é verdadeiramente concentrado no empoderamento coletivo, assim como individual.

Porém, esta não é uma tarefa fácil. Certos discursos ganham efeitos de verdade mais facilmente. Outros não têm acesso a canais de distribuição ou, quando têm acesso, precisa lutar para rearticular conceitos que já foram estabelecidos de modos dominantes. O fato que o governo municipal teve acesso a um grande número de escolas e que as próprias escolas foram sancionadas pelo nível municipal do Estado não significa que a rearticulação ocorreu facilmente. A Administração Popular teve de lutar constantemente contra a habilidade de grupos dominantes de sustentar o controle hegemônico por meio de seu poder de restringir os espaços de visibilidade de alternativas, de usar a mídia para circular leituras negativas das transformações educacionais e sociais nas quais a Administração Popular estava envolvida e ganhar novamente os espaços discursivos que haviam sido reocupados com sucesso pelos grupos e governos progressistas.

Por causa disso é importante perceber que lutas discursivas sobre a educação e seus objetivos que ocorreram em Porto Alegre são significativas. Elas não são epifenomenais, mas têm efeitos reais e materiais. Como mencionado acima, a linguagem da cidadania é usada de uma forma que tenta "acentuá-la" nas lutas sobre significado. Mais uma vez, falar sobre "cidadania" ao invés de "cliente" ou "consumidor" foi um movimento consciente para trazer palavras "políticas" para a arena de discussão pública. Parte do projeto foi trazer para o centro do debate alternativas que haviam sido marginalizadas.

Assim, como veremos na próxima seção, havia e há uma tentativa de trazer ao coração da prática política a ideia – ao contrário do que muitos *experts* diriam – de que comunidades pobres, por exemplo, podem participar na definição de seu destino social por meio de canais criados pela Escola Cidadã. Não só conceitos que eram relegados às margens foram trazidos de volta ao centro da discussão pública, mas, de ainda maior importância, um grupo inteiro de pessoas que eram marginalizadas e excluídas das regalias econômicas, sociais e políticas da sociedade tiveram seu direito por espaço, voz e existência social afirmado. Uma preocupação com a igualdade afetiva torna-se crucial aqui. Para conquistar tudo isso havia uma luta constante para legitimar a experiência da Escola Cidadã, para torná-la socialmente visível, mostrar a discussão sobre a educação em termos diferentes daqueles do neoliberalismo, tirar a educação do âmbito técnico-economista favorecido por suposições neoliberais e impeli-la para um âmbito mais politizado que tivesse como preocupação básica o papel da educação na emancipação social.

Essas transformações criativas afetaram o senso comum. A Administração Popular foi reeleita três vezes. Certas questões já eram e são estabelecidas como estando no centro das discussões eleitorais na cidade de Porto Alegre. Nenhum partido político pode ganhar a eleição em Porto Alegre se não garantir que certos elementos criados pela Administração Popular – tal como participação direta das comunidades nas decisões das escolas municipais – sejam mantidos. Há um novo conjunto de expectativas sobre a relação entre comunidades e o governo municipal, e isso foi incorporado como um novo senso comum da cidade.

Isso também ocorreu em grande parte porque houve um reconhecimento que lutas anti-hegemônicas devem ser capazes de se conectar com a memória popular, com a ideia residual de que há mais de um modo de estruturar a vida social, na qual a exclusão social não é uma realidade diária. No caso de Porto Alegre, onde uma forte história de organização popular e politização da vida diária é parte dessa memória popular, latente no senso comum local, o projeto da Escola Cidadã e sua repolitização da arena educacional, juntamente com a ativação da participação da comunidade, fez exatamente isso. O projeto foi capaz de criar uma conexão com esse elemento residual já presente no senso comum (WILLIAMS, 1977) e não totalmente eliminado da consciência popular por experiências de políticas econômicas e sociais neoliberais. Ao construir relações sociais que realmente recuperam essa participação popular, ele criou um novo senso comum. Altos níveis de participação de pessoas são agora considerados como um novo mínimo para a relação entre o Estado e as comunidades.

Agora que apresentamos o terreno da luta discursiva, examinaremos alguns dos mecanismos institucionais criados para implementar o projeto da Escola Cidadã na realidade do sistema escolar e no cotidiano das próprias escolas.

Criando a "Escola Cidadã"

A educação pública no Brasil é governada de uma forma complexa[39]. Ela é simultaneamente responsabilidade dos governos federal, estadual e municipal. O governo federal é responsável basicamente pelo Ensino Superior. Recentemente uma lei nacional de educação foi aprovada, dando mais responsabilidade para o Ensino Fundamental aos municípios e Para o Ensino Médio aos estados[40]. Entretanto, a lei, na realidade, estabeleceu uma corresponsabilidade dos governos estaduais e municipais, pois um número considerável de escolas estaduais era frequentado por estudantes da escola elementar. Na cidade de Porto Alegre, portanto, a educação elementar está sob a responsabilidade das administrações estadual e municipal. Na realidade, porém, a administração municipal de Porto Alegre é responsável pela Educação Infantil e pelo Ensino Fundamental, e por isso o projeto da Escola Cidadã apenas envolve esses níveis de educação[41].

---

39 Além do sistema público de educação, há numerosas escolas particulares de todos os níveis (Educação Infantil, Ensino Fundamental, Ensino Médio e Ensino Superior).

40 Por educação elementar entende-se os anos ("grades" no sistema americano [N.T.]) 1 a 9 e a secundária 10 a 12.

41 Há duas escolas municipais de Ensino Médio, mas não há intenção de construir mais. Elas são herança da administração anterior.

Historicamente, via de regra, as escolas no Brasil têm pouca autonomia. Na maioria dos estados e cidades não há eleições para o Conselho Estadual ou Municipal de Educação (tradicionalmente uma estrutura burocrática, com membros nomeados pelo poder executivo), muito menos para diretores de escola. O currículo é normalmente definido por secretários de Educação nas cidades e estados. Os recursos são administrados por agências estaduais centralizadas; as escolas normalmente têm pouca ou nenhuma liberdade financeira.

Embora recentemente o Brasil tenha alcançado um nível muito alto de ingresso inicial às escolas (próximo de 95%), os índices de reprovação e evasão são assustadores. Essa realidade marcou o início da Escola Cidadã e de todo o projeto educacional da Administração Popular. Essa nova estruturação educacional possibilitou um grande contraste com as políticas que produziam tais índices. O campo da educação tornou-se central para o projeto da Administração Popular de construir novas relações entre Estado, escolas e comunidades. A Escola Cidadã era organicamente ligada ao processo maior de transformar *toda* a cidade, do qual era considerada a grande parte. Counts e Freire – e até certo ponto Du Bois e Woodson, como veremos em nossa discussão sobre currículo e ensino em uma sessão deste capítulo – eram trazidos à vida.

Todas as escolas municipais de Porto Alegre estão localizadas nas áreas mais pobres da cidade, em comunidades (favelas). A razão disso é que a expansão do sistema ocorreu quando a Administração Popular assumiu em 1989. As escolas eram construídas nas zonas onde havia um claro déficit de instituições e programas educacionais. De fato, algumas das escolas foram construídas como resultado concreto do OP. Várias regiões da cidade priorizaram a educação e, especificamente, uma escola nas discussões que ocorreram em suas assembleias.

Lidando com os excluídos da sociedade brasileira, a Escola Cidadã tinha um projeto claro e explícito de transformação. Ela institui a possibilidade que cidadãos se reconheçam como detentores de dignidade, se rebelem contra a "comodificação" da vida [...]. Na Escola Cidadã, a pedagogia conformista e alienada que sustenta a ideia de que a história é um movimento rigorosamente pré-organizado como uma realização das necessidades capitalistas é negado (GENRO, 1999, p. 10-11).

A base das propostas da Smed pode ser vista nas palavras de um dos secretários de Educação de Porto Alegre.

A Escola Cidadã não é um produto de um grupo de administradores iluminados que formularam e executaram uma "nova proposta". Ela não é também uma construção espontânea, sem intencionalidade [...]. A Escola Cidadã se nutriu e foi inspirada a partir de contribuições teórico-práticas de educadores progressistas acadêmicos, contribuições em escolas públicas e as experiências da luta democrática e transformativa de movimentos sociais. Muitos dos construtores da Escola Cidadã eram atores dos movimentos em sindicatos, comunidades e em trincheiras populares de luta pela redemocratização do país (AZEVEDO, 1999, p. 12-13).

Essa origem política dos coordenadores da Escola Cidadã é um fator importante no componente democrático da proposta. Ele constitui uma das razões que estão por trás do claro compromisso político em construir alternativas participativas e democráticas. De fato, embora a Smed tenha tido um papel essencial na coordenação de ações de escolas e em impelir ideais democráticos, os princípios que guiam oficialmente as ações da Smed foram criados coletivamente, com a participação ativa de professores, administradores escolares e funcionários, estudantes e pais em fóruns institucionalizados de tomada de decisões democráticas.

Para construir os princípios que guiariam as ações da Escola Cidadã, um fórum democrático, deliberativo e participativo foi criado – o Congresso Constituinte de Educação (cf. FREITAS, 1999). Por meio de um longo processo de mobilização de comunidades escolares (usando as lições valiosas aprendidas na mobilização para o processo do Orçamento Participativo), um congresso foi organizado com o objetivo de estruturar os princípios organizadores que guiariam a política para escolas na cidade. A partir do Congresso Constituinte, o principal objetivo normativo para a educação foi definido como uma radical democratização das escolas municipais em três dimensões: democratização da administração; democratização do acesso ao ensino; e democratização do acesso ao conhecimento. Portanto, todas as políticas descritas nos últimos dois parágrafos incorporam várias tarefas discutidas no capítulo 2.

É importante esclarecer que, para a Administração Popular, a democratização da administração *não* era simplesmente uma questão "técnica", mas também uma questão política e ética. Ela envolvia a democratização das relações dentro das escolas, entre a escola e a comunidade e entre a escola e a administração central (Smed). Ela exigia a criação de ambos os mecanismos que permitiam a participação total dos professores, funcionários, pais e administradores na construção de decisões democráticas sobre a educação em Porto Alegre e de um sistema de monitoração que garantisse que decisões construídas coletivamente fossem implementadas. Ela também se baseou no reconhecimento da centralidade da cultura da comunidade como parte das esferas educacionais e administrativas da escola e do sistema escolar. Embora similar aos exemplos de escolas no livro baseado nos Estados Unidos, *Democratic Schools* (APPLE & BEANE, 2007), o objetivo e o processo foram consideravelmente em direção a uma versão verdadeiramente "densa" da democracia crítica que se estendia muito além da escola. Nesse sentido, a democratização da administração envolvia um processo educacional e político claro, porque as agências estatais e as comunidades aprendem juntas a construir novos mecanismos que representam a vontade das comunidades.

Os processos de tomada de decisão e monitoração na educação ocorriam em vários níveis: o estabelecimento de uma política maior para a educação na cidade e uma avaliação constante da mesma; deliberações sobre como investir o dinheiro alocado pela administração central para a escola; e decisões sobre a criação de mecanismos de inclusão que eram abertamente ligados à luta em andamento contra uma sociedade que marginaliza estudantes pobres e lhes nega conhecimento.

A tarefa na qual a Smed teve que se engajar era, assim, complexa. Mas a questão básica era simples: "Como desenvolveremos um projeto transformativo e democrático dentro do aparato do Estado que tem uma lógica que vai na direção oposta da democracia e da transformação?"(AZEVEDO, 1998, p. 309). Portanto, como o ativismo pelos direitos do deficiente discutido no capítulo 1, o Estado em si era o foco principal. Porém, mais uma vez, o projeto em Porto Alegre tinha objetivos muito mais ambiciosos em termos de transformar a própria lógica do Estado e em usar a educação como uma arena em que grandes mudanças na natureza da organização das instituições e poder seriam trabalhadas.

Para implementar esses princípios de democratização no sistema educacional de Porto Alegre, a Smed e a Administração Popular criaram vários mecanismos. A próxima seção examina alguns desses mecanismos.

A configuração da nova escola

A primeira transformação envolveu uma das questões mais urgentes do ensino em todo o Brasil: a exclusão de estudantes. Para democratizar o acesso à escola e ao conhecimento, a Smed implementou uma nova organização para as escolas municipais. Ao invés de manter a estrutura tradicional de séries com a duração de um ano (primeira a oitava no que é chamada de Ensino Fundamental), a ideia era adotar uma nova estrutura chamada Ciclos de Formação.

Os administradores da Secretaria de Educação estavam convencidos de que a questão do acesso às escolas podia ser trabalhada de uma forma muito melhor usando ciclos. Segundo a Smed, "a estrutura de ciclos oferece um modo melhor de lidar seriamente com a reprovação do aluno, porque sua perspectiva educacional respeita, entende e investiga os processos sociocognitivos que os alunos atravessam (SMED, 1999b, p. 11). A ideia era que, usando uma concepção diferente de aprendizado/tempo, a Escola Cidadã não "castigaria" os estudantes por serem "lentos" em seu processo de aprendizado. Nessa nova configuração, a data-limite tradicional – o fim de cada ano acadêmico –, quando os estudantes tinham de "provar" que eles haviam "aprendido", era eliminada em favor de uma organização temporal diferente.

A democratização do conhecimento também foi abordada pela adoção de ciclos. Nas palavras dos desenvolvedores do programa, "os ciclos de formação contribuem para o respeito ao ritmo, ao tempo e às experiências de cada aluno, aprimorando a organização coletiva e a interdisciplinaridade nas escolas" (SMED, 1999b, p. 10). O estabelecimento de ciclos foi uma tentativa consciente de eliminar os mecanismos nas escolas que perpetuavam a exclusão, a reprovação e o abandono, como também a culpa da vítima que acompanha esses mecanismos.

Como os ciclos de formação funcionam na Escola Cidadã? As escolas têm três ciclos de três anos cada, algo que adicionava um ano ao Ensino Fundamental (um ano de Educação Infantil dentro das escolas). Isso torna as escolas municipais responsáveis pela educação dos estudantes dos seis aos quatorze anos. Os três ciclos são organizados com base nos ciclos de vida: cada um corresponde a uma fase de desenvolvimento; por exemplo, infância, pré-adolescência e adolescência. A ideia era agrupar estudantes da mesma idade em cada um dos anos dos três ciclos. Isso tinha como objetivo mudar a realidade da maioria das escolas públicas que servem às classes populares no Brasil. Era uma realidade com a qual a

Smed se deparou quando a Administração Popular começou a governar a cidade – estudantes com múltiplas reprovações dentro de salas de aula destinadas a alunos muito mais novos. Organizando a educação por ano, tendo alunos da mesma idade no mesmo ano do ciclo, a Smed teve como objetivo motivar novamente as crianças com múltiplas reprovações e lutar contra a ideia do senso comum de que há pré-requisitos a serem aprendidos, sem os quais é impossível compreender o próximo conhecimento. Como o secretário de Educação disse, a instituição usando os ciclos de formação é

> a escola reelaborada, com espaço e tempo que são engrenados para o desenvolvimento dos alunos. Crianças e adolescentes são seres em desenvolvimento permanente que não deve ser regido pelo calendário escolar ou o ano escolar [...]. A escola, usando ciclos de formação, vê o aprendizado como um processo no qual períodos ou passos preparatórios não existem; ao contrário, há um processo permanente de desenvolvimento. Ao invés de punir o(a) aluno(a) porque ele(a) não aprendeu, a Escola Cidadã tem como objetivo valorizar o conhecimento já adquirido [...] (AZEVEDO, 2000, p. 129).

Nas escolas que usam ciclos, o estudante progride de um ano para outro dentro de um ciclo; a noção de "reprovação" anual é eliminada. Porém, a Smed entendeu que a eliminação de mecanismos de exclusão não era o suficiente e que sozinha não poderia alcançar o objetivo da democratização do conhecimento. Por causa disso, a Escola Cidadã criou vários mecanismos que tinham como objetivo garantir a inclusão dos estudantes. Ela estabeleceu Grupos de Progressão para os alunos que tinham discrepâncias entre suas idades e o que eles haviam aprendido. A ideia era oferecer a esses estudantes que tinham passado por múltiplas reprovações no passado um ambiente estimulante e desafiador em que pudessem aprender em seu próprio ritmo e preencher as lacunas em sua educação que existiam por causa das múltiplas reprovações. Além disso, os Grupos de Progressão também ofereciam um espaço para que os estudantes que vinham de outros sistemas escolares (de outras cidades ou de escolas estaduais, p. ex.) e tinham passado por múltiplas reprovações recebessem muito mais atenção para que se integrassem nos ciclos, de acordo com suas respectivas idades. Percebeu-se aqui que a escola teve de mudar sua estrutura para se adaptar aos estudantes, e não o contrário, como tem sido historicamente (SOUZA et al., 1999, p. 24-25).

A ideia de construir uma nova estrutura para responder melhor às necessidades dos estudantes era ligada à criação de outra entidade: o Laboratório de Aprendizado. Este era um espaço onde os estudantes com necessidades especiais recebiam atenção individual. Mas era também um lugar onde os professores realizavam pesquisas para melhorar a qualidade das classes normais. Assim, professores eram vistos como indagadores, não simplesmente como parte da máquina que produzia notas de exames mais altas.

Transformando o conhecimento "oficial"

Porém, os ciclos não funcionaram sozinhos. A transformação do currículo também era e é uma parte crucial do projeto de Porto Alegre para construir uma "democracia densa". É importante dizer que essa dimensão não se limita ao acesso ao conhecimento tradicional. O que estava sendo construído era uma nova concepção epistemológica sobre o que também conta como conhecimento. Ela não era baseada em uma mera incorporação de um novo conhecimento dentro das margens de uma sabedoria intacta do "centro da natureza humana", mas uma transformação radical. Na Escola Cidadã, as noções de "centro" e "periferia" no conhecimento eram problematizadas. O ponto de partida para a construção do conhecimento curricular é a(s) cultura(s) das próprias comunidades, não apenas em termos de conteúdo, mas também de perspectiva. Todo o processo educacional tinha como objetivo inverter prioridades anteriores e, ao contrário, servir a grupos historicamente oprimidos e excluídos (cf. APPLE, 2000; FREIRE, 1993). Os ecos de Freire, Du Bois e Woodson são claros.

O ponto de partida desse novo processo de construção de conhecimento era a ideia de "complexos temáticos". Por meio de pesquisa de ação (pesquisa que os professores fazem nas comunidades onde trabalham, envolvendo estudantes, pais e toda a comunidade), os temas principais, que vêm dos interesses e preocupações da comunidade, são listados. Então, os interesses e preocupações mais importantes são construídos em um complexo temático que deve guiar a ação na sala de aula. Isso deve ser feito de uma forma interdisciplinar, durante um período específico. Desta forma, a estrutura disciplinar tradicional rígida é quebrada e áreas gerais de interdisciplinaridade são criadas. Essa ênfase no que foi chamado de classificação fraca e estrutura fraca demonstra que tais propostas para currículos integrados e pedagogias mais responsáveis não precisam ser simplesmente fenômenos da classe média, algo que se assume com muita frequência na literatura de sociologia da educação (BERNSTEIN, 1977).

Deixe-nos dar um exemplo concreto de como isso funcionava. Uma das escolas organizou seu complexo temático na área sócio-histórica para examinar questões diretamente ligadas a um conjunto particular de interesses e problemas da comunidade. No centro do complexo estava a questão do padrão de vida da comunidade. Três subtemas foram listados: êxodo rural, organização social e propriedade. No subtema do êxodo rural, as questões refletiam a origem da comunidade; vivendo agora em uma comunidade (favela), as pessoas vinham do meio rural de todo o Brasil. Essa é uma história comum nas favelas, onde pessoas que não tinham nada nas áreas rurais vêm para a cidade somente para encontrar mais exclusão. Nesse subtema, as questões discutidas foram movimentos de migração, superpopulação das cidades, força de trabalho não especializada e marginalização.

No subtema da organização social as questões foram ordenadas em termos de relações temporais, políticas, espaciais e socioculturais. As questões, mais uma vez, representaram pontos importantes na organização da comunidade: o pragmatismo excessivo e sem crítica de alguns nos grupos locais, associações e OP; questões culturais como religiosidade, expressão corporal, origens africanas, grupos de dança e "escolas de samba". No terceiro subtema – propriedade – as questões eram expressamente ligadas às realidades das condições de vida das famílias de sua comunidade: vivendo em lotes ilegais sem documentação; tendo que lidar com a falta de infraestrutura; e a necessidade constante de lutar pelos seus direitos como cidadãos.

Esse exemplo mostra as transformações reais que estavam ocorrendo no currículo das escolas em Porto Alegre. Os alunos não estavam estudando história ou estudos sociais e culturais em livros que nunca abordavam os problemas reais e os interesses que eles tinham. Por meio de complexos temáticos, os estudantes aprendiam a história começando com as experiências históricas de suas famílias. Eles estudavam um conteúdo social e cultural importante enfocando e valorizando suas próprias experiências culturais. Porém, é importante notar que esses estudantes irão ainda aprender a história do Brasil e do mundo, a "alta" cultura etc., mas tudo isso será visto através de lentes diferentes. Sua cultura não seria esquecida para que eles aprendessem a cultura de "alto *status*". Ao contrário, compreendendo sua situação e sua cultura e valorizando-a, os estudantes eram capazes de aprender *e simultaneamente* ter a oportunidade de transformar sua situação de exclusão. Estudando os problemas (êxodo rural, vida em lotes ilegais etc.) e não parando lá, mas estudando também os pontos fortes da auto-organização (no OP, nas associações de bairro, em atividades e grupos culturais), a Escola Cidadã ajudou a construir alternativas para essas comunidades que sobrevivem em condições terríveis.

Também podemos ver nesse exemplo que o silêncio histórico sobre a raça no Brasil estava sendo desafiado. Trazendo as origens africanas da música (samba) e da religião (candomblé) e discutindo abertamente as práticas racistas no Brasil no processo de construir conhecimento crítico, professores e estudantes estavam aprendendo que o silêncio sobre a opressão apenas ajuda a reprodução da exclusão e do racismo. Quando comparado aos ataques da direita sobre o conhecimento baseado na comunidade no Arizona e em outros lugares dos Estados Unidos atualmente, esse é um processo impressionantemente mais emancipatório. Assim, a Escola Cidadã embarcou em um caminho dual. Ela reconheceu a necessidade de criar canais com poderes em que as pessoas podiam falar abertamente, mas também sabia que, ao mesmo tempo, era necessário desvendar os significados por trás dessas vozes, questionar suas pressuposições ocultas e construir um novo conhecimento. Começando com as ideias da comunidade, era necessário não parar lá, mas, ao contrário, construir conhecimento que luta contra a discriminação, o racismo e a exclusão. Essa experiência supera as formas limitadas de multiculturalismo que são normalmente colocadas no currículo oferecido aos excluídos (GIROUX, 1995; McLAREN, 1995). Esse novo modelo de onde o conhecimento vem não apenas incorpora elementos de "informação étnica", mas também tem como objetivo construir uma nova forma de "conhecimento oficial" (APPLE, 2000) mudando o centro de discussão para as experiências vividas dos despossuídos. Isso é similar, mas vai muito além dos temas críticos que podiam ser observados no currículo de Virgínia, discutido anteriormente neste livro.

Conselhos Escolares

Essas transformações também eram legitimadas por uma política diferente de participação em administração educacional. Conselhos Escolares eram a parte mais central da democratização do processo de tomada de decisão na educação em

Porto Alegre e eram o produto de esforços políticos combinados tanto da Administração Popular quanto de vários movimentos sociais envolvidos com a educação na cidade. Esses conselhos são compostos por professores, funcionários de escola, pais, estudantes (sim, representantes estudantis) e um membro da administração.

Cada Conselho Escolar tem metade das cadeiras para professores e funcionários e metade para pais e estudantes. Uma cadeira era garantida para a administração da escola, normalmente o diretor (eleito por todos os membros da escola), algo para o qual voltaremos brevemente.

A tarefa dos Conselhos Escolares era deliberar sobre os projetos e objetivos gerais da escola, os princípios básicos da administração e a alocação de recursos econômicos. Suas responsabilidades também se estendiam à monitoração da implementação dessas decisões. O(a) diretor(a) e seu time eram responsáveis pelas implementações das políticas definidas pelo Conselho Escolar.

Em termos de recursos, é importante dizer mais uma vez que antes de a Administração Popular assumir havia um orçamento muito centralizado, prática comum em todo o Brasil. Cada gasto (até pequenos gastos diários) tinha de ser enviado à administração central para ser aprovado. Somente então o dinheiro seria enviado à escola ou a agência central adquiriria o produto ou serviço necessário. Com tal estrutura, Conselhos Escolares tinham suas mãos amarradas e não tinham autonomia alguma. A Smed mudou essa estrutura e estabeleceu uma nova política, disponibilizando os recursos para cada escola a cada três meses. Essa medida instituiu a autonomia financeira para as escolas e permitiu que elas lidassem com seus gastos de acordo com os objetivos e prioridades estabelecidos pelo Conselho Escolar. Ao mesmo tempo, tal autonomia deu aos pais, estudantes, professores e funcionários no Conselho uma noção de responsabilidade social ao administrar dinheiro público. Ela também os ensinou a determinar suas prioridades de gasto com *solidariedade* em mente (SMED, 1999c), algo que foi apontado na discussão do capítulo 1 sobre igualdade afetiva.

Juntamente com as tarefas financeiras, o Conselho Escolar tinha várias outras responsabilidades:

III – Criar e garantir mecanismos para participação efetiva e democrática da comunidade escolar na definição do projeto político-administrativo-pedagógico da escola; [...]

VII – Propor e coordenar a discussão na comunidade da escola e votar alterações no currículo escolar, na esfera de atribuições da unidade escolar, respeitando a legislação atual;

VIII – Propor e coordenar a discussão na comunidade da escola e votar alterações metodológicas, didáticas e administrativas nas escolas, respeitando a legislação atual (SMED, 1993, p. 3).

Ademais, o Conselho Escolar também recebeu o poder de monitorar a implementação de suas decisões pelo(a) diretor(a) e seu time (SMED, 1993, p. 3). Assim, o Conselho Escolar era uma estrutura-chave com poder nas escolas. Ele era o principal mecanismo de administração dentro das escolas e suas limitações eram apenas a legislação e as políticas para educação que haviam sido elas próprias coletivamente construídas por meio de processos democráticos. Decisões sobre o currículo deviam ser parte da deliberação. A inclusão de pais, estudantes, funcionários e professores nesse processo era, na maioria dos casos, uma grande inovação do modelo. Este era um exemplo significativo do movimento em direção ao empoderamento de cidadãos das comunidades pobres, pois a escola deveria ter uma autonomia relativamente grande (decisões do Congresso de Educação devem ser implementadas nas escolas, mas esses são limites gerais, não específicos do conteúdo).

É importante perceber que a participação no Conselho Escolar exige um certo nível de conhecimento técnico. Por causa disso, para aprimorar a participação dos pais, a Smed promoveu Reuniões Municipais dos Conselhos Escolares. Tratava-se de um espaço onde pais, estudantes, professores e funcionários adquiriam as ferramentas e o conhecimento necessário para administrar as escolas. Isso também criou uma arena onde os Conselhos Individuais se encontravam e partilhavam seu conhecimento e suas dúvidas, permitindo uma perspectiva maior, além da visão corporativista ou "regionalista", que tende a dominar situações como essas. Além disso, a Smed tinha um programa permanente de "formação" (educação continuada para todos os participantes) dentro das escolas. Isso oferecia um espaço adicional para a educação dos conselheiros. Finalmente, para tornar a participação verdadeiramente substancial, a Smed estimulava a construção de conexões entre conselhos e associações locais e sindicatos. Isso deu aos conselheiros mais representatividade. Em resumo, o processo de educação estava acontecendo não só dentro das salas de aula, mas também em cada instância da escola que envolvia participação democrática.

Embora o Conselho Escolar seja uma instituição democrática notável, há outra estrutura que também garante representatividade. Nas escolas de Porto Alegre, toda a comunidade da escola elege o(a) diretor(a) por voto direto. Assim, aquele(a) responsável pela implementação de decisões do Conselho Escolar é eleito(a), com base no programa que ele(a) articula. Isso ressaltou a legitimidade administrativa na comunidade. O(a) diretor(a), portanto, não é alguém que representa os interesses da administração central dentro dos Conselhos Escolares, mas é alguém com a maioria de simpatizantes dentro de uma comunidade educacional em particular. Mas a responsabilidade da comunidade não acaba com a eleição. Por meio do Conselho Escolar a comunidade escolar também monitora as atividades do diretor e o responsabiliza.

Apesar das possíveis limitações em tais iniciativas populistas, o processo de eleição direta de diretores por toda a comunidade educacional produziu níveis consideráveis de mobilização.

Nas eleições de 1998 para diretores, dados da Administração Popular indicaram que quase 30.000 pessoas votaram. Mais uma vez, isso ofereceu uma parte importante do aprendizado democrático das comunidades, especialmente porque o próprio processo provoca bastante debate sobre as propostas variáveis de como se administrar a escola. A eleição direta daquele responsável por implementar as diretivas criadas pelo Conselho Escolar e um Conselho Escolar que é eleito diretamente pela comunidade escolar, representavam um mecanismo pedagógico que tinha como objetivo gerar e ensinar os princípios da administração democrática no nível local da escola. A própria escola se torna um local onde o processo de transformação social é aprendido e praticado na vida diária. Counts ficaria orgulhoso.

Julgando sucesso

Até este ponto nosso foco foram os processos e mecanismos implementados em Porto Alegre. Porém, uma pergunta importante permanece: Os mecanismos criados são capazes de realizar os objetivos? Aqui podemos apenas oferecer esboços de conclusões, pois as reformas em Porto Alegre estão em andamento e ainda "em formação" – e, como veremos brevemente, foram também sujeitas a um sério questionamento neoliberal.

Obviamente, já oferecemos alguns elementos de avaliação por todo capítulo. A Escola Cidadã, por meio da criação coletiva de objetivos e mecanismos que geram o envolvimento ativo de comunidades, até agora parece ser uma experiência genuinamente transformadora. A Escola Cidadã quebrou a separação entre aqueles que "sabem" e irão "educar" (a administração) e aqueles que "não sabem" e precisam ser "educados". Uma nova forma de pensamento não só sobre a educação, mas também sobre toda a sociedade, esteve em gestação. Aqui o projeto reflete a máxima de Paulo Freire (ele mesmo um membro do Partido dos Trabalhadores) de que "o Partido dos Trabalhadores não pode ser o educador que já sabe de tudo, que já tem a verdade inquestionável em relação à massa popular incompetente que precisa ser resgatada e salva" (FREIRE 1988, p. 17).

A ruptura epistemológica que teve um papel tão grande no experimento também permite o otimismo. O desafio do que conta como conhecimento, do que conta como o centro e a periferia no conhecimento e o que conta como saber representa a essência da proposta educacional. Ao invés de criar programas ou conteúdos multiculturais isolados que têm pouca eficácia no contexto de uma estrutura em grande parte dominante, a Administração Popular tomou grandes passos na criação de uma estrutura, com participação popular, em que a questão da diversidade de culturas tinha espaço para florescer. A Escola Cidadã criou espaços onde práticas multiculturais eram organicamente integradas e não simplesmente adicionadas artificialmente a uma estrutura determinada burocraticamente, que é adversa à "diferença". Para construir um conjunto poderoso e democrático de experiências multiculturais toda a estrutura institucional tinha de ser mudada.

Um exemplo importante é o fato que a Smed criou um contexto em que os problemas de racismo podiam não só emergir como também serem tratados com seriedade. Ao mesmo tempo, a Smed agiu de forma proativa estabelecendo Conselhos Consultivos que podiam discutir rapidamente questões com a comunidade e incorporar novos ideais no currículo e na relação da escola com a comunidade. Isso foi aprimorado pelo estabelecimento e pela participação das organizações populares que eram organizadas em torno de questões importantes de raça, gênero e sexualidade. Uma esfera mais larga de "diferenças" foi levada a sério, permitindo a formação de unidades descentralizadas que foram importantes em discussões anteriores no capítulo introdutório deste livro. E igualmente significativo é o fato de que o conhecimento local foi valorizado e considerado essencial para a qualidade educacional e democrática do projeto.

Essa visão de democracia "densa" é crucial. Como proposto anteriormente, o projeto da Escola Cidadã desafiou radicalmente os papéis da escola tradicional. Nessas escolas transformadas, todos os segmentos da comunidade educacional constroem coletivamente os princípios que guiam suas ações diárias. Mas o projeto não apenas constrói isso como um objetivo; ele assume conscientemente a tarefa de *criar* mecanismos participativos concretos para implementar esses objetivos. Nesse processo, uma nova concepção de respeito à diversidade de culturas é gerado. Desafiando a crença elitista de que pessoas pobres de áreas desfavorecidas ou favelas não podem participar porque são "ignorantes", a Escola Cidadã inverte essa lógica, colocando no centro aqueles que vivem os problemas. Essas pessoas estão em uma posição privilegiada para exercer grandes papéis na construção de alternativas.

Neste sentido, a Escola Cidadã faz grandes avanços em relação à noção *mainstream* de multiculturalismo. De fato, o "multiculturalismo é facilmente despolitizado" (PAGENHART, 1994, p. 178). É exatamente essa despolitização que a Administração Popular quer evitar. O projeto parece caber perfeitamente no que Giroux chama de "multiculturalismo insurgente", em que "todos os participantes têm um papel formativo em decisões cruciais sobre o que é ensinado, quem é contratado e como a escola pode se tornar um laboratório para o aprendizado que nutre a cidadania crítica e a coragem cívica" (GIROUX, 1995, p. 340-341). Mais uma vez, podemos pensar nisso como a neutralização da política regressiva do conhecimento, atualmente em operação em estados como o Arizona, nos Estados Unidos, onde os ataques aos "estudos étnicos" e à política de reconhecimento e representação tornaram-se muito poderosos.

Uma grande diferença aqui é o fato de que os objetivos não são simplesmente as formulações de um time de *experts* na Smed, mas são uma construção democrática e coletiva, com a participação de todos os segmentos envolvidos na educação (incluindo especialmente aquelas pessoas historicamente excluídas de quase todos os processos envolvidos na educação). Como mostramos, tomados em sua totalidade, os mecanismos participativos criados como parte de todo o *design* para reforma pela Administração Popular constituíram modos poderosos de implementar o objetivo da democratização da tomada de decisões e de implementar e monitorar processos nas escolas e na vida educacional da cidade. Precisamos ter clareza de que as questões de responsabilização e evidência eram tidas como importantes. Mas o que elas significavam e como eram implementadas e usadas era fundamentalmente democratizado – e certamente não limitado aos mecanismos profundamente problemáticos como os meros resultados de exames estandarizados.

A Smed claramente queria Conselhos Escolares locais descentralizados para conseguir maiores objetivos para a educação da cidade; mas esses maiores objetivos foram em si conseguidos por meio de um processo democrático. Nesse sentido, o que a Administração Popular estava evitando é uma prática comum no Brasil e em muitos outros países em que o poder é delegado a unidades locais, mas essas unidades são responsabilizadas de acordo com critérios não baseados em decisões democráticas.

A Smed entendeu que a participação é um processo que tinha de ser *construído*. Assim, ela lançou conscientemente um programa que oferecia orientação e educação para que as pessoas pudessem participar com conhecimento do processo de Orçamento Participativo, nos Conselhos Escolares e em outros lugares. Portanto, a transferência do conhecimento técnico era em si uma parte importante do processo (cf. APPLE, 2012). A Smed parece ter reconhecido a observação de Claus Offe de que a superioridade funcional de um novo modelo de participação não resolve por si só todos os problemas envolvidos em grandes reformas democráticas (OFFE, 1995, p. 125-126). Os mecanismos da Escola Cidadã reconstituem os participantes como sujeitos, como atores históricos. Participantes não só estão implementando regras, mas também são parte de um experimento histórico de reconstrução da estrutura do Estado no município.

Isso pode ser visto no fato de que a comunidade escolar pode decidir a alocação dos recursos econômicos. As escolas recebem autonomia na administração de sua parte, mas de modo significantemente mais democrático do que as formas usuais de administração e orçamento escolar. Isso teve um impacto significativo na realidade das próprias escolas. De igual importância, ao contrário de outras partes do Brasil (como também dos Estados Unidos e de outros lugares), onde a descentralização realmente significa um declínio de recursos reais, a descentralização que ocorreu em Porto Alegre não foi acompanhada por uma alocação de recursos menores. Esse processo produziu efetivamente um verdadeiro empoderamento dos Conselhos Escolares e não – como na maioria dos casos no resto do país – uma mera transferência formal de responsabilidade das agências centralizadas para as unidades locais, uma transferência que levou frequentemente as unidades locais a cortarem programas necessários. Tal descentralização é normalmente uma parte das estratégias de legitimação do Estado regional ou nacional enquanto o Estado exporta a crise fiscal para unidades menores (APPLE, 2000, 2012).

Ainda temos de questionar, entretanto, se tais processos participativos e mudanças de currículos tiveram efeitos reais e substanciais em questões como exclusão escolar. Embora os dados sejam limitados, eles parecem de fato mostrar uma melhoria significativa em termos de qualidade. Desde que assumiu a educação, em 1989, a Administração Popular aumentou o número de escolas em mais de 220%. O número de alunos matriculados aumentou de 24.332 em 1989 para mais de 50.000 em 1999. Mas, sem dúvida, os sucessos da Escola Cidadã podem ser medidos pela queda acentuada da evasão escolar. Em 1989, a porcentagem de evasões (e lembre-se que estamos falando sobre Ensino Fundamental) era um assustador 10%. As consequências disso para crianças já desprivilegiadas e excluídas eram verdadeiramente terríveis. Pela ênfase da Escola Cidadã no envolvimento dos pais e dos estudantes, na transformação do currículo, na educação dos professores e em outros mecanismos similares, a Smed reduziu a taxa de evasão para 0,97% em 1998. Isso é claramente uma das conquistas educacionais mais importantes do projeto. Se as crianças ficassem na escola, obviamente as novas propostas curriculares poderiam de fato atingi-las (SMED, 1999a).

Outro fato revelador foi a quase inexistência de vandalismo na maioria das escolas municipais. Vandalismo escolar era um problema sério na maioria das escolas públicas (e ainda é nas escolas estaduais). A participação ativa da comunidade na administração das escolas e seu uso como um espaço para a comunidade criou um senso de responsabilidade e aumentou a noção de que objetos públicos são propriedade de todos. O fato de que muitas das novas escolas eram fruto do OP tornou a escola "deles" também.

Problemas em potencial

Apesar de até aqui termos sido muito positivos em nossa avaliação do projeto, não queremos ser românticos. Embora os mecanismos e o currículo construídos pela Escola Cidadã tivessem um grande potencial para criar uma educação que ajudasse a incluir os excluídos historicamente, há vários problemas em potencial que precisam ser cuidadosamente examinados.

Uma questão em potencial é a possibilidade de recriação de hierarquias dentro dos ciclos, que representavam uma inovação bem pensada. Eles permitiam que os estudantes ficassem na escola, combatendo, assim, sérios problemas de evasão. A estrutura geral também permitia uma construção mais integrada do conhecimento, que valoriza o conhecimento que os estudantes trazem de sua comunidade. Porém, deveremos dar um passo para trás e perguntar se partes dessa estrutura poderiam levar à produção de novas hierarquias de estudantes dentro do ciclo. Embora eles fossem vistos como temporários, os grupos de progressão tinham o risco de criar um grupo de estudantes de "segunda classe".

Outro problema em potencial do projeto da Escola Cidadã é relacionado à questão da classe social. O Partido dos Trabalhadores tem suas raízes historicamente em uma concepção marxista de primazia de classe. As relações de classe são, é claro, centrais para economias capitalistas. Porém, partes da tradição marxista foram acusadas (corretamente, acreditamos, em muitos casos) de escolher classe não só como a categoria central, mas como a única categoria de análise, subordinando assim outras formas de opressão à classe (cf. APPLE, 1986; APPLE & WEIS, 1983). Portanto, no material produzido pela Administração Popular havia várias referências explícitas à opressão de classe – e com razão – mas havia poucas referências, por exemplo, à opressão racial, um grande elemento dentro da sociedade brasileira. Por causa do silêncio relativo do documento sobre raça pode haver um sinal que mesmo agências estatais orientadas progressivamente podem ainda ser dominadas por aqueles que acreditam que a luta com sucesso em torno somente de questões de classe resolverá todos os problemas de opressão. Isso ignora as especificidades da opressão racial, que não são totalmente reduzíveis a classe (cf. APPLE; AU & GANDIN, 2009; DYER, 1997; FINE; WEIS; POWELL & WONG, 1997; GILLBORN, 2008; LEONARDO, 2009; LIPMAN, 2011; OMI & WINANT, 1994).

Isso se torna mais importante devido às especificidades raciais da cidade e da região. Na "mais branca" das regiões do Brasil, ecoando argumentos de Du Bois e Woodson, o "aspecto branco" das práticas escolares tem de ser discutido e desafiado se a transformação tiver de acontecer. Embora os documentos analisados pareçam mostrar que esse processo de exame de suposições, políticas e práticas racializadoras está sendo lentamente construído nas escolas de Porto Alegre, mais pesquisa, preferentemente etnográfica, sobre as políticas do branco (GILLBORN, 2008; LADSON-BILLINGS, 2009) seria necessária para avaliar essa construção.

Além disso, em termos de gênero e sexualidade, em uma região do Brasil onde a "virilidade" masculina e formas específicas de masculinidade são enfatizadas por causa da sua associação com o tradicional gaúcho (o *cowboy* brasileiro), as consequências para questões dos papéis masculinos/femininos e orientações sexuais "tradicionais" deveria ser óbvia (CONNELL, 1995). Mais uma vez, não há evidência suficiente, pelo material examinado, para avaliar o projeto nessa área.

Para a Smed esses problemas em potencial não passaram desapercebidos. Como demonstramos, há algumas evidências de que experimentos práticos da Escola Cidadã de fato incorporaram questões de raça em seus complexos temáticos. Adicionalmente, os vários mecanismos de educação continuada de professores nas Escolas Cidadãs ofereceram e oferecem lugares onde discussões explícitas de raça, gênero, sexualidade e "habilidade" são levantadas, criando, assim, espaços teóricos para a construção de novas práticas que desafiam os silêncios sobre esses temas. Esses movimentos representam sinais positivos na política de reconhecimento, no sentido de que os membros das comunidades escolares estão usando os canais abertos para problematizar as questões da vida diária, questões que certamente incluem momentos de preconceito e racismo. Também é verdade que a Administração Popular teve vários conselhos consultivos (com orçamento, estrutura e poder de agir) que tinham a tarefa explícita de levantar os temas de gênero, raça, sexualidade e religiosidade com deficiência, também se tornando claramente uma grande parte dos temas discutidos.

Portanto, embora esses problemas potenciais não devam ser desconsiderados, há razões para acreditar que espaços abertos para organizações populares tenham sido criados, tais como a habilidade do crescente movimento ativista entre afro-brasileiros, movimentos sociais da mulher e organizações de *gays* e lésbicas de operar e exigir de agências estatais a inclusão de questões que acreditamos que deveriam ser parte dos ideais defendidos por todo cidadão que luta contra a opressão.

De igual importância, entretanto, é outro possível problema para o projeto. É a possibilidade de que participantes que tiveram historicamente mais poder dominem os Conselhos Escolares e outros mecanismos de participação popular. Essa é uma questão séria que não deve ser colocada em segundo plano, considerando as experiências com tais experimentos em outros lugares. Porém, pensamos que o caso de Porto Alegre tem alguns atributos específicos que podem diminuir a probabilidade de isso ocorrer. Em primeiro lugar, as escolas municipais são todas situadas nas áreas mais pobres de Porto Alegre. Portanto, os casos clássicos de pessoas de classe média dominando as discussões (cf. McGRATH & KURILOFF, 1999) têm sido evitados porque, via de regra, não há pessoas de classe média nas regiões onde as escolas estão situadas. Considerando a crescente segregação residencial por classe e raça em muitas nações, esse é um problema que merece maior discussão (cf. DAVIS, 2006). Mas, é claro, isso também pode ter facilitado a instituição de transformações criticamente democráticas. Grupos dominantes podem ser menos aptos a se opor a tais movimentos quando estão limitados pelos "outros" da sociedade.

Dois estudos anteriores sobre o processo de Orçamento Participativo em Porto Alegre ofereceram alguma evidência indireta (ABERS, 1998; SANTOS, 1998) e um estudo ofereceu evidência empírica direta (BAIOCCHI, 1999) para mostrar que não houve dominação de grupos poderosos nos processos deliberativos. No OP há paridade de gêneros entre os participantes nas reuniões e a proporção de pessoas "menos educadas" corresponde à média da cidade (BAIOCCHI, 1999, p. 7). Embora seja verdade que houvesse mais homens e pessoas educadas falando nas reuniões, a pesquisa também mostrou que o principal fator era o número de anos de participação. Havia uma curva de aprendizado que encorajava as pessoas com mais anos de participação a falar. De fato, a "participação com o tempo parece aumentar a paridade de participação" (BAIOCCHI, 1999, p. 10). Essa é uma conclusão muito encorajadora, que nos leva a ser otimistas sobre o processo, especialmente considerando seus objetivos pedagógicos conscientes.

Dito isso, nenhum dado sobre a composição dos vários mecanismos da Escola Cidadã em si ainda está disponível e, portanto, não podemos avaliar completamente se esse problema em potencial surgirá com o tempo em partes especificamente relacionadas à escola no experimento de Porto Alegre. Não há dados sobre a corrida dos participantes ou se os professores – por causa de seu conhecimento técnico "interno" – tiveram papéis mais dominantes em vários fóruns e conselhos. Isso certamente merece mais atenção.

Outra questão em potencial precisa ser mencionada. O próprio fato de que todo o projeto era baseado em um engajamento ativo dos cidadãos poderia ter sérias consequências em termos de sustentabilidade. Porque a administração da cidade estava usando a participação dos cidadãos em todos os lugares onde um processo de tomada de decisão de políticas era necessário, o requisito para o engajamento ativo dos membros da comunidade se multiplicou. Havia e há dezenas de lugares onde um cidadão ou ativista ativo e envolvido era convidado a contribuir com sua perspectiva. Isso podia gerar uma "sobrecarga" para aqueles que já integravam outros locais de deliberação. Quantas horas uma pessoa da classe trabalhadora, com dois ou três empregos necessários para alimentar sua família, pode alocar para instâncias deliberativas? Os níveis de engajamento ativo com instituições participativas podem ser mantidos com o tempo? Nosso próprio envolvimento em trabalhos políticos e educacionais desse tipo e os intensos compromissos de tempo que isso exige nos levam a nos preocupar se tal envolvimento pode ser mantido.

Porém, mais uma vez, nossas preocupações são amenizadas pelo fato de que, quando a Administração Popular estava no poder, eles pareciam estar tentando lidar com esses problemas em potencial de maneira proativa. No início dos anos de 2000, testemunhamos um *aumento*, não uma queda, na participação dos mecanismos democráticos que haviam sido colocados pela Administração Popular. Os agentes comunitários da administração da cidade estimulavam constantemente o envolvimento de indivíduos e de associações de bairro. Havia um esforço integrado para gerar um envolvimento ativo das comunidades nas definições das direções que a cidade escolheria tomar, pois a ideia de participação não era isolada na ação de uma secretaria, mas era algo incorporado às práticas diárias da administração da cidade como um todo. Se é verdade que isso poderia exigir demais das comunidades acostumadas a serem somente recipientes de políticas e que poderia especialmente sobrecarregar ativistas já envolvidos em locais existentes de tomada de decisão, também é verdade que a administração da cidade teve uma política agressiva de envolver ativamente e educar novos participantes. Essa política teve muito sucesso. Os resultados visíveis da participação – traduzidos na taxa extremamente baixa de evasão e melhor educação para as crianças da comunidade, como no caso dos Conselhos Escolares – são as melhores garantias, tanto da possibilidade de manutenção quanto da criação de uma nova geração de participantes.

Tudo isso não deve nos tornar exageradamente otimistas. É importante notar que, por causa do sucesso eleitoral da Administração Popular, as forças hegemônicas conservadoras anteriores responderam com um vigor renovado. Houve uma grande reorganização das forças de centro-direita na cidade para desafiar as políticas do Partido dos Trabalhadores. Como veremos na seção final, essas tentativas tiveram sucesso parcial. Não se deve minimizar a força da possível coligação centro-direita que foi formada para derrotar a Administração Popular e seu programa abrangente de reformas. Como vimos repetidamente em outros contextos, movimentos de direita conseguiram mobilizar com sucesso em torno de questões de reação racial, preocupações econômicas e sentimentos antigovernamentais (APPLE, 1996, 2000, 2006). A Administração Popular foi derrotada recentemente. Resta saber se a vitória de seus oponentes terá o forte efeito em dar legitimidade e permanência àquelas questões mais conservadoras em Porto Alegre.

Como um problema final, pode-se perguntar como uma administração municipal foi capaz de implementar uma política educacional que claramente se opunha a muitos aspectos das políticas nacionais do Brasil, políticas que foram altamente influenciadas por impulsos neoliberais. Aqui é mais uma vez importante notar as rearticulações que foram criadas pela Administração Popular. Seguindo a receita prescrita por aqueles que defendem práticas neoliberais, a estrutura de educação no Brasil foi largamente descentralizada para as municipalidades. Como outras áreas, aqui também a Administração Popular explorou e expandiu esses impulsos ao máximo para criar um sistema educacional que desafiava os modelos tradicionais de educação que fracassavam consistentemente. Nesse sentido, o governo federal da época não podia fazer muita coisa para interferir no projeto de educação que estava acontecendo em Porto Alegre. Porém, também reconhecemos que atualmente há uma tendência cada vez mais forte de introduzir exames nacionais no Brasil. A combinação de políticas neoliberais e neoconservadoras a que tal exame está relacionado em um nível nacional poderia potencialmente influenciar o grau de autonomia das municipalidades e estados na implementação de políticas educacionais dominantes. Isso é algo que teremos de acompanhar de perto no futuro próximo.

O que o futuro guarda?

Neste capítulo, buscamos situar os processos de política e reforma educacional em um contexto sociopolítico maior.

Descrevemos os modos pelos quais um conjunto de políticas tiveram o que parece ser efeitos extensivos e duradouros *porque* eles são ligados coerentemente a uma dinâmica maior de transformação social e a um conjunto coerente de políticas e práticas que têm como objetivo mudar os mecanismos do Estado e as regras de participação na formação de políticas estatais. Tudo isso tem implicações cruciais sobre como podemos pensar sobre a política da educação e seu papel dialético na transformação social (APPLE, 2010). Porto Alegre é um grande caso de estudo para responder à questão: "A educação pode mudar a sociedade?"

A Escola Cidadã tem sido importante não só como um modo de dar a uma população pobre uma educação de qualidade que os possibilitará ter uma chance melhor no mercado de trabalho remunerado e ao mesmo tempo operar como cidadãos com poder, mas também porque ela gerou formas estruturadas de "educar" comunidades para organizar e discutir seus problemas *e* para agir por eles mesmos através dos canais de participação e deliberação. No processo, ela também "educou" as agências estatais. O OP, o Congresso Municipal da Educação, a Nova Configuração Educacional de Escolas e os Conselhos Escolares ajudaram – juntos – a criar o início de uma nova realidade para os excluídos. Eles instituíram uma nova liderança, promoveram o engajamento ativo das comunidades com as próprias situações da comunidade e levaram à participação muito mais ativa na construção de soluções desses problemas.

Apesar dos problemas em potencial que discutimos acima, somos o que pode ser chamado de "otimistas sem ilusões" sobre o impacto duradouro das suas iniciativas democráticas e sua construção de uma educação mais diversa e mais inclusiva. Sozinha, a Escola Cidadã tem tido muito sucesso na inclusão de uma população inteira que, se não fosse por esse projeto, estaria fora das escolas e ainda mais excluída de uma sociedade já ativamente exclusiva, mesmo com os ganhos que vieram durante a administração do Presidente Lula. Mas o aspecto educativo maior da Escola Cidadã – dar poder a comunidades pobres onde elas estão situadas e transformar as escolas e o que conta como "conhecimento oficial" – também é significativo. Junto com o OP (com os efeitos cumulativos trazidos pelo processo de Orçamento Participativo), ela representa novas alternativas na criação de uma cidadania ativa – que aprende de suas próprias experiências e cultura – não só agora, mas também para gerações futuras. Por essas razões, acreditamos que as experiências de Porto Alegre têm uma importância considerável não só para o Brasil, mas também para todos nós que temos uma profunda preocupação com os efeitos da reestruturação neoliberal e neoconservadora da educação e da esfera pública em geral. Há muito o que aprender com as lutas de sucesso de lá.

Porém, tendo dito isso, temos ainda que ser honestos. As seções anteriores deste capítulo enfocaram as políticas e práticas ambiciosas que foram instituídas em Porto Alegre. Mas não podemos ignorar e devemos elogiar criticamente a situação atual do sistema educacional de Porto Alegre. A frase conhecida de Gramsci, "Pessimismo do intelecto, otimismo da vontade", tem um poder de retórica, de nos lembrar que transformações sociais e educacionais que parecem improváveis podem ser conquistadas por meio de longos e duros esforços. Porém, isso às vezes funciona como uma desculpa para não pensar no que precisa ser feito e no que a história nos ensinou. Acreditamos que a honestidade e um senso de complexidade sobre contradições e possíveis espaços – e sobre as perdas que podem ocorrer – também nos ensinam algo.

Um de nós acompanhou de perto a situação recente e encontrou muitos sinais encorajantes de que muitos dos princípios da transformação que começou durante a Administração Popular não se perderam. A abertura das escolas para as comunidades e a ética do cuidado e solidariedade com as crianças e seus vários problemas sociais ainda são fortes nas escolas. O senso das escolas como uma referência para as comunidades e como um espaço que eles consideram como seus está vivo e visível. Porém, há desafios sérios às políticas e práticas que foram implementadas, desafios que ameaçam a qualidade da experiência como um sistema educacional socialmente justo. Examinaremos brevemente dois dos principais problemas nas escolas municipais de hoje que expandem o que discutimos nas seções anteriores.

O primeiro deles é relacionado a conselhos escolares. Nas escolas (quatro escolas em diferentes partes da cidade) sendo pesquisadas atualmente por um de nós, a situação dos conselhos escolares não é muito encorajante. Em algumas escolas não há pais ou estudantes o suficiente participando das reuniões. Mas escolas que têm conselhos nos quais todos os membros são eleitos, estes raramente se encontram, e quando se encontram a maioria deles parece ratificar decisões tomadas pela administração escolar ou até mesmo simplesmente aprovar orçamentos dos relatórios financeiros da administração. Nessas quatro escolas é difícil ver decisões importantes sendo assumidas pelo conselho ou mesmo um conselho escolar ativo e participativo. Isso é sério, pois os conselhos escolares são o portão oficial para os interesses dos pais e estudantes nas escolas.

O segundo problema é relacionado ao currículo. Quando os Ciclos de Formação foram estabelecidos pela Administração Popular, forças de oposição alegaram que os ciclos ofereciam uma educação menos rigorosa para os estudante mais pobres, especialmente por causa da política de não reprovação. Há forte evidência mostrando que esse não foi o caso durante a Administração Popular (GANDIN, 2002). Avaliação rigorosa, juntamente com mecanismos como o Laboratórios de Aprendizado, significava que o currículo que era construído e que levava o conhecimento e as preocupações da comunidade em consideração estava garantindo que os estudantes aprendessem – em um ritmo diferente, de fato – o que estava sendo ensinado. Em uma série de visitas recentes a essas quatro escolas é possível sentir um tom diferente. Uma escola em particular, na qual a grande maioria dos professores se identifica com as políticas da Administração Popular, oferece um exemplo do que se tornou um problema sério. Tem havido grandes dificuldades em transformar a escola em um lugar onde as crianças sejam desafiadas intelectualmente *e onde* elas sejam cuidadas e se sintam protegidas. Como foi mencionado acima, isso é algo muito importante, especialmente nessas comunidades em que o tráfico de drogas rouba a vida de um grande grupo de crianças e adolescentes.

Entretanto, precisamos ter cuidado com essa crítica, pois as escolhas que os diretores e os coordenadores de currículo enfrentam são extremamente difíceis. Muitos deles têm devotado toda a sua energia para criar um ambiente em que as crianças se sintam bem-vindas e sejam tratadas como seres humanos de valor, algo que não ocorre em outros locais que frequentam. Um de nós documentou o dilema (embora sem a conotação política especificamente brasileira presente neste exemplo) que muitas professoras particularmente enfrentam entre "profissionalismo" e cuidado (APPLE, 1986), mostrando os riscos ao trabalho dos professores e aos alunos. Essa é uma situação ainda mais difícil em Porto Alegre; pois paradoxalmente, mesmo quando não se trata de uma escolha deles, ao se concentrar em "cuidados", esses diretores e coordenadores de currículo em Porto Alegre não reforçam a mensagem acadêmica de que todas as crianças podem aprender. Assim, precisamos assegurar que uma pedagogia baseada no que foi chamado de "igualdade afetiva" no capítulo 1 não interrompa movimentos igualmente importantes de desafiarem tanto o que conta como conhecimento oficial quanto construir identidades dos alunos que os possibilitem ver suas relações reais com uma sociedade desigual. Aqui, mais uma vez, o alerta de Nancy Fraser sobre o fato de que política e processos transformativos diferentes podem às vezes se interromper, é importante.

Em visitas a essas escolas, houve um senso claro de que os professores não estavam exigindo muito dos alunos, academicamente, ou mesmo enviando mensagens claras que eles estavam vindo de um ambiente que os condena a ficar onde estão. (Uma professora disse que ela não passava lição de casa porque os professores acreditavam que aqueles cadernos não voltariam ou voltariam sujos ou danificados devido às condições de vida das crianças e à falta de cuidado dos pais.) Combatendo a tradicional imposição de conteúdo e aplicando uma abordagem mais freireana de ser rigoroso com o processo de construção de conhecimento, há o perigo de recriar uma situação em que, nos termos de Freire, estudantes pobres são "segregados em sua linguagem". Freire continua:

> Ao romantizar em excesso a linguagem dos estudantes de forma que os desencoraje a adquirir discursos múltiplos, incluindo o discurso "padrão" da sociedade dominante em que eles vivem, os professores correm o risco de acabarem presos em uma pedagogia de "bem-estar" que passa como sendo progressista. Se eles fizerem isso, os professores não estão se engajando com seus estudantes em um processo mútuo de libertação (FREIRE, 1997a, p. 305-306).

Esse perigo é exatamente o que a Administração Popular e a Smed lutaram expressamente contra, com suas políticas curriculares. Entretanto, a administração educacional atual que substituiu a Administração Popular começou um processo de tentativa de estabelecer centralmente um currículo mínimo para cada ciclo de um ano. Isso obviamente fica em direta oposição ao currículo localizado da Administração Popular. Observando de perto os desenvolvimentos em torno dessa proposta de mudança será crucial, para entender a direção, que critérios a administração atual tomará para as escolas. Também serão cruciais as reações a essa proposta das próprias escolas e dos educadores, comunidades e estudantes que foram transformados por políticas e práticas mais criticamente democráticas, institucionalizadas pela Administração Popular.

Os problemas mencionados acima não são pequenos obstáculos. Será claramente importante continuar acompanhando essas escolas para ver o que acontece com esses e outros problemas de continuidade na experiência de Porto Alegre. A questão então é dupla: temos de perguntar não apenas: "A educação pode mudar a sociedade?, mas também precisamos perguntar: "Essas mudanças podem perdurar?"

Algumas lições de Porto Alegre?

Em 1º de janeiro de 2005, uma nova coligação assumiu o poder, terminando o mandato de dezesseis anos do Partido dos Trabalhadores e da Administração Popular na Prefeitura de Porto Alegre. Durante a campanha era impossível não notar que o candidato que logo seria vitorioso, José Fogaça, dizia constantemente que "manteria o que era bom e mudaria o que não era". Ele prometeu que não tocaria no Orçamento Participativo que ele rotulou como "uma conquista para a cidade".

Durante a campanha houve ataques sobre o modo como as escolas municipais organizavam as horas para o aprendizado. A oposição do PT alegava que a educação em Porto Alegre não era tão forte quanto era no passado, por causa da política de não reprovação das escolas. Em sua plataforma educacional, Fogaça incluiu a ideia de "revisar a política de ciclos escolares". Entretanto, logo após a eleição, uma pesquisa foi feita com os professores de escolas municipais e a grande maioria disse que queria que os ciclos ficassem. Em entrevistas feitas por um de nós com professores que trabalhavam na Secretaria de Educação na época, o grande apoio aos ciclos foi uma surpresa para a nova administração e eles decidiram manter a política dos ciclos.

A nova administração assumiu uma abordagem distante, deixando as escolas abertas para decidir sua organização curricular. Ela não impôs, como as administrações do PT haviam feito, os Complexos Temáticos ou a pesquisa nas comunidades como peças centrais da elaboração do currículo. Essa era uma estratégia para destruir a política do PT sem confrontá-la abertamente, pois muitos professores se identificavam com a Administração Popular. Ao não transmitir nenhuma política clara para as escolas, a atual administração acabaria esvaziando a proposta anterior de significado. De fato, a grande maioria de escolas começou a organizar o currículo sem recorrer ao Complexo Temático.

Entretanto, e isso é muito significativo para ambas as questões que acabamos de notar, esse mesmo grupo de escolas *não* voltou para a tradição centrada no conteúdo prevalente antes dos governos do PT estarem no poder. Muitas escolas vêm usando "temas gerativos" freireanos (FREIRE, 1993) pesquisados ativamente pelos alunos por meio de projetos (cf. HERNANDEZ & VENTURA, 1998). Isso mais uma vez ratifica o poder continuado das influências de Freire indicadas no capítulo 2. Pode-se, é claro, dizer que os projetos envolvendo tais temas gerativos não eram os mesmos do Complexo Temático, tido como prioridade pela Administração Popular. Para esta, o Complexo era o modo ideal de lidar com as dificuldades de leitura da palavra e do mundo simultaneamente. Mas outro modo de ver isso é que as escolas de Porto Alegre aprenderam a lição sobre a necessidade de construir o currículo local e democraticamente de um modo profundo. Se por um lado elas não estão necessariamente repetindo e/ou reinventando o que a Administração Popular concebeu, por outro elas estão claramente mantendo os princípios intactos.

Esta é apenas uma indicação que, apesar da oposição de grupos de escolas e professores durante o mandato da Administração Popular, após o fim do governo do PT, a maioria das escolas manteve a estrutura básica da proposta. Professores dizem abertamente em entrevistas que eles sentem falta de ter uma administração com uma visão clara para a educação, mesmo não concordando com todos os princípios que eram colocados.

Talvez uma das lições mais importantes de Porto Alegre é que o Estado era absolutamente necessário para institucionalizar as mudanças e proteger as escolas dos interesses neoliberais internacionais e nacionais. Mas essa lição não poderia existir sem outra. A transformação real vem quando o Estado não é mais a origem das transformações. Quando os professores nas escolas começam a viver a premissa da democracia, quando eles constroem o currículo com os estudantes e comunidades, aquela transformação real e duradoura ocorre (cf. tb. APPLE & BEANE, 2007).

No Documentário *Žižek!*, durante uma palestra na Argentina, Slavoj Žižek diz o seguinte sobre utopia:

> A verdadeira utopia emerge quando não há modos de resolver a situação dentro das coordenadas do possível, e pelo puro instinto de sobrevivência você tem de inventar um novo espaço. A utopia não é uma imaginação livre; a utopia é um assunto da mais íntima urgência; você é forçado a imaginar outra coisa como a única saída.

Esta concepção de utopia parece se aplicar perfeitamente ao caso de Porto Alegre e suas transformações sociais e educacionais. De lutas reais em tempos autoritários, da impossibilidade de construir relações socialmente justas na cidade dentro de padrões prevalentes da relação do Estado/comunidade e da estrutura institucional dominante, a Administração Popular foi forçada a imaginar e a agir em termos utópicos. Eles tiveram de fazer – e então agir – algumas das perguntas mais cruciais que podem ser levantadas em uma época de interesses neoliberais e neoconservadores: E se a democracia fosse realmente implementada? E se os cidadãos mais pobres da cidade pudessem decidir onde o dinheiro público seria investido? E se as áreas mais pobres recebessem escolas totalmente novas e os professores mais bem pagos do Estado? E se a noção pedagógica de que todos podem aprender na escola fosse implementada? E se o que conta como conhecimento fosse revistado criticamente e a organização escolar fosse reconstruída com base nessa noção?

Levando a sério muitas das tarefas que foram discutidas anteriormente e incorporando um conjunto de visões que eram parte do que guiava os números e movimentos nos capítulos históricos deste livro, o sistema educacional de Porto Alegre ofereceu uma alternativa real ao aparente consenso de que a reforma educacional deve ser baseada nos mercados, gerencialismo, responsabilidade econômica, competição e escolha. Mas isso não é uma utopia que vem da "imaginação livre". Isso emerge do concreto para criar um sistema educacional socialmente justo, que era e é intimamente ligado a uma visão da sociedade que não é baseada em noções evisceradas de "democracia magra", tão amadas pelos neoliberais. As bases, ao contrário, estão na rica história de ideias e políticas baseadas em concepções totalmente participativas da "democracia densa" (cf. tb. WRIGHT, 2010).

O sistema certamente teve muitas falhas e contradições em sua implementação, mas o que ele tem a oferecer é a ideia radical de que é possível romper com um consenso falso (e às vezes forçado), abrindo assim o espaço para um novo imaginário social e educacional. Ele mostra que novas estruturas educacionais são verdadeiramente possíveis dentro de sistemas educacionais existentes se movimentos sociais e alianças políticas forem construídos, desafiando um senso comum já aceito e começando a criar um novo. E ele demonstra que as tarefas que foram discutidas no capítulo 2 têm de ser assumidas de modo verdadeiramente coletivo, para que o sucesso seja possível.

6
A "walmartização" da América
Mudança social e ação educacional

Projeto social de quem? Educação de quem?

Capítulos anteriores deste livro enfocaram ações anti-hegemônicas e vários estudiosos/ativistas, educadores ativistas e movimentos educacionais, histórica e atualmente, nacional e internacionalmente. A ênfase foi, de muitas maneiras, sobre os modos pelos quais muitas pessoas reagiram e podem reagir a relações dominantes. Porém, não sejamos inocentes. Como mostrei detalhadamente em outro trabalho (APPLE, 2000, 2006), não estamos *sozinhos* em agir no espaço de mudar as conexões entre educação e outras grandes instituições na sociedade. Este capítulo nos traz de volta a algumas preocupações que levantei em meu capítulo introdutório: as reconstruções neoliberais e neoconservadoras de nossas instituições, de nosso senso comum, dos significados associados à democracia e de nossas próprias identidades. Ele retrata um exemplo em profundidade. Este é um exemplo menos conhecido, mas envolve um movimento muito importante e de sucesso, para também usar a educação para mudar a sociedade. Mas aqui as alterações são destinadas a transformar nossas escolas e a mídia, para que elas estejam mais intimamente conectadas às necessidades de alguns dos elementos mais poderosos da sociedade corporativa. E não se trata definitivamente de um movimento que Freire, Counts, Du Bois, Woodson ou das pessoas que trabalharam duro para criar uma abertura em direção a uma "utopia real" em Porto Alegre achariam satisfatório, para dizer o mínimo.

Como Gramsci nos lembrou, grupos dominantes livram-se dos elementos de *bom-senso* que as pessoas têm (GRAMSCI, 1971), livram-se da compreensão e discernimento parcial do que está acontecendo em suas vidas e comunidades. Isso é exatamente o que aconteceu – e continua a acontecer – aqui.

A história que conto neste capítulo é importante por várias razões. Mas talvez a mais importante questão que este capítulo levanta envolve uma pergunta que devemos sempre fazer: "*Quem* está usando a educação para mudar a sociedade?" Normalmente quando progressistas pensam sobre essa questão, eles tendem a assumir que são forças progressistas que estão envolvidas na transformação social. Como vimos no capítulo anterior, isso é frequentemente o caso, é claro. Mas, com a mesma frequência, são consideravelmente mais movimentos e instituições conservadoras que estão engajados com sucesso nesses esforços. Deixe-me basear na análise perspicaz de Bethany Moreton sobre as relações complexas entre transformações econômicas, o crescimento do empreendedorismo cristão, mudanças no trabalho marcado por gênero e ideologias conservadoras, pois ela introduz o caso em questão (MORETON, 2009); ela dirige minha atenção ao gigante econômico Wal-Mart®.

Moreton enfoca o desenvolvimento histórico do Wal-Mart® e usa-o como alavanca para abrir uma teia complexa de conexões que cimentam em nosso senso comum concepções radicalmente diferentes da relação de uma pessoa com o mercado, de religião e "serviço", da legitimidade de novas formas de gerencialismo e de códigos de gênero de masculinidade e feminidade. Nesse processo, ela também demonstra os papéis cruciais que as íntimas ligações do Wal-Mart® e de outras corporações com instituições religiosas conservadoras, incluindo faculdades e universidades cristãs evangélicas conservadoras, tiveram na mudança da cultura do Wal-Mart® e do conhecimento do que era considerado importante para estudantes nessas instituições de ensino superior e em escolas elementares e secundárias.

Todos esses elementos devem ser suficientes para todos nós da educação, para prestar muita atenção ao Wal-Mart® e à análise de Moreton de suas conexões a transformações cruciais de identidade, economia e política de conhecimento. Mas há também outras razões, especialmente para os números crescentes de educadores críticos que estão extremamente insatisfeitos com a natureza da política educacional, com as práticas de currículo, ensino e avaliação que derivam dessas políticas; com os modos em que a educação está sendo reduzida a apenas uma série de entradas para nossa economia desigual (cf., p. ex., APPLE, AU & GANDIN, 2009) e com o papel da escola como local de conflito sobre o lugar de concepções religiosas conservadoras do mundo.

Para qualquer pessoa profundamente preocupada com a reestruturação de nossa vida diária, com o trabalho remunerado e não remunerado e com as circunstâncias frequentemente trágicas em que tantos se encontram hoje, há, economicamente, razões poderosas para enfocar o Wal-Mart® ou outras firmas de pensamento semelhantes. As raízes do Wal-Mart® estão nos Estados Unidos rural e depois suburbano. Nas palavras de um dos historiadores que traçou as intersecções entre o Wal-Mart®, *agrobusiness*, impulsos de desregulamentação e o crescimento do sentimento antissindicato:

> Enquanto vendia mercadorias com preço reduzido e promovia uma "atmosfera familiar" para consumidores e empregados, a firma mantinha os salários dos trabalhadores em um mínimo em um local de trabalho virulentamente antissindicato. Até a metade dos anos de 1990 a empresa empregou mais trabalhadores e vendeu mais mercadorias e alimentos do que qualquer outra firma americana

[...]. Com seu poder de mercado assustador, sofisticação tecnológica e modelo de negócio de baixo salário e baixo preço, o Wal-Mart® marcou o ritmo para o capitalismo fanaticamente desregulamentado e antissindicato, que emergiu no último quarto do século XX (HAMILTON, 2008, p. 4).

Porém, há outras razões convincentes para enfocar firmas como o Wal-Mart®. Isso tem a ver com a maneira pela qual nosso senso comum foi radicalmente alterado; o que um dia parecia ser impensável, ou pelo menos indizível, agora é aceitável como "o modo que o mundo é".

Em meu trabalho recente e especialmente em *Educating the "Right" Way* (APPLE, 2006), argumento que educadores críticos precisam prestar mais atenção no trabalho ideológico criativo que a direita tem feito. Naquele livro e em outros (cf. tb. APPLE, 1996, 2000), mostro o grande projeto social-pedagógico, em que, aquilo que chamei de "modernização conservadora", tem estado envolvida nas últimas três ou quatro décadas. Como noto no capítulo 1, uma aliança tensa, mas ainda eficaz, foi construída incorporando várias tendências ideológicas. Esse bloco de poder combina múltiplas frações de capital que são comprometidas com soluções marquetizadas neoliberais para problemas educacionais, intelectuais neoconservadores que querem um "retorno" a padrões mais altos e uma "cultura comum; fundamentalistas religiosos autoritários e evangélicos que estão profundamente preocupados com a secularidade e a preservação de suas próprias tradições e facções, em particular com a nova classe média orientada profissionalmente, comprometida sem nenhuma crítica à ideologia e às técnicas de responsabilização, medida e "gerenciamento". Se por um lado há claras tensões e conflitos dentro dessa aliança, por outro, na educação, seus objetivos gerais são oferecer as condições educacionais tidas como necessárias para aumentar a competitividade internacional, o lucro e a disciplina, como também ao retorno a um passado romantizado do lar, família e escola "ideais" (APPLE, 1996, 2006). O Wal-Mart® não é somente um ator econômico extraordinariamente poderoso no palco mundial, mas é também um exemplo ideal de como todas essas tendências são suturadas conjuntamente.

Embora suas teorias não estejam abertamente presentes na análise de Moreton, de várias maneiras sua problemática é em parte gramsciana. Gramsci, o grande teórico italiano do papel de experiências culturais e da religião na formação da consciência política de um povo, nos lembra de prestar muita atenção em duas coisas: as complexidades muito reais das concepções da vida diária das pessoas; e os elementos de "bom-senso", assim como de "mau-senso", incorporados nessas concepções. Há uma lição fundamental a ser aprendida dessa perspectiva. Dita brevemente, ela nos lembra que as pessoas não são marionetes. Ideologias não são simplesmente impostas sobre elas por grupos dominantes. Atores assumem concepções particulares do mundo porque essas concepções os ajudam a dar sentido à sua vida diária e a resolver problemas urgentes que eles enfrentam diariamente. Isso não significa que tais concepções sejam neutras nem que sejam corretas. Mas o campo da ideologia e as razões por trás da escolha das pessoas por posições ideológicas em particular são complicadas e não podem ser entendidas pela simples aplicação de uma fórmula rígida (cf. tb. APPLE, 2004). Esta é, de muitas maneiras, uma chave para a análise de Moreton.

Deixe-me dar um exemplo do que quero dizer, tirado de uma das mais complexas batalhas sobre a política educacional que está acontecendo atualmente, para a qual eu dirigi nossa atenção anteriormente. Tome o caso de muitos ativistas afro-americanos que veem nas políticas neoliberais, tais como planos de *voucher* na educação, uma solução para sua falta de poder na educação e das desastrosas saídas forçadas das escolas, de muitas de suas crianças (cf., p. ex., VALENZUELA, 2005). Como notei anteriormente, historicamente, em muitas partes da cultura de elite e popular, afro-americanos foram demonizados e erotizados, ou retratados como "irracionais" quando comparados com as populações dominantes. Isso significou que a posição de sujeito de "consumidor sábio" esteve muito menos disponível para afro-americanos do que para grupos dominantes. Assim, ser na realidade *visto* como um "consumidor" educacional, como alguém que é um "ator econômico racional" e que pode avaliar independentemente suas instituições e fazer escolhas bem-pensadas, tem de fato tendências progressistas quando essa posição é comparada a histórias das maneiras que pessoas não brancas foram socialmente codificadas nos Estados Unidos e em outros lugares.

Quando pessoas que não são brancas assumem ativamente esse código diferente, quando elas se apropriam de alguns aspectos do neoliberalismo para seus próprios propósitos, não estão simplesmente sendo incorporadas pelos discursos e relações dominantes. Elas também são envolvidas em uma forma de ação anti-hegemônica, empregando discursos econômicos dominantes para subverter visões racializadoras poderosas historicamente que tiveram imenso poder na sociedade (APPLE, 2006; PEDRONI, 2007). Assim, o "bom-senso" está lá, não só o "mau-senso".

Essa orientação, que mostra os elementos do bom-senso assim como do mau-senso nas concepções do mundo de pessoas reais, é clara em relação ao que Wal-Mart® conquistou. Sim, grande número de pessoas que compram no Wal-Mart® pode parecer ignorar o que a empresa está fazendo: destruindo lojas menores, abaixar salários e explorar seus fornecedores; pode parecer que as pessoas estão sendo enganadas pela máquina de propaganda. Porém, é muito mais complicado do que isso.

O Wal-Mart® cresceu nas comunidades em grande parte brancas e rurais de pequenas cidades do sul dos Estados Unidos. Foi erigido de um senso que ele incorporava características pessoais centrais que eram em parte progressistas nessas regiões. As pessoas tinham um senso de orgulho atroz em "conquistar sozinhas", por meio de grandes esforços individuais, um comprometimento religioso profundo, uma desconfiança populista de corporações que não se importam com as "pequenas pessoas" e estavam na "Rua Principal", a *Main Street*; e mais uma vez, como no caso dos apoiadores afro-americanos dos planos de *voucher*, todos eles tinham elementos progressistas dentro de si. Com o tempo, embora o Wal-Mart® tenha se tornado um leviatã econômico e esteja constantemente sendo processado por suas políticas de trabalho exploradoras, mais e mais pessoas compram lá. Em muitas regiões, elas estão absolutamente convencidas de que o Wal--Mart® incorpora essas virtudes idealizadas. Para outras pessoas, o fato de que seus preços são mais baixos em uma época de crise econômica severa, fazer as compras no Wal-Mart® é um ato econômico racional.

Obviamente Moreton não está feliz com isso, nem eu. Ela critica profundamente os acontecimentos econômicos e ideológicos. Mas, ao mostrar as complexidades envolvidas do Wal--Mart®, revelando a dinâmica contraditória regional, religiosa, de classe e gênero que cerca a empresa, ela é capaz de transmitir um retrato muito mais claro de como a modernização conservadora trabalha na formação de instituições econômicas e suas respectivas ideologias e justificativas. Nesse processo, ela mostra claramente como isso tem grandes efeitos dentro das instituições de ensino superior que estão intimamente ligadas a essas instituições econômicas, dentro de igrejas e dentro das identidades das pessoas na medida que elas mudam com o tempo.

Deixe-me ser honesto. É claro que sempre há o perigo de a retratação da complexidade ocasionar uma perda de efeito político. Mas o relato de Moreton deixa o leitor com clareza suficiente para dar ainda mais poder aos medos justificáveis de muitos grupos sobre a "walmartização" do mundo. Nesse processo, ela oferece visões muito reais de como a estratégia do Wal-Mart® usa a educação para ajudar a mudar a sociedade.

Educação, negócios e a reconstrução do senso comum

Um dos aspectos mais interessantes do relato de Moreton é a relação íntima que floresceu com o tempo entre pequenas faculdades e universidades locais e regionais religiosas e o Wal-Mart®. Combinando uma ética de "serviço" com concepções bíblicas e transformando o currículo dessas instituições educacionais para que negócios e finanças se tornassem matérias dominantes, as conexões levaram a caminhos de mobilidade para estudantes dentro do Wal-Mart® e outros negócios similares. Faculdades e universidades conservadoras tiveram ativamente como estratégia ganhar dinheiro e prestígio através dessas conexões. De muitas maneiras, o apoio do Wal-Mart® e sua visão ideológica se tornaram o salvador de várias dessas instituições. Tanto a corporação quanto as faculdades – organizações e instituições religiosas – tiveram papéis ativos. Não se tratava de um simples ato de imposição.

Mas a relação entre negócios e serviço não acabou no nível do ensino superior. Ela também combinou um ativismo crescente nas instituições de ensino superior com o trabalho em outros níveis. Essa combinação levou à formação de organizações como "Students in Free Enterprise" (Sife), um forte grupo pró-*business* com base na faculdade, cujo poder cresceu. Eventos organizados, como competições de times, atividades com a comunidade e coisas similares, deu aos membros da Sife um senso de pertença a algum lugar e de fazer um "bom trabalho" que tanto iria ajudá-los em suas carreiras quanto trariam "verdades" econômicas para o público. "Chegar ao público" incluía várias ações práticas. Em 1989, por exemplo, mais de cem instituições de ensino superior conservadoras, como o Hobbs College do sudoeste, engajaram-se em ação combinada, durante todo o ano acadêmico, para "trazer as boas notícias da livre-iniciativa para as comunidades anfitriãs". Em um período eleitoral, o time do Sife, na Harding University, em Arkansas, distribuiu "cédulas promissórias" para os cidadãos locais, como forma de garantir que o público daria seus votos apenas àqueles candidatos que apoiavam abertamente interesses corporativos. Estudantes do Mount Vernon Nazarene College em Ohio se engajaram em uma campanha em que paravam todo carro trazendo calouros para a faculdade e davam para cada ocupante material que criticava o déficit federal. E em um conjunto de ações que lembra muito as mobilizações conservadoras acerca das eleições e o poder exacerbado dos ativistas do ultraconservador *Tea Party* nos Estados Unidos, o time da Lubbock Christian University pressionou sua comunidade local a remeter sacos de chá a Washington em protesto contra o aumento de salários do Congresso (MORETON, 2009, p. 174).

Sife e grupos similares alcançaram escolas elementares e secundárias por toda a região, unindo-se e intensificando uma campanha corporativa contra o "analfabetismo econômico" na educação e em outras instituições. De fato, "grupos da escola elementar eram o público favorito para a mensagem do Sife porque, como um conselheiro de faculdade coloca, 'suas atitudes ainda não estavam sedimentadas'" (MORETON, 2009, p. 198). Com sua orientação de serviço, era muito menos bruto do que os modelos corporativos anteriores de pregar os benefícios do sistema da livre-iniciativa para as crianças.

Mas os transmissores da mensagem não paravam nas atividades com crianças. Eles também enfocavam os professores, geralmente com bastante sucesso em termos de política estatal. Uma faculdade batista conseguiu que um *workshop* patrocinado pelo Sife sobre os benefícios do sistema da livre-iniciativa fosse certificado para pontuar o desenvolvimento dos professores de escolas públicas. Assim, as sessões de treinamento do Sife sobre mercados livres contavam para os requisitos estaduais de licenciamento de professor. Um exemplo desses esforços pode ser útil aqui.

O time do Sife da Missouri Southern University estabeleceu seu minicurso de duas semanas como um elemento permanente do currículo em *junior high schools* e *high schools*[42] da área, alcançando 1.600 estudantes por ano. Um pacote completo distribuído para os professores incluía planos de aula, testes, listas de objetivos e filmes, leituras e "assistência acadêmica" para professores que "admitiam não ter base econômica" (MORETON, 2009, p. 209).

Educar o público também era parte do plano geral. Os times com base na faculdade ofereciam propagandas para suas causas econômicas, como anúncios de serviço público para estações de rádio locais, transmitidas gratuitamente sob regulamentações federais. A *expertise* na educação era, assim, unida com uma crescente *expertise* em empregar a mídia como parte de um processo social/pedagógico maior de mudar o senso comum das pessoas. Algumas das raízes do uso conservador da mídia de massa está nesses tipos de ações. Eles aprenderam várias lições cruciais de que falei em minha discussão sobre as tarefas do estudioso/ativista crítico. É necessário aprender a falar em registros diferentes e empregar a mídia popular de modos criativos.

Tudo isso exigiu apoio organizacional das instituições de ensino superior em que o Sife estava baseado. Mas também requereu uma fonte externa estável de fundos. Wal-Mart®, Coors®, Standard Oil® e outros doadores corporativos ofereceram apoio financeiro crucial para os esforços do Sife na "educação econômica" em todos os níveis do sistema educacional.

Essas mobilizações eram parte de um conjunto de atividades competitivas que foram apresentadas em competições regionais e julgadas por representantes de corporações. Os ga-

---

42 Nos Estados Unidos, *junior high school*, ou *middle school*, atende crianças de 11 a 15 anos. *High school* vai da 9ª a 12ª "grade" com alunos de 15 a 18 anos [N.T.].

nhadores de "jogos" regionais competiram por US$ 100.000 em prêmios. Prêmios especiais também eram dados a projetos que atraíam apoio público para reduzir o déficit federal e coisas como *tort reform*[43]. Os juízes eram representados por corporações como AT&T®, Hallmark Cards®, General Foods® e, é claro, Wal-Mart®. O apoio deste último não foi simplesmente retórico ou mesmo financeiro. Até 2003, o Sife fornecia ao Wal-Mart 35% das pessoas contratadas como gerentes em treinamento (MORETON, 2009, p. 174).

Como observei anteriormente, as atividades do Sife e toda uma série de ações de grupos similares não podem ser totalmente compreendidas a não ser que possamos observar em conjunto sua ética de serviço, o trabalho das pessoas, um tipo particular de religiosidade e uma visão do capitalismo como algo próximo da "economia de Deus" (cf. tb. APPLE, 2006). Isso talvez possa ser visto melhor no estabelecimento da Southwest Baptist University de um centro para livre-iniciativa e financiamento de várias cadeiras para homens de negócio.

> O Gene Taylor National Free Enterprise Center foi dedicado ao serviço de Cristo pelo então Vice-presidente George H.W. Bush em 1982. "Como cristãos", o público recitou em coro: "nos dedicamos à prática da livre-iniciativa em nossas vidas sendo produtivos e trabalhadores, sendo bons criados da recompensa de Deus e suportando nossa responsabilidade cristã para nossas comunidades e para aqueles com necessidades" (MORETON, 2009, p. 188-189).

A citação acima é importante. Ela aponta para o fato de que o movimento para criar um quadro de estudantes que sairia pelo mundo e o tornaria seguro para a "livre-iniciativa" não era e não envolvia simplesmente a agressividade ideológica pró-*business*. Um conjunto muito mais complicado de valores estava em funcionamento, um conjunto baseado em uma visão específica de *liberdade*.

---

43 *Tort reform* são reformas propostas no sistema do Direito Civil [N.T.].

Como Eric Foner nos lembra, a luta pelo próprio significado de "liberdade" está no coração do que significa ser um cidadão (FONER, 1998). Liberdade é um significante deslizante. Ele tem múltiplos significados, e uma das tarefas dos grupos dominantes é cimentar um significado em particular na consciência pública. Se eles puderem convencer a maioria das pessoas de que a liberdade é basicamente um conceito *econômico* e não político, que ele tem sua base primária no funcionamento não regulado do mercado, então a acumulação do capital "privado" pode ser equiparada ao bem público.

Para os estudantes que estavam profundamente envolvidos no Sife e em grupos similares, a fé sustentava seus compromissos com essa concepção. De fato, para muitos deles que vieram de um cristianismo conservador para o ensino superior, o mercado livre era exatamente isso. Era sobre fé; era sobre uma comunidade em um mundo que parecia estar se fragmentando à volta deles; era sobre cooperação e reconstrução da comunidade. É claro, o ato de construção de currículo teve uma parte nisso tudo. Mas para esses estudantes ativistas, "eles doaram apaixonadamente suas energias para o que entendiam como uma causa idealista, não apenas um mero sistema para a produção e distribuição de mercadorias e serviços" (MORETON, 2009, p. 197).

Houve efeitos duradouros na sutura desses temas, e que estamos vivendo hoje. Grande parte da comunidade corporativa conservadora e os novos movimentos de direita cristãos começaram a se fundir. Muitos evangélicos viraram pessoas de negócio e empresários como "benfeitores públicos que trouxeram a bênção de mercadorias e serviços para um público cada vez maior". Isso é muito visível em uma citação impressionante tirada do Institute for Christian Economics, baseado no Texas: "O homem que tem o maior lucro [...] é o homem que está servindo melhor o público" (MORETON, 2009, p. 250). Ambos os grupos sabiam que havia trabalho duro pela frente para convencer a maioria das pessoas sobre a sabedoria de suas palavras. Líderes de ambas as comunidades reconheceram o poder do trabalho educacional e cultural em mudar o senso comum do "público". A mídia, as escolas, a cultura popular e muito mais se tornaram locais para esse trabalho duro e com cada vez mais sucesso. E as divisões entre o público e o privado, a religião e o Estado, a religião e os negócios, os negócios e outros aspectos da vida diária se tornaram ainda mais frágeis, ainda mais porosas e o sujeito de mobilizações populistas neoliberais, neoconservadoras e autoritárias crescentes.

O fato de que essas tendências agora são totalmente internacionais e formaram um movimento global é algo que nos leva a prestar muito mais atenção. Por exemplo, o Wal-Mart® patrocinou um programa dos Walton Scholars. As pessoas vieram de muitas nações das américas para, por exemplo, aprender como integrar o que eles consideravam ser seu compromisso com o serviço e com a elevação de suas comunidades com modelos de negócios cristãos. Eles voltaram para suas nações do Sul com a missão de levar "o evangelho do Wal-Mart® às nações e comunidades. O que eles levaram para casa foi uma crença nas habilidades técnicas, um conjunto de crenças fortemente pró-mercado, uma fé cristã ativista particularmente conservadora e um estoque considerável de capital social com suas conexões recém-encontradas dentro do Wal-Mart® e do mundo evangélico que o cercava e o apoiava. Nesse processo, um novo senso comum dos "benefícios" da globalização foi distribuído (MORETON, 2009, p. 247; cf. tb. APPLE, 2010).

Internacionalizando transformações conservadoras

O fato de que em muitos países representados, guerras civis e esquadrões da morte de direita haviam dizimado a população de líderes de sindicatos, ativistas de comunidade, líderes indígenas, intelectuais e jornalistas progressistas e milhares c milhares de outras pessoas que não concordavam com as polícias repressivas que tinham um apoio tão forte de Washington, significou que os Walton Scholars e outros voltaram para uma espécie de vácuo. Eles o preencheram com o "evangelho do comércio livre" e princípios de negócios cristãos sancionados tão fortemente pelo Wal-Mart® (MORETON, 2009, p. 247). Eles, portanto, provaram mais uma vez que a educação *pode* participar na mudança da sociedade, mas talvez não do modo que muitos de nós gostaríamos.

Nesse caso, também para aquelas pessoas nos Estados Unidos que sentiram que estavam sendo deixadas para trás pelas mudanças que estavam afetando tanto as economias agrícolas quanto as economias da *Main Street*, "o evangelho da livre-iniciativa" respondeu a alguns de seus medos e necessidades mais significativos. Ele ofereceu compensação pela perda de identidade, que era a espinha dorsal da região, a visão de autossuficiência. Ele santificou uma ética de consumo em massa. Em uma época em que o trabalho mal-remunerado estava sendo degradado ainda mais, ele o elevou ao grau de "vocação", mesmo quando isso era amplamente retórico. Porém, ele também defendeu ideias tradicionais de autoridade que estavam sob ataque. A estrutura masculina dos caminhos de avanço dentro do Wal-Mart® pareciam dar aos detentores da fé uma nova base para defender a família tradicional e sua autoridade masculina, apesar de a própria lógica do capital que sustentava suas ações debilitar ambas as coisas. E em uma época em que a supremacia branca em tantas instituições estava sendo ao menos em parte desafiada, a essa fé amenizou a dor, dando à América branca de cidades pequenas uma "fé" no empresário individual que pode ter sucesso com trabalho duro (MORETON, 2009, p. 270).

Há vários livros recentes que examinaram criticamente os modos pelos quais os processos de privatização e marquetização têm tido efeitos duradouros na educação (cf., p. ex., BALL, 2007; BURCH, 2009; MOLNAR, 2005). Também há análises críticas recentes dos modos como alianças econômicas, culturais e religiosas conservadoras se formaram e como elas têm tido efeitos profundos no ensino (APPLE, 2006; APPLE & BURAS, 2006). A história das conexões entre Wal-Mart® e seu projeto educacional maior de mudar o senso comum e as identidades que suportam tal construção de senso oferecem um relato esclarecedor das raízes de algumas das razões complexas para a aceitação dessas iniciativas. Nesse processo, essa história as torna mais compreensíveis, e talvez mais difíceis de serem interrompidas. Porém, temos que interrompê-las.

Mas processos de interrupção devem ser baseados em uma concepção muito mais sutil do *porquê* tais iniciativas fazem grande sucesso entre tantas pessoas nos Estados Unidos e em outros lugares. Com muita frequência, progressistas e educadores críticos se engajam em argumentos retóricos sobre os perigos de políticas existentes em educação, cultura e economia, sem investigarem profundamente as razões que estão por trás de sua aceitação. Precisamos perceber que, gostemos ou não, a direita tem muito o que nos ensinar sobre a importância do trabalho cultural, sobre como mobilizar, sobre como se engajar em campanhas de sucesso para trazer as pessoas para seu universo ideológico e sobre como formar alianças extensas que podem impelir políticas em direções específicas. A história do Wal-Mart® contribui bastante para nosso entendimento de como e por que as forças de modernização conservadoras têm tido sucesso em usar a educação tanto como um local quanto como uma ferramenta de transformações sociais. Depende de nós ver o que podemos aprender com esses movimentos (e movimentos mais progressistas, é claro; cf. ANYON, 2005; APPLE, 2010; LIPMAN, 2011), para que possamos neutralizar com mais eficácia seus efeitos.

Obviamente, neutralizar seus efeitos não envolve apenas aprender com a direita. Também depende do processo de restaurar nossas memórias coletivas das vozes e das lutas daqueles que grupos dominantes rotularam como o "Outro", seja Paulo Freire, George Counts, W.E.B. Du Bois ou Carter G. Woodson, e todas as pessoas que os impeliram para frente e fizeram uma quantidade imensa de "trabalho invisível" que fez suas posições tão influentes em educação e em outras áreas. Mas isso também envolve correr riscos e às vezes trabalhar em espaços que podem acontecer "acidentalmente". O próximo capítulo se refere, de maneira pessoal, a este último ponto.

7
Educação crítica
Falando a verdade e reagindo

Tornando-se pessoal

Os dois capítulos anteriores mostraram como a educação pode transformar a sociedade, mas em direções muito diferentes. No capítulo 6, descrevi alguns dos modos pelos quais os interesses neoliberais, unidos com impulsos religiosos populistas e neoconservadores, conectam criativamente a educação com uma visão muito conservadora da sociedade. Aqui estudantes, instituições educacionais, igrejas e comunidades são de fato mobilizados. Mas as transformações que ocorrem na realidade apoiam as políticas que não são nada progressistas, para dizer o mínimo. Porém, no capítulo 5, Luís Armando Gandin e eu também discutimos detalhadamente uma realidade muito diferente. Nessa realidade, os objetivos e processos da democratização educacional estão intimamente ligados ao projeto de democratização da sociedade como um todo. Esses são efeitos substanciais nas normas e valores que permeiam as instituições, sobre as identidades das pessoas, sobre o conhecimento que era considerado legítimo e que era ensinado, sobre o papel das escolas como aparelhos de classificação de classe, raça e gênero, sobre a formação de políticas e a administração da escola, sobre o papel do Estado, sobre mobilizações da comunidade e sobre o papel do professor, tanto como quem ensina como quem aprende. Igualdade afetiva unida a transformações estruturais. Mesmo com as mudanças de partidos governantes em Porto Alegre, muita coisa permanece progressista.

Al longo deste livro fui guiado por uma questão principal: A educação pode mudar a sociedade? Porém, ao responder a essa pergunta, tive também que enfocar várias outras, incluindo as seguintes: 1) Da perspectiva de quem estamos fazendo e respondendo a essa pergunta?; e 2) Quem são as pessoas que se envolverão nos esforços transformadores? Insisti para expandirmos o "nós", as vozes das pessoas e movimentos que responderam e podem responder a essas perguntas. Assim, parte do meu foco foram os Estados Unidos e parte foi como podemos responder a essas perguntas pensando internacionalmente.

Os maiores atores que estiveram no coração das primeiras seções deste livro eram todos exatamente isso: atores. Porém, a palavra "ator" tem um significado duplo. Ela pode se referir a alguém fazendo um papel, uma pessoa que basicamente veste uma identidade temporariamente, com a pessoa "real" emergindo quando o papel é encenado. Ou ela pode se referir a alguém que não está relacionado à encenação de um papel. Esta é uma pessoa que é o sujeito da história, uma pessoa que tem agência e leva a história com ele/ela. Como Freire, Counts, Du Bois, Woodson e tantos outros – incluindo muitos de vocês, leitores deste livro – ele ou ela age no mundo, assim como dentro dele.

Não posso pedir a vocês que vejam o mundo por meio de relações, que se reposicionem, interrompam forças que ajam tão poderosamente e por vezes com tanta criatividade, como mostramos no capítulo 6, e ajam neste mundo se pessoas tais como eu não estiverem preparadas a fazer as mesmas coisas, Assim, da mesma forma que fiz em vários outros livros meus, tenho de me tornar pessoal, colocar-me dentro das lutas que estão nos centros das questões que guiam meus argumentos e dentro das tarefas que apresentei anteriormente.

Comportamento arriscado

Deixe-me iniciar esta seção com uma história, um relato de uma das minhas histórias que fala da importância – e dos perigos – de assumir seriamente nosso papel de educador crítico. A narrativa que conto relata minhas experiências em minha viagem à Coreia do Sul há vários anos atrás. A memória, especialmente a memória sob estresse, é um veículo imperfeito. Mas quero reconstruir o que aconteceu e me aproximar ao máximo da realidade dessa experiência.

Eu viajara a Seul por uma razão específica. Protestos contra o governo militar repressivo que estava no poder na Coreia do Sul ocorriam há anos e haviam se intensificado. Uma grande coligação de pessoas que na época ultrapassava relações de classe ia constantemente para as ruas. O regime militar respondia de múltiplas maneiras: prendendo protestantes, frequentemente com violência considerável; estigmatizando-os como traidores e comunistas; colocando-os na cadeia por anos; molestando ativistas e fechando publicações que criticavam o regime; censurando currículos e professores; tornando ilegal que professores formassem sindicatos independentes e muito mais pequenas e grandes ações em toda esfera da sociedade. A raiva contra o governo continuava a crescer, e a dialética entre repressão e atos de resistência era visível. Mesmo com os perigos muito reais associados à ação organizada contra as autoridades, grande número de pessoas simplesmente se recusava a aceitar o direito de o governo exercer autoridade.

O governo não podia controlar totalmente o terreno político e cultural e o movimento para reocupar aquele terreno por forças progressistas. Ele foi forçado a oferecer o que foram de início pequenas aberturas, que mais tarde se tornaram maiores e maiores, levando finalmente à criação de espaços que não podiam ser controlados, não importa quanto o regime tentasse. Uma dessas aberturas me envolvia. Para tentar manter o que restava de legitimidade e na tentativa de acalmar as mobilizações crescentes de estudantes que agiam como "a consciência da nação", o governo permitira que uma grande universidade convidasse um estudioso/ativista crítico (eles estavam extremamente preocupados com a segunda palavra do par) para discutir publicamente a base teórica, histórica e política da sociologia crítica da educação e sua preocupação com as relações complexas envolvendo conhecimento e poder, desde que o palestrante falasse *academicamente*. Eu era o palestrante.

Às vezes, algo que um autor escreve é publicado exatamente no momento histórico certo e tem um impacto que teria sido muito menor se houvesse ocorrido alguns anos antes ou mais tarde. Esse foi o caso de alguns dos meus trabalhos e dos modos que foram usados pelos ativistas coreanos em suas lutas. *Ideology and Curriculum* (APPLE, 1979/2004) e *Education and Power* (APPLE, 1982/2012) haviam sido traduzidos para o coreano por educadores radicais e publicados pelas editoras mais progressistas de lá. O primeiro deles fora banido e ambos haviam sido tomados como livros do movimento, como livros que eram vistos pelo movimento de educação democrática crítica como ferramentas essenciais na luta contra o governo ilegítimo. Para esses ativistas, juntos, os livros eram testemunhas de negatividade e apontavam para espaços de ação.

Paradoxalmente, a melhor coisa que pode acontecer com qualquer livro em algumas situações é que ele seja banido por forças repressivas. Assim, as tentativas do governo militar de impedir que as pessoas lessem o meu trabalho e o de outras pessoas sobre a relação entre conhecimento e poder fizeram com que tais trabalhos parecessem ainda mais importantes, uma lição que regimes repressivos ainda têm de aprender. Imensa quantidade de cópias desses livros foram vendidas, com minha insistência de que todos os *royalties* não fossem para mim, mas para os movimentos contra o regime repressivo e para pagar a assistência jurídica daqueles que haviam sido presos.

Depois de um breve descanso após a longa viagem de avião, meus amigos da universidade e de grupos dissidentes me pegaram e me levaram para a universidade. Vocês têm que imaginar a cena visualmente com todo o seu impacto. Era barulhento. Cada espaço estava cheio de manifestantes. Veículos armados equipados com dispositivos que podiam disparar gás lacrimogênio ou que tinham canhões de água poderosos pareciam estar por todos os lados. O *campus* estava cercado pela polícia. Um portão fora deixado aberto para que as pessoas entrassem, mas apenas com a aprovação dos guardas. Desde adolescente, eu me envolvi com ações antirracistas e outros tipos de protestos, e falara muitas vezes em eventos politizados. Mas isso parecia diferente. O nível de tensão batia como os passos contínuos de uma gigantesca insurreição[44].

A guarda de honra me encontrou no portão. Era composta por um grupo de estudantes que haviam jurado – sob grande risco – continuar seus protestos contra a política repressiva do governo militar até este renunciar. Muitos deles haviam sido presos, espancados, acusados de serem "agentes do Norte" e eram constantemente sujeitos a medidas destinadas a lhes provar que a resistência era não somente inútil, como também perigosa para cada um deles. Alguns haviam morrido.

Antes de passar pelo portão, apresentaram-me uma grinalda que eu deveria usar em minha cabeça, uma grinalda com bastante significado simbólico e pessoal. Ela era feita com latas de gás lacrimogênio, tendo o formato muito parecido com uma maça. Imagine uma "coroa de espinhos" feita com as ferramentas do opressor. Os múltiplos significados

---

44 Houvera de fato uma insurreição na Coreia, em Kwangju. Grande quantidade de pessoas foi morta quando o Exército Coreano recuperou a cidade. Para a vergonha dos Estados Unidos, o Exército Americano apoiou o Exército Coreano nesse ato assassino de repressão, tomando o lugar do Exército Coreano em Seul quando as tropas coreanas que haviam estado baseadas em Seul foram enviadas para Kwangju para acabar com os protestos democráticos. O sangue desses mártires também está, infelizmente, nas mãos do governo dos Estados Unidos [N.T.].

eram claros. Eu devia usar o símbolo das tentativas da polícia de repressão e controle da multidão; e eu, uma pessoa cujo sobrenome era de fato "Apple", seria honrada usando esse símbolo de repressão como um emblema irônico de honra. O significado de "cachos de maçãs" devia ser desarticulado de seu valor original como uma ferramenta de controle e rearticulado como uma declaração anti-hegemônica[45].

Quando caminhávamos pelo *campus* em direção do auditório onde eu iria falar, paramos. Pediram que eu me curvasse diante de um altar feito de flores do lado de fora do auditório principal. Aquele era um altar em honra a um dos estudantes que morrera recentemente nos protestos. Sacrifícios absolutos como esse têm efeito sobre todos; e eu não sou exceção. Tentei manter minhas emoções e raiva sob controle, mas fiquei quase em prantos.

Então, entramos no prédio. O auditório estava lotado; a multidão se espalhava pelos corredores; as pessoas estavam sentadas no chão, no palco, às vezes duas pessoas no mesmo assento.

Eu deveria falar sobre a história e o *status* atual das análises socioeconômicas críticas e culturais/ideológicas da educação. Haviam pedido que eu enviasse aos organizadores, com bastante antecedência, o texto no qual minha apresentação seria baseada, tanto para tradução quanto para se assegurarem que possíveis censores vissem que eu não passara dos limites do "aceitável". Assim, embora forçasse os limites do que as autoridades consideravam aceitável, minha palestra passara pela censura e fora aprovada. Desde que eu me limitasse ao meu texto aprovado e mantivesse minha palestra como pura análise acadêmica, provavelmente não haveria repercussões sérias.

Comecei a apresentação expressando minha admiração pela coragem do público e especialmente dos estudantes em

---

45 Para uma discussão mais rica sobre a ideia de desarticulação e rearticulação, o trabalho de Stuart Hall é crucial. Cf. Morley e Chen, 1996; Apple, 2006.

minha "guarda de honra", que haviam se arriscado tanto. Falei sobre o significado de ver o mundo "por meio de relações". Defendi que precisávamos olhar debaixo da superfície de nossas instituições, políticas e práticas e revelar suas ligações íntimas com relações de dominância e subordinação e com lutas contra essas relações na sociedade como um todo. Isso era especialmente importante na educação, pois a maioria das pessoas via a educação como um "bem" perfeito. Portanto, era crucial que examinássemos criticamente como esse "bem" funciona, quem ele mais beneficia na realidade e quais eram as ligações ocultas entre o ensino, como ele na realidade existe, e a natureza de seu poder na sociedade, neles e na minha.

Então, voltei-me para a apresentação que havia preparado. Todos os membros do público tinham uma cópia da apresentação, tanto em coreano quanto em inglês. Muitos deles leram silenciosamente enquanto, no início, eu ensaiava alguns argumentos que eu fizera em *Ideology and Curriculum*. O texto de minha apresentação dizia que ao invés de simplesmente perguntar se os estudantes dominaram um assunto específico e foram bem em todos os testes comuns que dominaram tantas nações – incluindo a deles –, devíamos fazer um conjunto diferente de perguntas: Conhecimento de quem é este? Como ele se tornou "oficial"? Qual é a relação entre este conhecimento e quem tem capital cultural social e econômico nesta sociedade? O que podemos fazer como educadores críticos e ativistas para mudar desigualdades sociais e educacionais existentes e para criar currículos e ensinos que sejam mais justos socialmente? Até aqui tudo bem.

Falando a verdade para o poder

Para entender o que aconteceu a seguir, outra particularidade do auditório lotado precisa ser imaginada. Uma parede inteira do auditório era feita de janelas inteiras, fazendo com que o lado de fora quase parecesse parte do interior. As manifestações que continuavam e a polícia fazendo uso de gás lacrimogêneo e mangueiras de água visíveis para mim e para a maioria do público. Então saí do meu texto preparado e "mudei de registro". Falei lentamente para que todos pudessem entender exatamente o que eu estava dizendo e para que aqueles que não fossem fluentes em inglês talvez pudessem ter minhas palavras traduzidas para eles por amigos que estavam perto. Disse algo do gênero:

> Se vocês querem entender as relações reais entre conhecimento, educação e poder, olhem para essas janelas. Olhem para a polícia, os carros blindados. Olhem de novo para a grinalda de cachos de maças que está sobre o pódio ao meu lado. Olhem de novo para os quarenta e nove estudantes sentados à minha volta. Todos eles estão correndo perigo de perder muito se isso continuar. Este governo sabe que tem que impedir que vocês entendam criticamente e ajam sobre sua realidade. Ele quer destruir sua memória coletiva e seus sonhos por uma sociedade melhor. Ele quer impedir que vocês reaprendam sua história, impedir que vocês ganhem as perspectivas críticas que podem formar a base de críticas fundamentais das ações deles, quer assegurar-se que o sistema educacional coreano em todos os níveis seja controlado tão rigidamente que seus filhos possam apenas ver o que aqueles que estão no domínio querem que eles vejam. Eu sei que não estou dizendo nada agora que não tenha sido pensado ou falado por tantas pessoas aqui neste grande auditório. Mas tem de ser dito. E tem de ser dito repetidamente, até as razões para dizê-lo não existirem mais.

Houve um silêncio enquanto a audiência absorvia tudo. Então o líder dos quarenta e nove estudantes veio ao microfone e ele, com um dos colegas, traduziu o que eu acabara de dizer. Um forte aplauso se seguiu. E tenho a impressão que se seguiram também as preocupações sobre o que eu acabara de dizer publicamente. Havia alguns homens no fundo do auditório cujo "uniforme" era conhecido pelos coreanos, mas não por mim. Eles vestiam jaquetas de couro pretas e óculos escuros. E eu tinha a impressão de que o volume por baixo de suas jaquetas não eram telefones. Não percebi seus olhares furiosos vindos em minha direção nem estava presente quando, sem dúvida, eles fizeram contato com seus superiores da polícia e autoridades militares.

Os resultados daqueles telefonemas ainda não podiam ser notados. O que era visível foi um senso poderoso de duas coisas: aquela verdade fora dita publicamente e havia um espaço criado por ter alguém cujo trabalho era respeitado dizendo isso abertamente em um fórum como aquele. Os estudantes, os ativistas e os acadêmicos críticos levaram-me rapidamente para um churrasco comemorativo. Cantamos canções políticas, canções de protesto, canções de tristeza e de vitória. Eu tentei aprender canções de protesto coreanas, quebrando algumas palavras, mas tentando acertá-las. Mas aquilo não importava, pois todos participávamos com grande alegria. Pediram que eu ensinasse a todos uma música americana e eu escolhi rapidamente "We Shall Overcome". Muitos deles já sabiam partes dela, uma declaração do poder dos movimentos antirracistas como modelos para protestos contra relações de poder opressivas por todo o mundo. Nossas vozes ressoaram. O senso de liberdade e o que só pode ser chamado de solidariedade eram palpáveis.

E então... Quando partimos, um grupo de homens vestindo os mesmos "uniformes" que eu logo passei a reconhecer nos seguiu. Por todo lugar que fomos eles estavam lá. O cerco se fechou. Logo, todos os nossos movimentos eram controlados, especialmente os meus. Um dos meus grandes amigos disse: "Agora estamos praticamente presos. Tome muito cuidado ou logo será colocado na cadeia". Fui levado para o meu hotel, exausto; exausto demais para perceber que havia guardas do lado de fora do meu quarto. Mas isso se tornou evidente quando na manhã seguinte tentei deixar o meu quarto para um passeio. Para não criar um incidente internacional envolvendo a prisão de um professor universitário dos Estados Unidos, uma decisão tomada pelas autoridades, longe dos olhos do público, foi me trancar em um quarto de hotel com guardas à minha porta. Refeições eram trazidas, mas, exceto isso, eu não deveria ter contato com ninguém além dos guardas. As implicações dessa forma ligeiramente mais "suave" de prisão surgiram mais tarde.

Naquela manhã eu deveria falar no grande instituto de pesquisa, política e desenvolvimento de currículo em Seul. Fui levado para um carro oficial, no qual meus amigos estavam esperando, e que também era o único carro de todos os que nos seguiam e que seguíamos, que não estava ocupado por homens com jaquetas de couro pretas e óculos escuros. Assim que entrei, meus amigos sussurraram rapidamente para que eu não dissesse nada. Quando chegamos ao instituto, fui levado para ver o diretor. Ele fora nomeado pelo governo militar e era um colaborador do governo em seus esforços de manter qualquer conhecimento "perigoso" fora do currículo e de assegurar que nenhum professor dissidente mantivesse seu emprego. Uma das conversas mais estranhas que já tive se seguiu: sobre o tempo, sobre se eu gostava ou não de Seul e finalmente sobre suas desculpas por minha grande palestra ter sido subitamente cancelada porque o público não podia vir. Agora eu precisava dar a palestra em um auditório quase vazio, com a presença de cinco a dez pessoas; mas que essas cinco a dez pessoas "estavam realmente muito interessadas em ouvir o que você tem a dizer, Professor Apple".

Então fui levado para uma sala sem janelas com alguns outros para ter outra conversa desconfortável sobre questões educacionais gerais – e mais uma vez o tempo –, enquanto o diretor supostamente checava se o auditório (quase vazio) estava pronto. Um homem grande ficou do lado de fora da sala para assegurar minha presença naquele lugar e para "ter certeza de que eu estava confortável". A conversa foi mais uma vez extraordinariamente afetada, sendo constantemente interrompida por sons vindos de fora. Gritos de raiva eram ouvidos; sons de protesto vinham através das paredes. O público que supostamente não pudera vir à minha palestra estava sendo impedido à força de entrar no prédio para me ouvir. Líderes do sindicato de professores que na época era ilegal, dissidentes, líderes estudantis, educadores de universidades e escolas públicas e até muitos funcionários dos escritórios satélites do instituto tentavam entrar, mas sem sucesso. Era claro para mim e para meus amigos que estavam lá que meios coercitivos haviam sido usados para impedir a minha palestra. Sem dúvida houvera mais prisões.

Depois de tudo isso, fui levado novamente para o hotel e colocado sob guarda em "meu" quarto. Mais uma vez é importante lembrar que um regime que tenta controlar tudo é com frequência ineficiente. Essa tarefa é às vezes impossível, algo que se torna ainda mais evidente na era da mídia social e do poder do e-mail, twitter e coisas parecidas, que são cada vez mais usadas para a mobilização criativa. Na manhã seguinte meu telefone tocou. Isso era totalmente inesperado, pois o telefone havia sido cortado para que não houvesse comunicação entre eu e os outros. O chamado era dos meus amigos e colegas, contando que, por causa do que parecia ser um engano, os guardas não haviam sido substituídos pela manhã e a linha do meu telefone havia sido restaurada. Era óbvio que o governo militar não era o único grupo que tinha olhos e ouvidos em todo lugar. Movimentos progressistas haviam aprendido a usar seus próprios modos de saber o que estava e o que não estava acontecendo. Saí rapidamente de meu quarto e encontrei meus amigos em uma saída menos usada do hotel. Fomos de carro para um museu vivo de cultura coreana fora da cidade. Saindo na chuva torrencial, encontramos com outros ativistas em um café no museu para discutir por horas e planejar estratégias tanto para a situação imediata quanto para ações a longo prazo.

Porém, a liberdade durou pouco. Naquela tarde, voltamos para nosso carro no estacionamento, então vazio, do museu rural. Ele estava totalmente bloqueado por três carros da polícia sem identificação e um carro oficial do governo com o diretor de uma das agências educacionais governamentais, também nomeado pelo governo militar. "Não ficaríamos mais confortáveis indo com ele?" Decididamente essa *não* era uma pergunta, um fato que se tornou claro devido aos policiais à paisana aguardando. Entramos em seu carro e em outro carro que aguardava; sentei-me entre dois homens bastante silenciosos que supus corretamente serem oficiais da segurança à paisana.

"Você não está com fome, Professor Apple? Não devíamos jantar agora?" Outra *falsa pergunta*. Os policiais e o oficial do governo nos levaram para um restaurante onde comemos em uma sala particular, todos em silêncio, cada um de nós cercado por dois homens que não comiam, de forma que nenhuma conversa era possível entre nós. Mesmo em minha ida ao banheiro fui acompanhado por dois homens que haviam sentado silenciosamente ao meu lado. Meus amigos e eu fomos separados e eu fui levado de volta ao meu quarto, mais uma vez guardado com o telefone que mais uma vez não funcionava.

Deixe-me admitir que tudo isso foi feito muito inteligentemente e eu aprendi bastante como formas de poder podiam ser mobilizadas estrategicamente por forças repressivas. Se de alguma maneira eu pudesse ter entrado em contato e protestado com o governo americano, os oficiais coreanos poderiam dizer: "Como ele pode reclamar? Ele teve reuniões com o pessoal educacional. Ele foi convidado para dar palestras. Mas nós não pudemos cumprir tudo o que foi combinado para as suas palestras por razões burocráticas. Ele foi levado a um bom restaurante e tinha um bom quarto de hotel. Também oferecemos a ele um carro oficial para seu transporte". Tudo isso é cínico, mas não é imbecil em termos de lidar com quaisquer perguntas que os oficiais da embaixada americana poderiam fazer. Isso ocorreu durante o período de uma administração presidencial americana fortemente de direita, que parecia apoiar o governo militar da Coreia. Isso significava que aquelas questões podiam não ser levantadas. O fato de a polícia haver tomado meu passaporte tornava impossível que eu tentasse partir.

No fim da minha estada, fui levado para o aeroporto em um carro sem identificação da polícia. Alguns minutos antes de minha partida fui levado à pista – meus braços sendo segurados com força por dois daqueles cavalheiros com jaquetas de couro pretas e óculos escuros – e guiado até as escadas. Então, fui empurrado brutamente – jogado é uma palavra mais exata – pela porta do avião. O misto de alívio e raiva que eu sentia era notório.

Mudando relações de poder

Alguns anos mais tarde fui novamente para a Coreia. Mais uma vez, falei em Seul. Fiquei sabendo que a pessoa que estivera à frente do instituto nacional onde meu público fora forçosamente impedido de me ouvir fora não somente deposta, mas desonrada. Mas eu também viajei para falar em Kwangju, local de uma revolta contra o governo militar. Lá o exército havia assassinado um grande número de pessoas de todas as procedências ao reprimir protestos.

Antes de minha palestra e de minha reunião com dissidentes e ativistas em Kwangju fui honrado ao ser levado para o cemitério onde os mártires estavam enterrados. Eu iria colocar flores no local de honra das centenas de pessoas que haviam sido mortas. Quando eu estava me preparando para colocar as flores, três carros pretos chegaram cantando os pneus perto de nós. Saíram deles vários homens de jaqueta de couro, todos com óculos escuros e todos claramente membros da "polícia secreta". Meus "amigos" haviam voltado. Três deles literalmente colocaram seus rostos a quinze centímetros do meu. Intimidadores somos nós. Mas dessa vez a situação era diferente. Com exceção de devolver o olhar para eles, simplesmente os ignorei. Eu e meus amigos e anfitriões caminhamos para o memorial. Os intimidadores saíram de nosso caminho. Seu poder estava evaporando no processo agora incessável da democratização.

Voltando para casa e reagindo

Não quero romantizar essas experiências. Qualquer um que tenha ficado cara a cara com o poder de um Estado repressor e cujo destino esteja fora de seu controle e não esteja com medo, não está sendo honesto. Na época em que eu e meus colegas e amigos fomos presos, dizer que estávamos "preocupados" é diminuir exageradamente a emoção. Porém, não quero exaltar isso. Medo e determinação são frequentemente dois lados da mesma moeda. O último nos leva a pensar constantemente de forma estratégica sobre o que estava acontecendo e como poderíamos subvertê-lo. A segunda viagem documentou o *poder da vontade popular*, a habilidade de as pessoas reagirem constantemente lutando e resistindo à perda de sua humanidade e de agir pelo seu direito de controlar seus próprios destinos. Counts, Freire, Du Bois, Woodson, os professores naquelas escolas rurais do sul dos Estados Unidos, os ativistas em todos os níveis de Porto Alegre e tantos outros que teriam entendido os anos de trabalho duro – e os riscos – que sustentaram essas ações.

Como muitos de vocês que estão lendo este capítulo, tenho certeza, experiências como esta não levam à quietude. O contrário frequentemente acontece. Ao retornar aos Estados Unidos depois daquela primeira viagem a Seul, todos os meus estudantes de doutorado – alguns deles eram da Coreia do Sul – e eu redobramos nossos esforços para mobilizar e difundir o apoio ao sindicato independente dos professores coreano e aos educadores críticos e ativistas de lá. Trabalhamos com outros nacionalmente e então internacionalmente, para construir um movimento de sindicatos dos professores, acadêmicos criticamente orientados, "intelectuais públicos", organizações progressistas e coletividades similares para difundir a repressão contra educadores comprometidos e outros e para intensificar a pressão sobre o governo coreano em direção à democratização. Nos tornamos assim, ainda mais claramente, participantes e aliados nessas lutas, frequentemente assumindo a liderança de educadores ativistas e outros líderes de movimentos na Coreia sobre o que seria mais útil no apoio de seus próprios esforços para desafiar a autoridade ilegítima dentro e fora da educação. Aprendemos ainda mais sobre como se engajar com as responsabilidades de sermos estudiosos/ativistas, de sermos intelectuais públicos orgânicos, ao *nos engajarmos nessas tarefas*. Identidades críticas e mais coletivas foram sendo continuamente construídas e reconstruídas, como também apoiadas por uma crescente comunidade intergeracional e internacional que se importava com os outros.

É uma marca dos esforços coletivos de ativistas sociais e educacionais na Coreia do Sul e de seus simpatizantes internacionais que o sindicato dos professores independente, originalmente ilegal (Sindicato dos Professores Coreano), foi finalmente reconhecido como sendo totalmente legal pela Suprema Corte Coreana depois de anos de luta. Muitos dos generais e seus simpatizantes foram presos e/ou desonrados. Mas como diz o *slogan*, a luta continua. As tentativas de criar e cimentar políticas e práticas de currículos, ensino e avaliação mais criticamente democráticos em escolas coreanas não terminaram. De fato, face aos ganhos neoliberais e neoconservadores na Coreia do Sul e os subsequentes ataques com concepções e práticas críticas na educação por grupos de direita do Estado, na economia e na mídia, eles tiveram que ser constantemente defendidos e reconstruídos (cf., p. ex., KANG, 2009). Essa é a natureza da luta por uma educação digna de seu nome. É interminável.

Preciso acrescentar um último ponto antes de fechar a narrativa pessoal deste capítulo. Os efeitos daquelas experiências na Coreia do Sul foram duradouros sob múltiplas maneiras, não só na Coreia como também em Wisconsin. Os tipos de ações políticas em que eu e meus estudantes nos engajamos tomaram um lugar ainda mais central no meu trabalho e no dos meus estudantes nos anos que se seguiram. De fato, o Seminário de Sextas-feiras – o grupo de estudantes pós-graduandos, professores-visitantes, ativistas e outros que se encontram comigo todas as tardes de sexta – envolveu-se profundamente, não só no apoiar ao trabalho "acadêmico" uns dos outros, mas também em continuar o que se tornou uma parte constitutiva dos esforços do Seminário de Sextas-feiras. O trabalho anti-hegemônico na educação por meio da pesquisa e escrita, do trabalho com professores críticos nas escolas, apoiando e trabalhando com movimentos educacionais criticamente engajados e tipos similares de coisas sempre foram acompanhados por esforços concretos de apoiar ações progressistas envolvendo direitos do trabalho, autonomia cultural e direitos das pessoas oprimidas dentro e fora dos Estados Unidos (cf. APPLE, 2000).

Isso incluiu coisas como ajudar a formar uma coligação nacional para boicotar a Pepsi Cola® e outras companhias americanas que continuaram buscando, cada vez mais, lucros em Burma (Mianmar), fechando os olhos para as ações do regime assassino de lá; apoiar trabalhadores de fazenda migrantes em sua campanha para ganhar melhores salários e condições de vida para si e para seus filhos; dar apoio ao Sindicato dos Professores Turco quando o governo da Turquia ameaçou processar o sindicato por seu apoio ao ensino da "língua-mãe" para minorias daquele país; trabalhar em direitos de terra e iniciativas agrárias da comunidade local; organizar protestos contra políticas e instituições ultraconservadoras; envolver-se com ativistas comunitários no trabalho educacional crítico, em escolas locais e centros comunitários, como também em ações similares.

Por exemplo, o Seminário de Sextas-feiras atualmente está envolvido em um projeto, trabalhando com artistas ativistas, ativistas da comunidade e jovens para criar uma série de murais públicos liderados pela juventude que documentam suas vidas, dificuldades e esperanças. Isso é parte de um trabalho muito esmerado, sendo feito pelo Centro Hispano em Madison para interromper o canal escola-para-prisão para muitos jovens latinos. Tendo acesso ao financiamento para projetos que ligam a faculdade e estudantes universitários a grupos comunitários, originalmente sob a liderança de dois estudantes latinos meus, membros do Seminário de Sextas-feiras trabalharam incansavelmente para escrever uma proposta de pedido de fundos para projetos cooperativos com o Centro. O financiamento foi aprovado, possibilitando ao Centro trazer um conhecido moralista ativista – Raven – para assistir os jovens, os ativistas educacionais do Centro e nós do Seminário com o projeto[46].

Nesse processo, todos nós tentamos colocar em prática o maior número possível de tarefas apontadas no capítulo 2. Reanimamos nossos compromissos coletivos para usar o poder e os recursos que temos para possibilitar melhores conexões entre o "interior" e o "exterior" da universidade e para trabalhar nos espaços que foram abertos para o trabalho anti-hegemônico. A liderança, em grande parte, foi exercida não só por nós, mas pela comunidade e pelos jovens. Há compromissos políticos muito reais e variáveis dos membros do grupo, embora todos os membros sejam educadores críticos e pesquisadores. Porém, há um compromisso sério em manter

---

46 O educador crítico e moralista Raven trabalha com comunidades, nacional e internacionalmente, em projetos educacionais e de regeneração de comunidades, combinando atividades críticas educacionais e culturais com ajuda a construir habilidades criativas e identidades marcadamente diferentes entre os jovens oprimidos. Seu trabalho e aqueles dos movimentos e instituições com que ele está associado podem ser encontrados nas seguintes websites: the University of Hip Hop (http://uhiphop.uchicago.edu) e the Community Rejuvenation Project (http://communityrejuvenation.blogspot.co.uk/).

e expandir a ideia de "unidades descentralizadas" dentro do próprio Seminário. Todos sabemos que as teorias também devem ser *vividas* em nossas práticas diárias. Assim, as questões e ações com as quais nos envolvemos são longamente discutidas e partilhadas. O projeto do mural não só nos conecta com a juventude e a comunidade; ele faz muito mais. Também conecta nossas crenças sobre como uma educação crítica deve ser. Ele oferece um espaço para que aprendamos uns com os outros e com a comunidade e os jovens, um espaço em que nós lhes damos os recursos, que são absolutamente essenciais para o projeto. Faz-se necessário que rejeitemos a "varanda".

Há uma última coisa para a qual o projeto do mural com a juventude despossuída abre uma oportunidade. Um dos papéis a se tomar é o de secretárias do próprio projeto. Documentaremos para o Centro, para a comunidade, para os próprios jovens – e, mais tarde, para o público de outros educadores críticos comprometidos em escolas e universidades – a história, como também a história completa do projeto. Isso inclui auxiliar na criação de vídeos das produções e no processo de criá-las, narrativas do envolvimento da juventude e do reconhecimento nascente de seu valor e de suas habilidades, e escrever um relato dos modos pelos quais um processo artístico e cultural/educacional crítico combinado levanta perguntas cruciais sobre o tipo de educação que é normalmente oferecido à juventude não branca. Finalmente, também queremos que nossa atividade seja uma contribuição para os esforços do Centro na geração de fundos, para continuar seu trabalho importante de interromper o canal escola-para-prisão e tantas outras atividades com e para a juventude da comunidade latina. Porém, o "trabalho secretarial" requer um *consentimento ativo* do próprio Centro e dos jovens. Caso contrário, esse tipo de relatos escritos pode se tornar tacitamente um exemplo no qual os benefícios gerais são usufruídos pelos escritores, não pelo Centro ou pelos jovens. O objetivo então não deve ser o uso das experiências dos murais como parte de uma estratégia de conversão de ganho acadêmico, algo que notei no capítulo 2, que é um perigo cada vez mais presente na literatura pedagógica crítica. Os benefícios podem ser mútuos; primeiro para o Centro, os jovens e outros ativistas, e depois talvez para os membros do Seminário de Sextas-feiras e para os cinegrafistas. Mas a prioridade deve ser dos primeiros, não dos últimos.

Esses tipos de atividades comprometidas não são os únicos. De fato, toda uma série de esforços políticos/culturais se tornou ainda mais importantes durante o tempo em que escrevi este livro. Como notei no capítulo 1, por exemplo, um governador fortemente à direita e uma legislatura estadual dominada por direitistas em Wisconsin tentaram forçar um conjunto de políticas e um orçamento que tinha como objetivo: destruir o direito de funcionários públicos de fazer negociação coletiva; diminuir recursos para comunidades pobres; esvaziar programas ambientalistas; cortar orçamentos educacionais; empurrar planos de privatização educacional; tornar as "taxas de encarceração" de pessoas pobres não brancas ainda piores; tirar os fundos de programas de saúde da mulher; instalar legislação anti-imigrante repressiva; e muito mais políticas e cortes verdadeiramente desastrosos. O fato de que isso está intimamente ligado à política de raça e à raiva do homem branco e a ter a crise econômica resolvida às custas daqueles que menos têm deveria estar claro para qualquer um que presta atenção nos interesses explícitos e implícitos dessas políticas. Não me apazigua nem um pouco o fato de que essas mesmas políticas econômicas e sociais danosas são visíveis em muitos outros estados aqui nos Estados Unidos e em outras nações também. Mas eu encontro conforto no fato de que em Wisconsin e em outros lugares, manifestações contra essas políticas de direita continuam, assim como esforços para conter esses legisladores e o governador de direita de outras maneiras.

A lista dessas depredações e lugares poderia continuar. Mas em meio a tudo isso, coligações foram formadas por meio de divisões de raça e classe. Muitas pessoas do Seminário de Sextas-feiras e estudantes da faculdade na universidade se juntaram a membros do sindicato, grupos de mulheres, desempregados, estudantes de *high school* e *middle school*, professores, funcionários do governo, fazendeiros, enfermeiros, comunidades de pessoas não brancas, grupos pró-imigrantes... e a lista também poderia continuar. As mobilizações ocorreram dentro do Capitol Building, do lado de fora e dentro das câmaras legislativas, por toda cidade e Estado. Como em tantos outros lugares do mundo, o "Occupy Wall Street" também serviu para instigar ativistas aqui, assim como a luta contra ataques de direita sobre políticas de ação afirmativa na universidade. Grupos de pessoas com diferentes ideais estão se juntando naquelas "unidades descentralizadas" de que falei anteriormente. A dominância está sendo contestada nos tribunais, no governo, nas escolas, nas comunidades, na mídia – em todo o lugar. Há o reconhecimento de que nenhum lugar é pequeno demais, nenhuma política é insignificante demais que não possa ser lugar de desafios. Se este "nós" expandido e comprometido irá ter sucesso não podemos saber antecipadamente. Mas uma coisa é certa: as tentativas de direita de transformações radicais não serão feitas facilmente e serão enfrentadas constantemente com luta. E com muitos outros educadores em todos os níveis participando.

Mas há outra observação que precisa ser feita. Esta mais uma vez se refere ao Seminário de Sextas-feiras. Há agora nesse seminário uma *tradição* consistente e contínua de combinar o acadêmico com o político, e não só no nível retórico, como acontece com muito do que foi chamado de "pedagogia crítica". O ativismo torna-se parte da identidade acadêmica e social por meio da ação (cf. APPLE; AU & GANDIN, 2009). Como notei anteriormente, se a teoria e a prática da educação crítica forem discutidas e tratadas como simplesmente mais uma área acadêmica especializada e forem usadas em grande parte para os propósitos de estratégias de conversão para ganhar mobilidade dentro do campo social de poder da academia (BOURDIEU, 1984), fracassamos em aprender as lições deixadas para mim em Seul e Kwangju. Ideias críticas têm poder, e seu poder aumenta imensamente quando elas são organicamente ligadas aos movimentos sociais e às lutas que lhes dão vida (APPLE, 2010). Pensei saber disso antes de ir à Coreia. Mas tendo aprendido essa lição, revivo-a constantemente com os membros do Seminário de Sextas-feiras e lembro-me dela todos os dias no trabalho coletivo comprometido com *múltiplos* movimentos para contestar as políticas radicais de direita que ameaçam se tornar o senso comum desta sociedade. Continua claro para mim o que está em jogo se esquecermos de levar isso a sério.

8
Respondendo à pergunta sobre educação e transformação social

O capítulo anterior usou um exemplo pessoal para levantar a questão sobre risco e possibilidade. Mas ela tem apenas significado em termos da pergunta que guiou os capítulos deste livro quando está ligada a um impulso emancipatório maior. Embora meu foco neste livro tenha sido a educação e suas conexões com processos de transformação social juntamente com múltiplas dinâmicas de poder, os argumentos e exemplos que expus foram baseados em uma moral e um compromisso político mais gerais, o que foi chamado de *igualitarismo democrático radical*. Isso se baseia na convicção de que o "igualitarismo robusto" é necessário para uma vida pessoal e social próspera e cheia de realizações. Por causa disso, ela é guiada por um impulso crítico que busca desafiar políticas e práticas sociais, econômicas e culturais que geram desigualdades nas condições materiais e sociais da vida dos indivíduos, limitando sua possibilidade de prosperidade. Ela busca tanto remover as barreiras que limitam a "liberdade individual e a democracia de poder coletivo" quanto iluminar os possíveis caminhos para construir políticas e práticas mais responsáveis (WRIGHT, 2010, p. 33; cf. tb. WILLIAMS, 1989)[47].

---

47 Sou grato a Quentil Wheeler-Bell pelas múltiplas discussões comigo sobre a utilidade do conceito do florescimento humano.

Essas barreiras, caminhos e alternativas são complexos. Eu demonstrei que eles incluem estruturas e ideologias tanto de redistribuição quanto de reconhecimento, e que são formados e disputados de maneira que envolvem múltiplas dinâmicas, incluindo classe, "raça", gênero e sexualidade, "habilidade", nacionalidade e cidadania (WRIGHT, 2010, p. 33). Também defendi que, entre outras tarefas, está a procura por modos pelos quais as lutas sobre essas barreiras e por essas alternativas possam se cruzar e se influenciar, para que unidades descentralizadas sejam construídas.

Ao apontar a importância da redistribuição e do reconhecimento, de maneira alguma desejo minimizar o lugar que as análises de retribuições tiveram e devem continuar tendo dentro das tradições radicais de educação crítica. De fato, eu mesmo continuo a ser fortemente influenciado por essas análises e a contribuir para as mesmas com o passar dos anos.

Entretanto, como notei no capítulo 1, em parte usando um exemplo de minha própria experiência com "deficiência", encontro poder especialmente no trabalho de Nancy Fraser e de Kathleen Lynch, John Baker e Maureen Lyons. Para Fraser, a democracia densa na economia e em todas as esferas da sociedade depende das transformações envolvendo relações múltiplas de exploração e dominação. Para Lynch, Baker e Lyon, a *igualdade afetiva* é um elemento crucial, uma "estrutura estruturante", que é verdadeiramente constitutiva de uma sociedade que deve ser transformada fundamentalmente em direções criticamente democráticas. Em essência, portanto, a retribuição requer o reconhecimento e o reconhecimento requer redistribuição. Deixe-me dizer algo mais sobre isso, usando as intersecções da economia política e dinâmicas racializadoras.

Embora "reconhecimento se refira às práticas sociais por meio das quais as pessoas se comunicam com respeito mútuo e validam sua posição como pessoas de mesma moral dentro de uma sociedade" (WRIGHT, 2010, p. 16), é importante notar que a distinção analítica entre redistribuição e reconhecimento é exatamente isso: analítica. Essas dinâmicas são profundamente interconectadas. A negação do respeito e a estigmatização dos "outros" reforçam desvantagens materiais. De fato, elas podem levar à sua produção. Além disso, desigualdades de classe também podem "impor danos de desrespeito" (WRIGHT, 2010, p. 16).

As interconexões são prontamente visíveis no fato de que entre as raízes da acumulação de capital durante o crescimento do capitalismo como um sistema econômico global estavam a escravidão e o mercado de negros. A negação da condição de pessoa tornou possível a escravidão e a comodificação de outros seres humanos, que, por sua vez, eram dialeticamente ligados a um processo maior de reconhecimento errôneo assassino. Como Eric Williams nos lembra, a escravidão era uma das fundações do capitalismo (WILLIAMS, 1994), dando mais evidência aos argumentos antirreducionistas e nos alertando a ter muito cuidado ao usar classe como o único elemento que deve ser privilegiado em análise crítica. De fato, esse é um dos fundamentos de Du Bois e da colocação de Woodson das experiências negras como lições sociais cruciais *não* só para povos negros, mas para *todas as* pessoas nos Estados Unidos. Argumentos similares foram feitos de modo excepcionalmente impactante sobre a dinâmica constitutiva e estruturas cercando gênero.

Embora o capitalismo seja implicado em tantas desigualdades cruciais que enfrentamos e certamente as torne ainda mais difícil para superá-las, ele não é a raiz de tudo o que enfrentamos. Nas palavras de um dos críticos mais pensantes das relações políticas e econômicas e dos modos de produção e organização, "Críticos do capitalismo ficam às vezes tentados a tratar todos os problemas sérios do mundo contemporâneo – tais como racismo, sexismo, guerra, fundamentalismo religioso, homofobia e daí por diante – como consequências do capitalismo. Essa tentação deve ser resistida" (WRIGHT, 2010, p. 38).

Isso torna nossa tarefa mais difícil. Precisamos definitivamente ser apropriadamente críticos sobre o poder de destruição da restruturação neoliberal e da comodificação de tudo o que nos importa, e não "apenas" em Nova Orleans. Precisamos definitivamente reagir contra um sistema econômico e seu conjunto cultural e ideológico que cria as condições que fazem com que pareçam razoáveis e factíveis. Porém, ao mesmo tempo, também precisamos reconhecer os efeitos destrutivos, mas ainda relativamente autônomos dessas outras relações de dominação e subordinação dentro e fora da educação. Isso significa que, enquanto vermos a "sociedade" como sendo constituída de relações econômicas, nos enganamos, pois essas não são as únicas relações que a constituem e que precisam ser transformadas. Se a resposta para a pergunta "A educação pode mudar a sociedade?" depende de entender a sociedade como *apenas* suas relações econômicas ou como sendo totalmente dependente dessas relações, e sendo apenas um mero reflexo destas, então qualquer mudança substancial só pode ser avaliada sob uma forma e por apenas uma dinâmica. Ela mudou a economia e as relações de classe?

Essas relações precisam ser constantemente interrompidas. Mas a posição acima não só é enraizada em teorias de base/superestrutura que têm sido criticadas por décadas na multiplicidade de tradições críticas (cf., p. ex., APPLE, 2012; APPLE, AU & GANDIN, 2009; APPLE; BALL & GANDIN, 2010), mas ela também pode ter um efeito fundamentalmente *desmobilizador*. Ela pode fazer os trabalhos extraordinários de Du Bois, Woodson, dos professores, bibliotecários, editores, trabalhadores de currículo e escritores que trabalharam tão duro em transformações educacionais parecerem epifenomenais. Isso seria uma consequência verdadeiramente desastrosa. Ações em movimentos sociais que têm efeito direto em seu agente mudam as pessoas. Tais ações dão às pessoas identidades ativistas e ensinam estratégias que ecoam pela sociedade, estratégias que podem ser e são tomadas em outras lutas. Se tudo o que fazemos como educadores críticos – seja uma pesquisa crítica, trabalhar com a juventude ou com mulheres em comunidades imigrantes oprimidas, sobre formas em expansão de alfabetização crítica, ou construir alianças com ativistas de direitos do deficiente, movimentos ambientalistas e comunidades *gay*, ou trabalhar criativamente empregando a mídia para propósitos anti-hegemônicos – for apenas valorizado pelos seus efeitos na economia, isso limita drasticamente o que significa reagir lutando contra o que está acontecendo com tantas pessoas. Freire também reconheceu claramente este tipo de abordagem. Isso torna muito menos provável que identidades ativistas tenham chance de formar movimentos sociais.

Igualmente se faz necessário termos cuidado com o essencialismo. Pensar sobre a questão das intersecções também significa que, por exemplo, as dinâmicas e estruturas envolvendo raça são atravessadas por dinâmicas envolvendo gênero e classe. Enquanto ser, digamos, negro ou mulato afeta todos os que assumem aquela identidade ou que têm aquela identidade afixada a eles, há também divisões profundas de classe e gênero, assim como questões de cor dentro de comunidades negras e mulatas. Cada uma destas é contestada e é objeto de discussões intensas dentro de comunidades não brancas. Mas há uma mensagem importante aqui: não homogenize questões envolvendo raça (LEONARDO, 2010).

Isso é um alerta claro para minha discussão no capítulo 3 de figuras como W.E.B. Du Bois, Carter G. Woodson e os educadores ativistas que colocaram seus argumentos em prática nas escolas e comunidades. O objetivo de minha discussão *não* é ser uma declaração sobre "a" posição afro-americana acerca da possibilidade de a educação mudar a sociedade, não mais do que George S. Counts pode representar "a" posição branca sobre essa questão. De fato, isso não só seria errado, mas também uma impossibilidade. Como afirmei, havia e há múltiplas posições e debates sobre o papel do ensino dentro do conjunto ideológico diverso de todas essas comunidades.

Ao contrário, meu objetivo era tornar pública uma parte dessa complexidade. Nesse processo eu quis demonstrar que dar um *status* icônico apenas para George Counts – como é frequentemente o caso, quando muitos educadores críticos nos Estados Unidos olham para suas raízes históricas – é limitado demais. Antes, durante e depois do período em que ele escreveu, vozes falando de experiências de grupos oprimidos não brancos estavam fazendo a pergunta de Counts e respondendo-a de maneiras excepcionalmente instigantes. Esse também era o caso de quase todo grupo oprimido. Intelectuais orgânicos – e "pessoas comuns" – falavam eloquentemente sobre as lutas educacionais das mulheres, sobre a vida dos povos nativos e sobre tantas outras marcas do "outro" nesta sociedade.

As pessoas respondiam. Elas desafiavam constantemente a dominância, às vezes abertamente, às vezes de maneira oculta. Faziam isso naquelas instituições que tinham consequência em suas vidas diárias, em seu futuro e no futuro de seus filhos. Às vezes, então, as escolas eram – e são – arenas centrais dessas ações individuais e coletivas e dessas mobilizações, uma observação feita por Jean Anyon (2005) e Pauline Lipman (2011) em suas análises do lugar que mobilizações educacionais têm tido nas construções de movimentos.

Construindo movimentos

Eu não sou um romântico. Construir e defender movimentos de interrupção que cooperam uns com os outros e que formam unidades descentralizadas nunca foi fácil e eu não vejo razão para assumir que seja fácil hoje. Uma das razões é obviamente o fato de que estamos agindo em um campo irregular, algo como jogar futebol em um campo que está inclinado, de tal forma que favorece o outro time. Porém, outra razão é que em parte buscar ideais específicos de um grupo pode ter efeitos contraditórios nos ideais de outros movimentos sociais. Isso é algo que Nancy Fraser combateu quando defendeu uma política de redistribuição e reconhecimento que complementasse – não interrompesse – um ao outro (FRASER, 1997).

Por exemplo, os ganhos merecidos na vida econômica das mulheres trazidos por décadas de mobilizações e sacrifício delas foram absolutamente cruciais. Porém, às vezes, esses ganhos eram limitados por aqueles que estavam no poder, de tal maneira que alguns deles vinham às custas dos ganhos pelos quais as pessoas não brancas lutavam simultaneamente. Homens brancos desistiram menos de sua fatia do bolo política e econômica. Os movimentos das mulheres – em grande parte dentro de comunidades brancas – e mobilizações antirracistas em torno de estruturas, políticas e práticas racistas nas esferas econômicas e políticas não estavam intencionalmente em conflito; mas uma situação era criada com demasiada frequência, na qual elas estavam competindo pela mesma fatia de bolo.

Isso era e é lamentável. Mas como demonstrei em meu capítulo sobre as ações do Wal-Mart®, estruturas e grupos dominantes não ficam passivos diante dos ataques daqueles para quem as organizações dessas estruturas criam e mantêm recursos e poder desiguais. Sem um reconhecimento dessa história e sem uma vontade de pensar criativamente como de projetos progressivos podem surgir efeitos contraditórios será muito mais difícil construir as alianças necessárias para interromper a dominância em nossas vidas pessoais, políticas e econômicas.

Construir e defender movimentos cooperativos também pode ser difícil por outras razões. Como notei acima, identidades ativistas novas e bastante poderosas são formadas por meio de participações em movimentos e mobilizações sociais. Professores, estudantes, pais, membros da comunidade e outros assumem identidades ativistas que são construídas continuamente por meio de ação concreta. Essas identidades são formadas em torno de questões existentes que dão sentido à vida de uma pessoa. Pedir às pessoas que pensem sobre as possíveis consequências inesperadas de suas ações pode paradoxalmente tornar lenta a formação de identidades ativistas firmemente fundamentadas. Isso é um dilema real e deve ser encarado honestamente.

Deixe-me dar um exemplo de por que encará-lo honestamente é tão crucial, um exemplo que coloca o papel da educação e do processo de trabalho dos professores diretamente no centro e se refere também diretamente à questão da intersecção de objetivos progressistas múltiplos e justificáveis. Quando o governador de direita e os líderes legislativos de Wisconsin anunciaram um assalto frontal aos funcionários públicos, sobre seu direito de negociação coletiva, de formação de sindicatos e de assistência médica, pensões e salários, houve manifestações durante meses seguidos, incluindo ocupações do State Capitol Building. Isso ocorreu meses antes dos protestos criativos de Occupy Wall Street.

Professores, enfermeiros e outros trabalhadores da área da saúde, assistentes sociais, bombeiros, policiais, funcionários administrativos e clericais e tantos outros se uniram com trabalhadores empregados e desempregados, tanto do setor público quanto do privado, grupos de mulheres, estudantes, ativistas dos direitos do deficiente, prestadores de cuidados, ativistas dentro das comunidades de pessoas não brancas, membros de movimentos pró-imigrante... e a lista de participantes poderia continuar. A solidariedade era impressionante. O Capitol Building e todo o centro da cidade de Madison ressoavam constantemente com as vozes de milhares e milhares de protestantes, muitos dos quais representavam grupos que se uniam pela primeira vez. O que os uniu foi o senso coletivo de que todos esses grupos sofreriam a perda de ganhos essenciais se as políticas de direita não fossem desafiadas.

Para os participantes, incluindo eu e tantos colegas, estudantes e amigos, foi uma aliança inspiradora e instigante que atravessou limites de classe, gênero e raça, e mostrou a própria possibilidade de se engajar em esforços coletivos que desafiariam um ataque bem-fundamentado sobre a dignidade e a própria vida de tantas pessoas, como também sobre a tradição de política e valores progressistas em Wisconsin. Palavras como "dignidade" são importantes aqui, pois estão ligadas à questão relacionada à *igualdade afetiva*, assim como à justiça econômica.

Tudo isso foi e é positivo. Embora os sindicatos dos professores e os funcionários públicos tenham tomado a liderança, a diversidade foi uma declaração poderosa. *Mas* – e trata-se de um mas significativo – na semana seguinte às manifestações, uma carreata e uma marcha pró-imigrante ocorreram. Ao invés de 150.000 manifestantes e ocupantes que haviam participado antes, desta vez "apenas" 3.000/4.000 pessoas marcharam ao Capitol para protestar contra as políticas econômicas e sociais do governador e da legislatura, os cortes na assistência médica e nos serviços sociais, as políticas penais punitivas, os enormes cortes na educação que negavam oportunidades educacionais às crianças pobres e imigrantes e o apoio de direita à marquetização e privatização de cada esfera da responsabilidade do governo, incluindo a educação. Apoiar o *Dream Act* para aumentar a possibilidade das crianças de trabalhadores sem visto permanente de cursarem o ensino superior e receberem apoio público era uma das prioridades pró-imigrantes.

O Movimento Pró-imigrante se unira a funcionários públicos, a sindicatos dos professores, a ativistas dos direitos do deficiente e da área da saúde, e também a outros grupos das primeiras manifestações. De fato, alguns dos exemplos mais criativos e eloquentes de como organizar e gerar atenção pública vieram dos protestantes pró-imigrantes e do Dream Act. Mas onde estavam esses grupos de funcionários públicos e outros que tiveram o apoio da comunidade latina, africana e de outras comunidades minorizadas quando estas marcharam em prol do reconhecimento de suas necessidades?

Como foi feito em outras manifestações e marchas, meu neto Alex me acompanhou na Marcha Pró-imigrante. Ele perguntou em voz alta por que havia consideravelmente menos pessoas. Pensei no que diria a ele. No fim, usei isso como uma lição política ao dizer-lhe por que era tão importante os grupos se apoiarem mutuamente. Vários de seus colegas de classe eram latinos e ele já tinha um senso apurado na percepção de injustiça. Tivemos uma discussão aprofundada sobre o que significava ser visto como o "Outro" naquela sociedade e como as políticas que estavam sendo implementadas em Wisconsin machucavam intensamente as pessoas pobres e aquelas que não eram brancas[48].

O ponto principal aqui, entretanto, não é a discussão dessas questões com meu neto, embora isso tenha sido uma oportunidade importante. Ao contrário, minha tese é mais ampla. A direita trabalha assiduamente – e com frequência com bastante criatividade – para trazer sob a sua liderança grupos de pessoas que, caso contrário, poderiam não achar suas políticas ideologicamente atraentes (APPLE, 2006). Como mostrei anteriormente, políticas educacionais são um grande motivo para desarticulação e rearticulação ideológica. Se o apoio irrestrito a questões vistas como centrais por comunidades minorizadas não vem de sindicatos dos professores, de outros empregados do setor público, como também de grupos progressistas quando, por exemplo, movimentos pró-imigrantes estão correndo riscos reais, mas essas mesmas organizações apoiam tenazmente os trabalhadores do setor público, e especialmente sindicatos dos professores, estabelece-se uma grande falta de reciprocidade. Uma das consequências desse ato pode ser a abertura de um espaço em que políticas educacionais de direita pareçam mais atraentes a movimentos de pessoas minorizadas.

---

48 Para um maior aprofundamento de como os cortes de emprego no setor publico têm efeitos desproporcionais nos grupos minorizados, cf. Williams, 2011.

Isso já aconteceu em lugares como Milwaukee, onde grupos organizados dentro de comunidades não brancas deram apoio aos planos de *voucher* e outras iniciativas de privatização (cf. APPLE & PEDRONI, 2005; PEDRONI, 2007). Aqui também, políticas educacionais e escolas de um modo geral servem como arenas nas quais ocorrem lutas por grandes transformações em afiliações ideológicas. E mais uma vez, a educação não é epifenomenal, mas é *central* a essas mudanças maiores na identidade política. Ignorar o lugar de conflitos acerca da educação em transformações sociais e ideológicas maiores é deixar espaço aberto para a direita ocupar. Isso também tira a oportunidade de construir alianças que podem ser cruciais agora e no futuro.

Minha análise nas seções anteriores tornam essas questões ainda mais salientes. A discussão no capítulo 6 sobre as estratégias que o Wal-Mart® empregou aponta para o fato de que o terreno no qual trabalhamos para construir políticas e práticas mais criticamente democráticas é contestado. Aqueles, como nós, que estão comprometidos com um igualitarismo robusto em todas as esferas da vida, e na educação em particular, não são os únicos que estão trabalhando. Precisamos pensar com muito mais rigor e de um modo muito mais sutil sobre as múltiplas forças em jogo – algumas progressistas e outras bastante regressivas – nesse terreno. E precisamos de uma compreensão consideravelmente mais estratégica sobre o papel que as lutas educacionais podem ter na mudança de debates mais gerais *e de fidelidades com a direita* (cf., p. ex., PODAIR, 2005).

Movimentos em formação

Porém, há exemplos de como alianças progressistas podem ser construídas entre o público. Essas alianças podem começar com uma ação educacional e se espalharem, de maneira significativa, para outras instituições e grupos. O movimento de estudantes em Baltimore para interromper o explícito canal escola-para-prisão é um exemplo importante (cf. ALEXANDER, 2012). Como Umar Farooq nota, estudantes ativistas de comunidades minorizadas naquela cidade pressionaram com uma campanha para bloquear a construção de uma detenção para jovens. Quando o financiamento público para o Projeto Álgebra no qual os estudantes participavam foi ameaçado, os líderes do projeto exortaram os estudantes a "defenderem seus interesses". Os organizadores do Projeto Álgebra haviam forçado agressivamente – de forma apropriada e criativa – os legisladores estaduais a liberarem cerca de USD 1 bilhão em financiamento educacional estabelecido pelo tribunal, envolvendo-se em desobediência civil, greves estudantis, manifestações de rua com o objetivo de passar sua mensagem: "Sem educação, sem vida" (FAROOQ, 2012, p. 5).

Em 2010, os estudantes se engajaram em uma campanha para bloquear o prédio do centro de detenção. Esse fato atraiu outros simpatizantes da causa, pois o índice de criminalidade juvenil caíra precipitadamente. Coligações contra o centro de detenção foram formadas, incluindo uma aliança com grupos comunitários e com o Movimento Occupy Baltimore. O local proposto para a construção foi ocupado, e mesmo com dispersões e prisões, a "desobediência civil diária e *teach-ins*[49] persistiram". Essa persistência da coligação valeu a pena, pois no orçamento estadual de 2013 não foram incluídos fundos para prisão juvenil (FAROOQ, 2012, p. 5).

As implicações deste exemplo para a pergunta organizadora deste livro são claras. A campanha cresceu a partir do Projeto Álgebra e de seu programa de reconstituição de conhecimento: o que significa saber e quais pessoas são vistas como sabedoras. Isso levou a concepções aprimoradas em re-

---

49 *Teach-ins* são fóruns educacionais sobre questões que geralmente envolvem assuntos políticos atuais, orientados para a ação e que não estão limitados a uma estrutura específica [N.T.].

lação às realidades opressoras e às prioridades orçamentárias alocadas erroneamente, com identidades ativistas, ação comprometida, construção de alianças... e chegando ao sucesso. Essa visibilidade do trabalho organizado pode ser constatada, por exemplo, na utilização da matemática para a comunidade de justiça social (cf., p. ex., GUTSTEIN, 2006), no programa Students at the Center em Nova Orleans (BURAS; RANDELS; YA SALAAM & STUDENTS AT THE CENTER, 2010), nas muitas práticas educacionais ativistas tão bem documentadas pelo grupo de Rethinking Schools em Milwaukee, como também nas alianças entre professores ativistas, jovens e líderes comunitários em Chicago, Los Angeles, Filadélfia, Oakland, Boston, Nova York etc.

No plano internacional, isso pode ser constatado nos esforços para usar as experiências das mulheres em áreas rurais do México na criação de um movimento que ao mesmo tempo transforma os papéis econômicos das mulheres em uma economia rural e cria novas identidades pedagógicas ativistas autoformativas para elas (APPLE, 2010). Ou no trabalho do Crea em Barcelona, onde esforços educacionais com mulheres imigrantes tornam possível que novas alianças sejam construídas, possibilitando o respeito mútuo sobre as diferenças religiosas, dando às mulheres um senso de poder cultural e possibilitando a "criação de agência" em outros aspectos de sua vida. Isso também é visível nos esforços igualmente criativos do Crea com os jovens e com os grupos minorizados (SOLER, 2011). Muitos outros exemplos podem ser dados aqui. Tornar esses sucessos visíveis, agindo essencialmente como "secretárias críticas" desses "movimentos em formação", é um importante ato de apoio. Também é um modo crucial de interromper o sentimento de que há pouco que se possa fazer. Nada poderia estar mais distante da verdade.

Escolas como locais de trabalho crítico criativo

Comecei este livro revisitando a pergunta "A educação pode mudar a sociedade?" Mas, como sugeri, talvez essa seja uma pergunta errada a ser feita. Instituições educacionais não são isoladas da sociedade. Elas são elementos *centrais* daquela sociedade, como locais de trabalho, locais de formação de identidade, locais que fazem um conhecimento e uma cultura em particular legítimos, como arenas de mobilização e aprendizado de táticas, e muito mais. Como defendi em todo este volume, entender e agir sobre isso requer expandir as relações de poder para incluir um conjunto maior de dinâmicas e examinar suas intersecções. Uma vez que uma pessoa leva mais a sério os argumentos sobre o lugar-chave que a igualdade afetiva tem em uma visão robusta de uma sociedade socialmente justa, então a questão de reconhecimento fica ao lado das questões de redistribuição. Uma vez que uma pessoa reconhece o modo como a direita tem usado as instituições e as questões sobre educação para se conectar com os elementos que dão significado às vidas das pessoas e puxá-las para a liderança hegemônica, como o Wal-Mart® fez com faculdades e universidades de orientação religiosa, também se torna difícil ver as instituições educacionais como insignificantes.

Ainda mais importante é o papel central das substanciais "reformas não reformistas" da educação nas transformações fundamentais em Porto Alegre, tanto dentro quanto fora da educação. Isso ajudou a criar um Estado muito mais democrático; por meio de seu uso de Orçamento Participativo e Conselhos do Cidadão foi dado poder real aos pobres; a política do conhecimento oficial foi alterada e legitimidade foi dada à concepção do mundo das pessoas e de seus lugares nele; as margens foram trazidas ao centro e possibilitou-se que novas identidades fossem desenvolvidas dentro das favelas. Assim, ao fundir uma política de retribuição com uma política de reconhecimento – em que cuidado, amor e solidariedade não eram simples *slogans*, mas elementos-chave de um programa crítico – Porto Alegre estabeleceu mecanismos que eram parte de um projeto maior de transformação social, política e cultural. A redistribuição de recursos e a formação de novas identidades e novas relações de poder dentro do Estado e da sociedade civil deram vida a possibilidades radicais entre os despossuídos. Então, escolas se tornaram laboratórios de transformação social, pessoal e para o desenvolvimento de formas culturais e políticas anti-hegemônicas. Temos muito o que aprender com experiências como essas.

Mas isso não é tudo. Como meus capítulos sobre Freire, Counts, Du Bois, Woodson e os vários ativistas e educadores cujos esforços apoiaram e expandiram seu trabalho como estudiosos/ativistas mostraram, escolas e outras instituições culturais eram (e continuam sendo) locais de luta para e por pessoas oprimidas. Elas contêm vitórias e derrotas, ganhos e concessões sobre voz, política cultural, restauração da memória coletiva sobre o significado do que significa ter a condição completa de pessoa. Temos a dizer que há pessoas mal-informadas em suas concepções de que a escola é uma arena fundamental para a defesa de ganhos existentes e para a mobilização de novos ganhos. É possível assumirmos as concepções das pessoas oprimidas. Dizer que essas concepções são erradas, especialmente as concepções das pessoas não brancas, é – se eu puder ser franco – fazer a *performance* do *branco*.

Vimos isso não só em Porto Alegre, mas nas lutas em que Freire, Counts, Du Bois e Woodson se envolveram. Embora Du Bois e Woodson fossem menos românticos do que Counts sobre as realidades duras que precisavam ser encaradas, todos eles sabiam que as escolas e outras instituições educativas mereciam lutas constantes. Para Du Bois e Woodson, as escolas eram locais de racialização, destruição cultural e derrotas. Mas elas também eram locais de vitórias contínuas, arenas em que novas identidades e novos futuros podiam ser coletivamente alcançados. Professores comprometidos, armados com recursos que reconstruíam o "conhecimento oficial" e ligados organicamente a suas comunidades, podiam fazer a diferença.

Essas figuras e tantas outras sabiam que a luta seria longa e difícil, nacional e internacionalmente. Mas era crucial se fôssemos nos envolver com o Estado racial, manter a pressão, construir alianças, apesar das diferenças, dentro e entre grupos oprimidos. O processo também nos levaria a trabalhar no nível da prática para que universidades, escolas, professores, membros da comunidade e estudantes tivessem os recursos pedagógicos para se verem como parte desse movimento maior nacional e internacional e, nas palavras de Freire, "ler e escrever o mundo". Mudar o mundo, (re)escrevendo-o, demandaria uma combinação de trabalho econômico, trabalho político e trabalho cultural. *A tarefa seria ligar os esforços em cada uma dessas esferas.* Isso, me parece, também deve ser a nossa tarefa.

Quem são os professores

Nos capítulos 2, 3 e 4 foquei nossa atenção nas vozes e atores históricos. Nesse processo, eu coloquei no palco principal uma série expandida de pessoas e instituições que desafiaram a dominância em níveis nacionais, regionais e locais. Grande parte de minha atenção foi dada a Freire, Counts, Du Bois e Woodson como representantes dos grupos que exigiram uma educação que tinha a transformação social fundamental como seu objetivo.

Vários fatores separam essas figuras. Um deles era a concepção das conexões da educação com a economia política. Outra, o compromisso com o engajamento em e com a política cultural, desafiando radicalmente o que contava como conhecimento legítimo. Ainda outra, especialmente para Freire, Counts e Woodson, era o foco e o compromisso com o papel dos professores nas transformações que eles vislumbravam. Finalmente, cada um olhava para dentro e para fora de seu tempo. Eles, e Du Bois também, reconheciam as conexões entre o mundo fora de seus limites e as realidades da vida das pessoas dentro da nação-Estado. Para Counts era a economia internacional e o crescimento de mais modelos sociais de planejamento, coordenação e identidades coletivas por todo o mundo. Apesar de haver claras diferenças entre os dois, para Du Bois e Woodson era o reconhecimento da importância do trabalho de identidade em torno de experiências diaspóricas, da construção da consciência histórica das conquistas da África e dos povos e culturas africanos em meio a um império econômico e o poder do branco. Para Freire, era o papel da educação crítica no processo de conscientização, nos educadores tanto ensinando e sendo ensinados e na criação das condições em que os oprimidos entendem sua habilidade individual e coletiva de intervir no nível da vida diária contra as forças do neoliberalismo e racismo, que eram tão destrutivos dos corpos e mentes dos oprimidos.

Dentre as palavras mais significativas nos últimos parágrafos estão "concepções diaspóricas", "império" e "professores". Os Estados Unidos são ainda mais globais agora do que durante a época de Counts, Du Bois e Woodson. Economias internacionais e fluxos de população são ainda mais importantes. Políticas de classe e raça têm nacional e internacionalmente papéis ainda mais complexos. Professores são chamados para lidar com todas essas tensões, problemas e possibilidades que são produzidas por essas realidades.

Mas reconhecer essa situação significa que acrescentamos mais uma pergunta às duas que levantamos até aqui. Além de perguntarmos: "A educação pode mudar a sociedade?" e "Da perspectiva de quem estamos fazendo esta pergunta?", temos de perguntar: "Quem são os professores que irão agir sobre as respostas a essas questões? Mudanças enormes nos fluxos populacionais estão ocorrendo na medida em que pessoas diaspóricas se movem pelo mundo. O "proletariado global" é móvel (HARDT & NEGRI, 2000). Populações estão em movimento, procurando sobrevivência econômica, procurando evitar condições opressoras e até mesmo morte, tentando encontrar modos de controlar o próprio corpo e vida, como também de seus filhos (cf. APPLE, 2010). Tudo isso está acontecendo em um contexto de relações sempre mutáveis de capital global, interesses e políticas neoliberais, mobilizações ativistas contra políticas e interesses danosos, transformações culturais e religiosas, intersecções, tensões e muito mais.

Counts tinha muita fé na habilidade e na vontade dos professores de se engajar com tudo isso de uma maneira progressista. Du Bois clamou pela formação de intelectuais orgânicos que estavam intimamente ligados às massas de pessoas oprimidas e minorizadas e que entendiam o que estava em jogo nas lutas nacionais e internacionais sobre classe e raça. Woodson e os educadores ativistas que trabalhavam tão próximos a ele procuravam oferecer aos professores ferramentas e conhecimento necessário para construir identidades coletivas entre jovens e adultos negros e para lidar estrategicamente com hierarquias raciais dominantes e, finalmente, desafiá-las e transformá-las. Freire, em sua visão de uma educação que desafiava fundamentalmente o próprio papel de ensinar e de ensinado, do "conhecimento oficial" e do "conhecimento popular", falou eloquentemente de um processo pedagógico crítico, cujo objetivo final era de fato alcançável se os "professores" se comprometessem a "ler e escrever o mundo" coletivamente.

Em outros trabalhos escrevi sobre os tipos de conhecimento "que, como e para que" (i. é, fatos, habilidades e valores/disposições) nossos professores atuais e futuros precisam ter se quisermos construir – a partir de concepções democráticas críticas – currículos, pedagogias e formas de avaliação que guiem bons trabalhos educacionais, feitos em salas de aula, centros de alfabetização comunitários e universidades de todo o mundo (cf. APPLE, 2010; cf. tb. APPLE, AU & GANDIN, 2009; SOLER, 2011). Felizmente, professores/educadores como Kenneth Zeichner, Marilyn Cochran-Smith, Gloria Ladson-Billings têm escrito expressivamente sobre essas questões e sobre suas implicações para uma formação de professores reflexiva e crítica (cf., p. ex., COCHRAN-SMITH et al., 2008; LADSON-BILLINGS, 1994; ZEICHNER, 2009).

Isso é ainda mais crucial em uma época em que ideologias neoliberais estão afetando sempre mais a formação de professores. Ataques sobre programas de formação de professores, financiados com dinheiro público, e sobre escolas são cada vez mais perceptíveis, assim como pressões por privatização e marquetização. Não importa se a evidência mostra que programas como *Teach for América* e coisas parecidas não se aproximam de sua publicidade exageradamente positiva, aqui também o compromisso quase religioso com crenças neoliberais parece imune à evidência empírica (cf., p. ex., BURAS, 2011).

Estamos diante da possibilidade de que quaisquer impulsos críticos dentro da formação de professores serem vistos como "desvio", como também de o ensino ser visto como um simples conjunto de habilidades técnicas e procedurais que podem ser medidas com testes de desempenho estandardizados e facilmente contabilizados. O que testemunhamos depois do Furacão Katrina em Nova Orleans pode se tornar a norma na medida em que professores veteranos são substituídos por indivíduos que podem expressar seu compromisso com a educação – e esses compromissos podem ser genuínos e sinceros –, mas que não possuem muitas das habilidades e disposições críticas que tornam o ensino um ofício tão complexo e que podem ficar apenas na sala de aula por alguns anos e depois mudar de profissão.

Counts via os professores como parte de uma vanguarda. Du Bois e Woodson os viam como participantes de uma luta para desafiar o racismo e o imperialismo. Freire os via como parte de um esforço coletivo para desafiar opressões identificáveis. Essas tradições serão perdidas? Mais uma vez, não sejamos românticos. A não ser que perguntemos *quem* são os professores e quem eles serão. Podemos estar bem retoricamente, mas não entendemos totalmente o que precisa ser feito para recrutar e preparar professores para os papéis que Freire, Counts, Du Bois e Woodson vislumbraram.

Certamente não quero questionar as motivações de cem estudantes que são admitidos para o programa de formação de professores elementares em minha instituição todos os anos. Eles devem ser elogiados e admirados pela sua dedicação e sua escolha de devolver aos estudantes, às comunidades, à sociedade. Mas, mais uma vez, o fato de que há apenas três estudantes que não são brancos, e que a renda familiar média dos alunos na University of Wisconsin, Madison subiu mais de USD 30.000/USD 40.000 nas últimas duas décadas me dá razão para fazer uma pausa. Não é fútil perguntar se as suas experiências econômicas e pessoais os prepararam para as tarefas que Freire, Counts, Du Bois, Woodson e tantos outros exortaram que educadores assumissem. No mínimo, isso torna programas de formação de professor criticamente reflexivos, não só mais essenciais – e talvez mais difícil de serem realizados –, mas também dá grande importância a sua conexão com a vida real, não só na teoria (APPLE, 2011).

O sucesso é possível?

A questão se devemos ser otimistas ou pessimistas que está incorporada no título da seção é central. Luís Armando Gandin e eu estivemos envolvidos e seguimos a experiência de Porto Alegre por muito tempo. Ela consolida o que Archon Fung e Eric Olin Wright chamaram de *administração participativa empoderada* (cf. FUNG & WRIGHT, 2003). Em outro trabalho, Wright sugere corretamente que Porto Alegre oferece lições para administração democrática que vão além do orçamento municipal e, em nosso caso, de lições sobre a conexão de mudança social e educacional substancial. Como ele coloca, "formas participativas empoderadas de democracia direta podem aumentar o envolvimento de cidadãos na vida pública, tornar oficiais e políticos mais responsáveis, melhorar a eficácia do governo e tornar políticas sociais mais justas" (WRIGHT, 2010, p. 160-161)[50].

Como foi mostrado no capítulo 5, a experiência de Porto Alegre faz tudo isso juntamente com dimensões de poder múltiplas e entrecruzadas (classe, gênero, raça, "habilidade", religião, rural/urbano). Ao mesmo tempo, ela dá voz e poder reais às comunidades mais oprimidas. E, finalmente, uma das principais instituições no centro dessas transformações substanciais é a *escola*. Isso tem importância para os argumentos que defendi neste livro. Em certas situações e em certas épocas, instituições educacionais podem se tornar e se tornam locais cruciais para "mudança da sociedade" e participam dessa mudança. Elas agem como laboratórios para testar essas novas possibilidades, para criar identidades novas e politicamente mais eficazes, que aumentam a solidariedade e o cuidado uns dos outros através de uma série de diferenças. Elas também mudam radicalmente a política cultural de conhecimento oficial e as práticas pedagógicas aceitas. Podem ser vistas como "reforma não reformista", que têm ecos não somente na vida diária de escolas, educadores, estudantes, pais e membros da comunidade. Elas também acrescentam novas dimensões que alteram a relação maior entre o Estado e a sociedade civil (cf. WRIGHT, 2010).

Nenhum desses ganhos surge "naturalmente". Todos eles precisaram de anos de esforços e de muitos locais, exigindo engajamento nas tarefas (cf., p. ex., cap. 2). Eles foram guiados por uma visão maior que tornou esses esforços ainda mais importantes com o passar do tempo. Esforços em relação à mídia, à mudança do senso comum, à política eleitoral, à cons-

---

50 O uso que Wright faz da palavra "cidadão" aqui aponta para outro caso de política da linguagem. Ela tanto pode ser positiva quanto negativa. Portanto, pode ser usada para interromper o uso de palavras como "consumidor". Mas, em uma época em que há um debate intenso sobre imigrantes "ilegais" (sem documentos), a palavra "cidadão" pode assumir significado repressivo e ser usada para negar direitos a milhões de pessoas que fornecem trabalho e serviços nos Estados Unidos, por exemplo. Isso pode fazer parte de uma política profundamente conservadora de reconhecimento (cf. APPLE, 2010).

trução de novas maneiras para professores verem seu papel na transformação social e conectá-los às comunidades pobres de modo mais orgânico etc. Tudo isso aconteceu simultaneamente. Foi preciso fazer "trabalho acadêmico" ao longo do tempo para manter vivas as tradições críticas, expandindo seu alcance e preocupações, tornando-as acessíveis e vistas como alternativas viáveis para diversos públicos. Também foi necessário que oficiais e pesquisadores não "ficassem na varanda", mas agissem com os movimentos sociais que estavam se formando em torno dessas reformas.

Finalmente, como Gandin e eu também mostramos no capítulo 5, essas vitórias não podem ser desprezadas. Sim, escolas podem ser locais de grandes mudanças sociais. Mas tais mudanças também podem erodir ou até mesmo ser apagadas se movimentos progressistas e os indivíduos que os constituem não forem constantemente vigilantes, ligados à necessidade de criar e recriar unidades descentralizadas, que mantêm uma política combinada de redistribuição e reconhecimento. Isso é necessário não só para defender esses ganhos, mas para mantê-los verdadeiramente como reformas *não reformistas;* para que elas não estejam sozinhas, mas liderem a criação de mais espaços, mais possibilidades, mais oportunidades democratizantes, individuais e coletivas. Só então instituições e espaços educacionais podem continuar agindo como escolas de democracia densa, nas quais pessoas aprendem, criam e refinam novas formas de resolução de problemas coletivos, baseadas em respeito, cuidado e solidariedade (WRIGHT, 2010, p. 180; COHEN & ROGERS, 1995). Por mais que desejemos o contrário, não há descanso para os exaustos, infelizmente.

É claro que sob as condições atuais nos Estados Unidos e de muitas outras nações, talvez não seja possível instituir muitos dos elementos cruciais das transformações que provaram ser importantes em Porto Alegre. Entretanto, nenhum de nós tem uma bola de cristal para prever qual será a situação política no futuro. De igual modo, detalhar as vitórias de outros lugares torna-se essencial para nos capacitarmos e contribuirmos para a "formulação de inovações factíveis" (WRIGHT, 2010, p. 151).

Porém, outra coisa tem que ser dita. Como em todo este livro, e detalhei no capítulo 2, *há* coisas que podemos fazer agora e coisas que muitos de vocês *já* estão fazendo.

Naquele capítulo listei várias tarefas. Mas deixe-me afirmar novamente que essas são responsabilidades coletivas. Alguns de nós as fará bem, enquanto outros serão muito melhores em outras. Embora cada um de nós devesse tentar aumentar seu número, a ideia de responsabilidades coletivas mais uma vez aponta para a necessidade de *conectar* essas iniciativas. Se pensarmos no que Carter Woodson e aqueles que trabalharam com ele fizeram, o que lhes deu poder foram os esforços combinados em muitos "níveis" diferentes e por muitas pessoas diferentes. Estudos importantíssimos restauraram memórias coletivas e as tornaram públicas. Aqui, falar e escrever em diferentes registros foi crucial. Cursos sobre os frutos desses estudos críticos foram instituídos em faculdades e universidades. Material educacional para professores, estudantes, bibliotecários e comunidades foi produzido e disseminado; material que era baseado nas realidades dos professores e nas conexões das escolas com os despossuídos que elas serviam. E tudo isso era guiado por uma percepção das relações de poder e trabalho em direção aos objetivos a longo prazo na construção da "longa revolução".

A natureza prática, pessoal e política dessas tarefas foi experienciada em Porto Alegre e nas reformas duradouras que lá foram implementadas. Tornar essas vitórias públicas, como fizemos no capítulo 5, é parte importante de uma estratégia de oferecer "recursos de esperança" (WILLIAMS, 1989), tão necessários para lutas duradouras em outros lugares.

Todas essas tarefas envolvem riscos. No capítulo sobre minhas experiências na Coreia do Sul, mostrei honestamente o que esses riscos podem envolver. Não posso falar para vocês que riscos poderão ocorrer em suas vidas. Afinal, essa é uma época muito difícil ideológica e economicamente, em todas as nações. Empregos podem ser perdidos; carreiras podem ser arruinadas; famílias podem enfrentar dificuldades econômicas; professores podem ser vistos como "não exercendo seus deveres" de ensinar o que é devido para que se possa aumentar as notas em testes; estudantes e pais são de fato pegos em situações delicadas... A lista de riscos é bastante extensa. Portanto, parte de nosso esforço tem de ser defensiva. Podemos proteger nossos professores, administradores, estudantes, membros da comunidade e outros que falam a verdade ao poder? Grupos dominantes reagem lutando e às vezes tornam muito difícil para aqueles que se opõem publicamente a eles. Assim, movimentos organizados para dar apoio às pessoas que se expõem – seja o Movimento *Occupy*, professores ativistas ou ativistas comunitários que mudam ativamente o que conta como conhecimento oficial e que trabalham duramente contra a reestruturação neoliberal da sociedade – tornam-se importantíssimos nesse embate contra grupos dominantes.

Nesse aspecto, graças aos nossos esforços duradouros, envolvendo grande número de pessoas na Coreia do Sul, a ditadura militar *foi* removida. Em nossas pequenas ações, unindo-se a amigos e aliados políticos e educacionais, meus alunos e eu pudemos participar desse processo. Alianças internacionais foram construídas; sindicatos dos professores tornaram-se legais. Aprendemos ainda mais sobre como abrir um espaço duradouro nas universidades, espaço que criou uma realidade diferente e que ligou constantemente a educação a um projeto maior de transformação social.

As transformações na Coreia do Sul teriam acontecido sem os riscos? Provavelmente não. Tais riscos sempre levarão a resultados positivos? Não. Mas sem se engajar pessoalmente nas tarefas associadas, com a interrupção da política de redistribuição e a política de reconhecimento, não podemos responder à pergunta com a qual este livro começou. No capítulo 1 e antes deste capítulo conclusivo, eu disse que a educação *é* parte da sociedade. Lutar nela, como tantos de vocês estão fazendo, já é estar envolvido na resposta a essa pergunta. A resposta pode ser "Sim". Mas se, *e apenas se,* o que fazemos for baseado em projetos maiores que respeitam nossas diferenças, ligado ao processo de construção e defesa de unidades descentralizadas que nos dão força coletiva, como também se estivermos cientes de que o caminho será longo e difícil.

Como mostrei nos primeiros capítulos, há uma história rica de pessoas e movimentos, dentro e fora da educação, que podem ser fontes de força. Conectando-nos a essas múltiplas tradições teremos razões para a esperança, pois sabemos que a questão que guia este livro é verdadeiramente constitutiva. Ela formou um rio de impulsos criticamente democráticos (cf., p. ex., JAMES, 1995). Manter essas tradições vivas e impelir esses impulsos para frente em instituições educacionais é ainda mais importante nos dias atuais.

Existe tanto trabalho crítico e criativo que seria impossível listá-los todos aqui. Mas precisamos ser cautelosos para não ficarmos satisfeitos com o simples "reformismo". Isso significa que em meio a contínua luta também precisamos nos perguntar constantemente qual é o objetivo. A opressão é real; sistemática e estrutural; seu poder é profundo em nossas instituições e em nossa vida cotidiana; há preços muito altos sendo pagos. Desafiar essas estruturas e relações econômicas, sociais, culturais/ideológicas e afetivas pede que trabalhemos em muitos níveis e em muitos lugares; em todos os papéis do processo. Alguns deles serão históricos e conceituais, outros envolverão trabalho direto com estudantes e de maneira crítica. Alguns deles serão na construção e na defesa de mobilizações coletivas de muitas pessoas que trabalham em escolas ou em/com comunidades; outros serão na formação de futuros professores, para que estejam preparados para ir adiante e continuar o processo de construir uma educação que resista à incorporação de formas dominantes.

As tarefas são numerosas e as realidades difíceis de ser mudadas. Mas deixe-me terminar este livro com dois pontos que eu sempre tento me lembrar. Em primeiro lugar, grupos dominantes não ficariam tão bravos com as escolas e outras instituições educacionais se estivéssemos fazendo o que eles querem. Essas instituições já têm grandes vitórias em si. Em uma época de ceticismo crescente, é bom lembrar desse fato. Em segundo lugar, não podemos saber a resposta à nossa pergunta de maneira abstrata. O posicionamento na varanda pode oferecer um assento confortável para observar a briga, mas respostas podem ser melhor encontradas unindo-se aos esforços criativos e determinados de construir um grupo alternativo, *counter-public*. Há trabalho educacional a ser feito.

Referências

ABRES, R. (1998). From clientelism to cooperation: Local government, participatory policy and civic organizing in Porto Alegre, Brazil. *Politics and Society*, 26, p. 511-537.

AFRICAN-AMERICAN RELIGION PROJECT (2006). *African-American religion: A documentary history project* – Part 2: The continental fase [Disponível em https://www3.amherst].

ALEXANDRE, M. (2012). *The new Jim Crow:* Mass incarceration in the age of colorblindness. Nova York: The New York Press.

ANDERSON, J.D. (1990). Black rural communities and the struggle for education in the age of Booker T. Washington, 1877-1915. *Peabody Journal of Education*, 67, p. 46-62.

_____ (1988). *The education of blacks in the south, 1860-1935*. Chapel Hill: University of North California Press.

ANYON, J. (2005). *Radical possibilities:* Public policy, education, and a new social movement. Nova York: Routledge.

ANYON, J. et al. (2009). *Theory and educational research:* Toward critical social explanation. Nova York: Routledge.

APPLE, M.W. (2012). *Education and power*. Nova York: Routledge [Routledge Classic Edition].

_____ (2011). Global crises, social justice, and teacher education. *Journal of Teacher Education*, 62, p. 222-234.

_____ (2006). *Educating the "right" way:* Markets, standarts, God, and inequality. 2. ed. Nova York: Routledge.

_____ (2004). *Ideology and curriculum*. 3. ed. Nova York: Routledge.

_____ (2002). Does education have independent power? *British Journal of Sociology of Education*, 23, p. 607-616.

_____ (2000). *Official knowledge:* Democratic education in a conservative age. 2. ed. Nova York: Routledge.

_____ (1999). *Power, meaning, and identity.* Nova York: Peter Lang.

_____ (1996). *Cultural politics and education.* Nova York: Teachers College Press.

_____ (1986). *Teachers and texts:* A political economy of class and gender relations in education. Nova York: Teachers College Press.

APPLE, M.W. (ed.) (2010). *Global crises, social justice and education.* Nova York: Routledge.

_____ (1982). *Cultural and economic reproduction in education.* Boston: Routledge and Kegan Paul.

APPLE, M.W.; AASEN, P.; CHO, M.K.; GANDIN, L.A.; OLIVER, A.; SUNG, Y.-K.; TAVARES, H. & WONG, T.-H. (2003). *The state and the politics of knowledge.* Nova York: Routledge.

APPLE, M.W.; AU, W. & GANDIN, L.A. (eds.) (2010). *The Routledge international handbook of the sociology of education.* Londres: Routledge.

APPLE, M.W. & BEANE, J.A. (eds.) (2007). *Democratic schools:* Lessons in powerful education. 2. ed. Portsmouth, NH: Heinemann.

_____ (1998). *Democratic schools:* Lessons from the chalk face. Buckingham, Eng.: Open University Press.

APPLE, M.W. & BURAS, K.L. (eds.) (2006). *The subaltern speak:* Curriculum power, and educational struggles. Nova York: Routledge.

APPLE, M.W. & PEDRONI, T. (2005). Conservative alliance building and African American support for voucher plans. *Teachers College Record*, 107, p. 2.068-2.105.

APPLE, M.W. & WEIS, L. (eds.) (1983). *Ideology and practice in schooling.* Filadélfia, PA: Temple University Press.

ARNOT, M. & DILLABOUGH, J. (eds.) (2001). *Challenging democracy:* International perspectives on gender and citizenship. Nova York: Routledge/Falmer.

AU, W. (2011). *Critical curriculum studies:* Education, consciousness and the politics of knowing. Nova York: Routledge.

AU, W. & APPLE, M.W. (2007). Freire, critical education, and the environmental crisis. *Educational Policy*, 21, p. 457-470.

AVRICH, P. (1980). *The modern school movement.* Princeton, NJ: Princeton University Press.

AVRITZER, L. (1999). *Public deliberation at the local level:* Participatory budgeting in Brazil [Mimeo.].

AZEVEDO, J.C. (2000). *Escola cidadã:* desafios, diálogos e travessias. Petrópolis: Vozes.

_____ (1999). A democratização da escola no contexto da democratização do Estado – A experiência de Porto Alegre. In SILVA, L.H. (ed.). *Escola cidadã:* teoria e prática. Petrópolis: Vozes, p. 12-30.

_____ (1998). Escola cidadã: construção coletiva e participação popular. In: SILVA, L.H. (ed.). *A escola no contexto da globalização.* Petrópolis: Vozes, p. 308-319.

BAIOCCHI, G. (1999). *Participation, activism, and politics:* The Porto Alegre experiment and deliberative democratic theory [Mimeo.].

BAKER, H. (2001). *The education of Booker T. Washington:* American democracy and the idea of race relations. Durham, NC: Duke University Press.

BAKER, J.; LYNCH, K.; CANTILLON, S. & WALSH, J. (2004). *Equality:* From theory to action. Basingstoke: Palgrave Macmillan.

BAKHTIN, M.M. (1968). *Rabelais and his world.* Cambridge, MA: MIT [Trad. de H. Iswolsky].

BALL, J. (2004). As if indigenous knowledge and communities mattered. *American Indian Quarterly*, 28, p. 454-479.

BALL, S. (2012). *Global education inc.:* New policy networks and the neoliberal imaginary. Nova York: Routledge.

_____ (2007). *Education, plc.* Nova York: Routledge.

_____ (2003). *Class strategies and the education market.* Londres: Routledge/Falmer.

BALL, S.J. (1994). *Education reform:* A critical post-structural approach. Buckingham, Eng.: Open University Press.

BARTON, L. (ed.) (2006). *Overcoming disabling barriers.* Londres: Routledge.

_____ (2001). *Disability, politics, and the struggle for change.* Londres: David Fulton.

BARTON, L. & MEIGHAN, R. (eds.). (1979). *Schools, pupils, and deviance.* Driffield, Eng.: Nafferton.

BEARD, C. (1929). *An economic interpretation of the Constitution of the United States.* Nova York: Macmillan.

BEARD, C. & BEARD, M. (1914). *American citizenship.* Nova York: Macmillan.

BEESE, S.K. (2004). Placing Latin America in modern world history textbooks. *Hispanic American History Review*, 84, p. 411-422.

BELL, D. (2005). *The Derrick Bell reader.* Nova York: New York University Press [Ed. De R. Delgado e J. Stefancic].

BERNSTEIN, B. (1977). *Class, codes, and control.* Vol. 3. 2. ed. Londres: Routledge and Kegan Paul.

BHABHA, H. (1994). *The location of culture.* Nova York: Routledge.

BHOPAL. K. & PRESTON, J. (eds.) (2012). *Intersectionality and "race" in education.* Nova York: Routledge.

BINDER, A. (2002). *Contentious curricula:* Afrocentrism and creationism in American public schools. Princeton, NJ: Princeton University Press.

BOLER, M. (ed.) (2008). *Digital media and democracy:* Tactics in hard times. Cambridge: MIT.

BOND, H.M. (1935). The curriculum and the negro child. *The Journal of Negro Education*, 4, p. 159-168.

BORG, C. & MAYO, P. (2007). *Public intellectuals:* Radical democracy and social movements. Nova York: Peter Lang.

BORIS, E. (1993). "The power of motherhood: Black and white activist women redefine the "political". In: KOVEN, S. & MICHEL, S. (eds.). *Mothers of a new world*. Nova York: Routledge, p. 213-245.

BOURDIEU, P. (2003). *Firing back:* Against the tyranny of the market 2. Nova York: New Press.

_____ (1988). *Homo academicus*. Stanford, CA: Stanford University Press.

_____ (1984). *Distinction*. Cambridge, MA: Harvard University Press.

BOWLES, S. & GINTIS, H. (1986). *Democracy and capitalism*. Nova York: Basic Books.

BRITZMAN, D. (2009). Review symposium on *Affective Equality*. *British Journal of Sociology of Education*, 30, p. 773-783.

BROWN, A. (2010). Counter-memory and race: An examination of African-American scholars' challenges to early twentieth century k-12 historical discourses. *The Journal of Negro Education*, 79, p. 54-65.

BROWN-NAGIN, T. (2011). *Courage to dissent:* Atlanta and the long history of the civil rights movement. Nova York: Oxford University Press.

BRUNDAGE, W.F. (2003). *Booker T. Washington and black progress*. Gainsville: University Press of Florida.

BUHLE, M.J. (1981). *Women and American socialism 1870-1920*. Urbana: University of Illinois Press.

BURAS, K.L. (2011). Race, charter schools, and conscious capitalism: On the spatial politics of whiteness as property (and the unconscionable assault on black New Orleans). *Harvard Educational Review*, 81, p. 296-330.

_____ (2008). *Rightist multiculturalism:* Core lessons on neoconservative school reform. Nova York: Routledge.

BURAS, K.L.; RANDELS, J.; YA SALAAM, K., & STUDENTS AT THE CENTER (eds.) (2010). *Pedagogy, policy, and the privatized city:* Stories of dispossession and defiance from New Orleans. Nova York: Teachers College Press.

BURAWOY, M. (2005). For public sociology. *British Journal of Sociology of Education*, 56, p. 259-294.

BURCH, T. (2009). *Hidden markets.* Nova York: Routledge.

BUTLER, J. (1999). *Gender trouble:* Feminism and the subversion of identity. Nova York: Routledge.

CASEY, K. (1993). *I answer with my life:* Life histories of women teachers working for social change. Nova York: Routledge.

CHOMSKY, N. (2003). *Hegemony or survival.* Nova York: Metropolitan Books.

CHRISTIAN-SMITH, L.K. & KELLOR, K. (eds.) (1999). *Everyday knowledge and uncommon truths:* Women of the academy. Boulder, CO: Westview.

COCHRAN-SMITH, M.; FEIMAN-NEMSER, S.; McINTYRE, D. & DEMERS, K. (eds.) (2008). *Handbook of research on teacher education.* Nova York: Routledge.

COHEN, J. & ROGERS, J. (1995). *Associations and democracy.* Nova York: Verso.

COLE, M. (2009a). The color-line and the class struggle: A Marxist response to critical race theory in education as it arrives in the United Kingtom. *Power and Education*, 1, p. 111-124.

_____ (2009b). *Critical race theory and education:* A Marxist response. Nova York: Palgrave Macmillan.

CONNELL, R.W. (1995). *Masculinities.* Berkeley: University of California Press.

CONNOLLY, C. (2010). "I am a trained nurse": The nursing identity of anarchist and radical Emma Goldman. *Nursing History Review*, 18, p. 84-99.

COOPER, A.J. (1988). *A voice from the south.* Nova York: Oxford University Press.

COUNTS, G.S. (1934a). Collectivism and collectivism. *The Social Frontier*, 1, p. 3-4.

_____ (1934b). Educating for tomorrow. *The Social Frontier*, 1, p. 5-7.

_____ (1932a). Dare progressive education be progressive? *Progressive Education*, 9, p. 257-263.

_____ (1932b). *Dare the school build a new social order?* Nova York: Henry Holt.

_____ (1932c). Secondary education and the social problem. *School Executives Magazine*, 51, p. 499-501, 519-520.

_____ (1927). *The social composition of boards of education.* Chicago, IL: University of Chicago Press.

_____ (1926). *The place of the school in the social order* – Annual Conference of the National Education Association, Washington DC: National Education Association.

CREMIN, L. (1961). *The transformation of the school:* Progressivism in American education 1876-1957. Nova York: Knopf.

CROCCO, M.S.; MUNRO, P. & WELLER, K. (1999). *Pedagogies of resistance:* Women educator activists, 1880-1960. Nova York: Teachers College Press.

CURTI, M. (1959). *The social ideas of American educators.* Paterson, NJ: Pageant.

DAGBOVIE, P.G. (2003). Black women, Carter G. Woodson, and the Association for the Study of Negro Life and History 1915-1950. *The Journal of African American History*, 88, p. 21-41.

DARDER, A. (2002). *Reinventing Paulo Freire:* A pedagogy of love. Boulder, CO: Westview.

DAVID, M. (2009). *Transforming global higher education:* A feminist perspective. Londres: Institute of Education/University of London.

_____ (2003). *Personal and political.* Stoke-on-Trent: Trentham.

DAVIS, M. (2006). *Planet of slums.* Nova York: Verso.

DE CERTEAU, M. (1984). *The practice of everyday life.* Berkeley: University of California Press.

DEWEY, J. (1937). Education and social change. *The Social Frontier*, 3, p. 236.

_____ (1928). *Progressive education and the science of education* – Annual Conference of the Progressive Education Association. Washington DC: Progressive Education Association.

_____ (1922). *Democracy and education.* Nova York: The Macmilan Company.

DEWEY, J. & DEWEY, E. (1962). *Schools of tomorrow.* Nova York: Dutton.

DILLABOUGH, J. & KENNELLY, J. (2010). *Lost youth in the global city:* Class, culture and the urban imaginary. Nova York: Routledge.

DIMITRIADIS, G. & McCARTHY, C. (2001). *Reading and teaching the postcolonial.* Nova York: Teachers College Press.

DOUGLAS, D. (2005). *Jim Crow moves north:* The battle over northern school desegregation. Nova York: Cambridge University Press.

DUBERMAN, M. (1989). *Paul Robeson:* A biography. Nova York: New.

DU BOIS, W.E.B (1950). A portrait of Carter G. Woodson. *Masses and Mainstream*, 3, p. 25.

_____ (1920). *Darkwater:* Voices from within the veil. Nova York: Harcourt, Brace and Howe.

_____ (1903/2009). *The souls of black folk.* Nova York: Oxford University Press.

DUNCAN-ANDRADE, J. & MORRELL, E. (2008). *The art of critical pedagogy.* Nova York: Peter Lang.

DWORKIN, D. & ROMAN, L. (eds.) (1993). *Views beyond the border country.* Nova York: Routledge.

DYER, R. (1997). *White.* Nova York: Routledge.

EVANS, R. (2006). "Social studies vs. the United States of America": Harold Rugg and teaching for social justice. In: RILEY, K. (ed.). *Social reconstructionism:* People, politics, perspectives. Lanham, MD: Lexington Books, p. 45-68.

FAROOQ, U. (2012). Books over bars. *The Nation*, 20/02, p. 5.

FIELDING, M. & MOSS, P. (2011). *Radical education and the common school.* Nova York: Routledge.

FONER, E. (1998). *The story of American freedom.* Nova York: Norton.

FORD, J.W. (1936). The communist's way out for the negro. *The Journal of Negro Education*, 5, p. 88-95.

FOSTER, M. (1997). *Black teachers on teaching.* Nova York: New Press.

FRASER, N. (1997). *Justice interruptus.* Nova York: Routledge.

_____ (1989). *Unruly practices:* Power, discourse and gender in contemporary social theory. Mineápolis: University of Minnesota Press.

FREIRE, P. (1997a). A response. In: FREIRE, P. (ed.). *Mentoring the mentor:* A critical dialogue with Paulo Freire. Nova York: Peter Lang, p. 303-329.

_____ (1997b). *The pedagogy of autonomy.* São Paulo: Paz e Terra.

_____ (1996). *Letters to Cristina.* Nova York: Routledge.

_____ (1993). *Pedagogy of the oppressed.* Nova York: Continuum.

_____ (1988). O partido como educador-educando. In: DAMASCENO, A. et al. (eds.). *A educação como ato político-partidário.* São Paulo: Cortez, p. 16-18.

_____ (1982). *Pedagogy of the oppressed.* Harmondsworth: Penguin.

_____ (1978). *Pedagogy in process:* The letters from Guinea-Bissau. Londres: Writers/Readers Cooperative.

_____ (1970). *Pedagogy of the oppressed.* New York: Herder and Herder.

FREITAS, A.L.S. (1999). Projeto constituinte escolar. In: SILVA, L.H. (ed.). *Escola cidadã:* teoria e prática. Petrópolis: Vozes, p. 31-45.

FROSH, S. (2009). Review symposium on *Affective Equality. British Journal of Sociology of Education*, 30, p. 783-785.

FULTZ, M. (1995). African American teachers in the south: Powerlessness and the ironies of expectations and protest 1890-1942. *History of Education Quarterly*, 35, p. 401-422.

FUNG, A. & WRIGHT, E.O. (eds.) (2003). *Deepening democracy:* Institutional innovation in empowered participatory governance. Nova York: Verso.

GANDIN, L.A. (2002). *Democratizing access, governance, and knowledge:* The struggle for educational alternatives in Porto Alegre, Brazil. University of Wisconsin-Madison [Dissertação de mestrado].

_____ (1999). A educação escolar como produto do *marketing*: processo natural? *Revista de Educação AEC*, 28 (112), p. 33-39.

_____ (1998). Para onde a escola está sendo levada? (Ou a escola pode ser levada para algum lugar diferente daquele que o projeto hegemônico quer?) *Revista de Educação AEC*, 27 (107), p. 9-16.

_____ (1994). Qualidade total em educação – a fala mansa do neoliberalismo. *Revista de Educação AEC*, 23 (92), p. 75-80.

GENRO, T. (1999). Cidadania, emancipação e cidade. In: SILVA, L.H. (ed.) *Escola cidadã:* teoria e prática. Petrópolis: Vozes, p. 7-11.

GILLBORN, D. (2009a). Full of sound and fury, signifying nothing? – A reply to Dave Hill's 'Race and class in Britain...' *Journal for Critical Educational Policy Studies*, 8, p. 78-107.

_____ (2009b). Who's afraid of critical race theory in education? – A reply to Mike Cole's "The color line and class struggle". *Power and Education*, 1, p. 125-131.

_____ (2008). *Racism and education:* Coincidence or conspiracy. Nova York: Routledge.

GIROUX, H. (1995). Insurgent multiculturalism and the promise of pedagogy. In: GOLDBERG, D.T. (ed.). *Multiculturalism:* a critical reader. Cambridge, MA: Blackwell, p. 325-334.

GIUGNI, M.; McADAM, D. & TILLY, C. (eds.) (1999). *How social movements matter.* Mineápolis: University of Minnesota Press.

GOGGIN, J. (1993). *Carter G. Woodson:* A life in black history. Baton Rouge: Lousiana State University Press.

GONZALEZ, J. (2000). *Harvest of empire:* A history of Latinos in America. Nova York: Viking.

GRAMSCI, A. (1971). *Selections from the prison notebooks.* Nova York: International [Trad. de Q. Hoare e G.N. Smith].

GREEN, M. (1988). *New York 1913:* The armory show and the Paterson strike pageant. Nova York: Scribner.

GUSTAFSON, B. (2009). *New languages of the state:* Indigenous resurgence and the politics of knowledge in Bolivia. Durham, NC: Duke University Press.

GUTEK, G. (2006). George S. Counts and the origins of social reconstructionism. In: RILEY, K. (ed.). *Social reconstruction:* People, politics, perspectives. Greenwich, CN: Information Age, p. 1-26.

_____ (1984). *George S. Counts and American civilization.* Mercer, GA: Mercer University Press.

_____ (1970). *The educational theory of George S. Counts.* Columbia: The Ohio State University Press.

GUTSTEIN, E. (2006). *Reading and writing the world with mathematics.* Nova York: Routledge.

HABERMAS, J. (1971). *Knowledge and human interests.* Boston: Beacon.

HALL, S. (1996). On postmodernism and articulation: An interview with Stuart Hall [Ed. de L. Grossberg]. In: MORLEY, D. & CHEN, K. (eds.). *Stuart Hall:* Critical dialogues in cultural studies. Londres: Routledge, p. 131-150.

HAMILTON, S. (2008). *Trucking country:* The road to America's Wal-Mart economy. Princeton: Princeton University Press.

HARDING, S. (ed.) (2003). *The feminist standpoint theory reader.* Nova York: Routledge.

HARDT, M. & NEGRI, A. (2000). *Empire.* Cambridge, MA: Harvard University Press.

HENINGBURG, A. (1936). What shall we challenge in the existing order? *The Journal of Negro Education*, 5, p. 383-392.

HENRY, R. (1998). W.E.B. Du Bois and the question of black women intellectuals. *Philosophy of Education Yearbook*, 1998, p. 401-403 [Disponível em http://ojs.uiuc.edu/index.php/pes/issue/view/20].

HERNANDEZ, F. & VENTURA, M. (1998). *A organização do currículo por projetos de trabalho.* Porto Alegre: ArtMed.

HESS, D. (2009). *Controversy in the classroom:* The democratic power of discussion. Nova York: Routledge.

HILL, D. (2009). Race and class in Britain: A critique of the statistical basis for critical race theory in Britain and some political implications. *Journal for Critical Education Policy Studies*, 7, p. 1-40.

HILL, M.L. (2009). *Beats, rhymes, and classroom life:* Hip-hop pedagogy and the politics of identity. Nova York: Teachers College Press.

HOGAN, D. (1982). Education and class formation: The peculiarities of the Americans. In: APPLE, M.W. (ed.). *Cultural and economic reproduction in education:* Essays on class, ideology, and the state. Boston: Routledge and Keagan Paul, p. 32-78.

HOLMES, D.O.W. (1939). The negro chooses democracy. *The Journal of Negro Education*, 8, p. 620-633.

HORNSBY, A. (2009). *Black power in Dixie.* Gainsville: University Press of Florida.

HOROWITZ, D. (2006). *The professors:* The 101 most dangerous academics in America. Washington DC: Doubleday.

HORTON, M. (1990). *The long haul.* Nova York: Doubleday.

HORTON, M. & FREIRE, P. (1990). *We make the road by walking:* Conversations on education and social change. Filadélfia, PA: Temple University Press.

JACKSON, D.H. (2008). *Booker T. Washington and the struggle against white supremacy.* Nova York: Palgrave.

JACOBY, R. (2005). *Picture imperfect:* Utopian thought for an anti-utopian age. Nova York: Columbia University Press.

JAMES, M. (1995). *Social reconstruction through education.* Norwood, NJ: Ablex.

JULES, D. (1991). Building democracy. In: APPLE, M.W. & CHRISTIAN-SMITH, L. (eds.). *The politics of the textbook*. Nova York: Routledge, p. 259-287.

KANG, H. (2009). Teachers, praxis, and minjung. In: APPLE, M.W.; AU, W. & GANDIN, L.A. (eds.). *The Routledge international handbook of critical education*. Nova York: Routledge, p. 409-420.

KAZIN, M. (2011). *American dreamers:* How the left changed the nation. Nova York: Knopf.

KESSLER-HARRIS, A. (2001). *In pursuit of equity:* Women, men, and the quest for economic citizenship in 20th century America. Nova York: Oxford University Press.

KLIEBARD, H. (2004). *The struggle for the American curriculum*. 3. ed. Nova York: Routledge.

KOVEN, S. & MICHEL, S. (eds.) (1993). *Mothers of a new world*. Nova York: Routledge.

KRIEDEL, C. (2006). Theodore Brameld: Reconstructionism for our emerging age. In: RILEY, K. (ed.). *Social reconstruction:* People, politics, perspectives. Greenwich, CN: Information Age Publishing, p. 69-87.

KROUSE, S.A. (2003). What came out of the takeovers: Women's activism and the Indian Community School of Milwaukee. *American Indian Quarterly*, 27, p. 533-547.

KUMASHIRO, K. (2009). *Against common sense:* Teaching and learning toward social justice. 2. ed. Nova York: Routledge.

KURZMA, C. (s.d.). How did the views of Booker T. Washington and W. E.B. Du Bois toward women's suffrage change? State of New York at Binghamton [Não publicado].

LADSON-BILLINGS, G. (2009). Race still matters: Critical race theory in education. In APPLE, M.W.; AU, W. & GANDIN, L.A. (eds.). *The Routledge international handbook of critical education*. Nova York: Routledge, p. 110-122.

_____ (1994). *The dreamkeepers*. São Francisco, CA: Jossey-Bass.

LANGEMANN, E.C. (1992). George S. Counts and the social study of education. *American Journal of Education*, 100, p. 137-165.

LAKOV, G. (2008). *The political mind.* Nova York: Viking.

_____ (2004). *Don't think of an elephant!: Know your values and frame the debate* – The essential guide for progressives. White River Junction, VT: Chelsea Green.

LAUDER, H. & HUGHES, D. (1999). *Trading in futures:* Why markets in education don't work. Filadélfia, PA: Open University Press.

LEONARDO, Z. (2010). The unhappy marriage of Marxism and race critique: Political economy and the production of racialized knowledge: In: BHOPAL, K. & PRESTON, J. (eds.). *Intersectionality and race in education.* Nova York: Routledge, p. 11-28.

_____ (2009). *Race, whiteness, and education.* Nova York: Routledge.

LEWIS, D.L. (1993). *W.E.B. Du Bois:* Biography of a "race", 1868-1919. Nova York: Henry Holt.

LEYS, C. (2003). *Market-driven politics.* Nova York: Verso.

LIPMAN, P. (2011). *The new political economy of urban education.* Nova York: Routledge.

_____ (2004). *High stakes education.* Nova York: Routledge.

LIVINGSTON, G. (2003). *Chronic silencing and struggling without witness:* Race, education and the production of political knowledge. Madison: University of Wisconsin [Dissertação de mestrado não publicada].

LUKÁCS, G. (1971). *History and class consciousness:* Studies in Marxist dialectics. Cambridge, MA: MIT.

LUKE, C. & GORE, J. (eds.) (1992). *Feminisms and critical pedagogy.* Nova York: Routledge.

LUTRELL, W. (2009). Review symposium on *Affective Equality – British Journal of Sociology of Education*, 30, p. 785-787.

LYNCH, K.; BAKER, J. & LYONS, 11 (2009). *Affective equality*: Love, care, and injustice. Basingstoke: Palgrave Macmillan.

MacDONALD, V. (2001). Hispanic, Latino, Chicano, or "other": Deconstructing the relationship between historians and Hispanic-

-American educational history. *History of Education Quarterly*, 41, p. 365-413.

MANNHEIM, K. (1936). *Ideology and utopia.* Nova York: Harvest Books.

McCARTHY, C. (1998). *The uses of culture:* Education and the limits of ethnic affiliation. Nova York: Routledge.

McGRATH, D.J. & KURILOFF, P.J. (1999). They're going to tear the doors off this place: Upper-middle-class parent school involvement and the educational opportunities of other people's children. *Educational Policy*, 13, p. 603-629.

McKINNEY, E.R. (1936). The Workers' Party's way out for the negro. *The Journal of Negro Education*, 5, p. 96-99.

McLAREN, P. (1995). White terror and oppositional agency: Towards a critical multiculturalism. In: GOLDBERG, D.T. (ed.). *Multiculturalism:* A critical reader. Cambridge, MA: Blackwell.

McSWINE, B.L. (1998). The educational philosophy of W.E.B. Du Bois. *Philosophy of Education Yearbook* 1998, p. 394-400 [Disponível em http://ojs.ed.uiuc.edu/index.php/pes/issue/view/20,June19,2012].

MILLS, C. (1997). *Political education and the Southern Farmers Alliance 1887-1900.* Madison: University of Wisconsin Press.

MOLNAR, A. (2005). *School commercialism.* Nova York: Routledge.

MONTGOMERY, D. (1979). *Workers' control in America.* Nova York: Cambridge University Press.

MORETON, B. (2009). *To serve God and Wal-Mart:* The making of Christian free enterprise. Cambridge, MA: Harvard University Press.

MORLEY, D. & CHEN, K.H. (eds.) (1996). *Stuart Hall:* Critical dialogues in cultural studies. Nova York: Routledge.

MOSS, H. (2009). *Schooling citizens:* The struggle for African American education in antebellum America. Chicago, IL: University of Chicago Press.

MURCH, D. (2010). *Living for the city:* Migration, education, and the rise of the Black Panther party. Chapel Hill: University of North Carolina Press.

NABOKOV, P. (1991). *Native American testimony*. Nova York: Viking.

NAISON, M. (1983). *Communists in Harlem during the depression*. Urbana: University of Illinois Press.

NELSON, M. (2006). Introduction. In: RILEY, K. (ed.). *Social reconstruction:* People, politics, perspectives. Greenwich, CN: Information Age Publishing, p. xii-xix.

NICHOLS, J. (2011). *The "s" word:* A short history of an American tradition… socialism. Nova York: Verso.

NICHOLS, J. (2012). *Uprising*. Nova York: Nation Books.

_____ (2003). *Caring:* A feminine approach to ethics and moral education. 2. ed. Berkeley, CA: University of California Press.

NOFFSINGER, J. (1926). *Correspondence schools, lyceums, chautauquas*. Nova York: Macmillan.

NORREL, R.J. (2011). *Up from history:* The life of Booker T. Washington. Cambridge, MA: Harvard University Press.

OFFE, C. (1995). Some skeptical considerations on the malleability of representative institutions. In: COHEN, J. & ROGERS, J. (eds.). *Associations and Democracy*. Londres: Verso, p. 114-132.

OLSSEN, M. (1996). In defense of the welfare state and publicly provided education. *Journal of Education Policy*, 11, p. 337-362.

OMI, M. & WINANT, H. (1994). *Racial formation in the United States*. Nova York: Routledge.

PAGENHART, P. (1994). Queerly defined multiculturalism. In: GARBER, L. (ed.). *Tilting the tower*. Nova York: Routledge, p. 177-185.

PEDRONI, T. (2007). *Market matters:* African American involvement in school voucher reform. Nova York: Routledge.

PODAIR, G. (2005). *The strike that changed New York:* Blacks, whites, and the Ocean Hill-Brownsville crisis. New Haven, CT: Yale University Press.

POWER, S.; EDWARDS, A.; WHITTY, G. & WIGFALL, V. (2003). *Education and the middle class*. Filadélfia, PA: Open University Press.

RABAKA, R. (2007). *W.E.B. Du Bois and the problems of the twenty-first century:* An essay on Africana critical theory. Lanham, MD: Lexington Books.

_____ (2003). W.E.B. Du Bois's evolving Africana philosophy of education. *Journal of Black Studies*, 33, p. 399-449.

RABINOWITZ, V. (1996). *Unrepentant leftist:* A lawyer's memoir. Urbana: University of Illinois Press.

RAVITCH, D. (2010). *The death and life of the great American school system:* How testing and choice are undermining education. Nova York: Basic Books.

REDCAY, E.E. (1935). *County training schools and public secondary education for negroes in the south.* Washington DC: The John F. Slater Fund.

RILEY, K. (2006). The triumph of Americanism: The American Legion and Harold Rugg. In: Riley, K. (ed.). *Social reconstructionism:* People, politics, perspectives. Greenwich, CT: Information Age Publishing, p. 111-126.

ROBERTS, N. (1984). *Dorothy Day and the Catholic worker.* Albânia: State University of New York Press.

ROEDIGER, D.P.F. (1989). *Our own time:* A history of American labor and the working day. Nova York: Verso.

SANTOS, B.S. (1998). Participatory budgeting in Porto Alegre: Toward a distributive democracy. *Politics and Society*, 26, p. 461-510.

SAUL, S. (2011). Profits and questions at online charter schools. *The New York Times*, 13/12, p. A1, A18-19.

SCOTT, J. (1990). *Domination and the arts of resistance.* New Haven, CT: Yale University Press.

SELDEN, S. (1999). *Inheriting shame.* Nova York: Teachers College Press.

SERRIN, W. (1993). *Homestead:* The glory and tragedy of an American steel town. Nova York: Vintage Books.

SHEA, G.W. (2001). *Spoiled Silk:* The red mayor and the great Paterson textile strike. Nova York: Fordham University Press.

SIMPSON, L.R. (2004). Anticolonial strategies for the recovery and maintenance of indigenous knowledge. *American Indian Quarterly*, 28, p. 373-384.

SINCLAIR, U. (1925). *The goslings:* A study of American schools. Pasadena, CA: The Author.

_____ (1923). *The goosestep:* A study of American education. Pasadena, CA: The Author.

SLEE, R. (2009). The inclusion paradox. In: APPLE, M.W.; AU, W. & GANDIN, L.A. (eds.). *The Routledge international handbook of critical education.* Nova York: Routledge, p. 177-189.

SMED (1999a). *Boletim informative* – Informações Educacionais, 2 (5).

_____ (1999b). Ciclos de formação – Proposta político-pedagógica *discourse analysis* escola cidadã. *Cadernos Pedagógicos*, 9 (1), p. 1-111.

_____ (1999c). Homepage official da Smed [http://www – Acesso em 15/12/1999].

_____ (1993). *Projeto de gestão democrática.* Lei Complementar, n. 292.

SMITH, D. (2008). *Raymond Williams:* A warrior's tale. Cardigan, UK: Parthian.

SMITH, M.L.; MILLER-KAHN, L.; HEINECKE, W. & JARVIS, P. (2004). *Political spectacle and the fate of American schools.* Nova York: Routledge.

SMOCK, R. (2009). *Booker T. Washington:* Black leadership in the age of Jim Crow. Chicago, IL: Ivan R. Dee.

SOLER, M. (ed.) (2011). *Education for social inclusion,* special issue of *International Studies in Sociology of Education*, 21, p. 1-90.

SOUZA, D.H.; MOGETTI, E.A.; VILLANI, M.; PANICHI, M.T.C.; ROSSETTO, R.P. & HUERGA, S.M.R. (1999). Turma de progresso e seu significado na escola. In: ROCHA, S. & NERY, B.D. (eds.). *Turma de progresso:* a inversão da lógica da exclusão. Porto Alegre: Secretaria Municipal de Educação, p. 22-29.

SPIVAK, G. (1988). Can the subaltern speak? In: NELSON, C. & GROSSBERG, L. (eds.). *Marxism and the interpretation of culture.* Urbana: University of Illinois Press, p. 271-313.

STANLEY, W.B. (2006). Education for social reconstruction in a critical context. In: RILEY, K. (ed.). *Social reconstruction:* People, politics, perspectives. Greenwich, CT: Information Age Publishing, p. 89-110.

STANSELL, C. (2010). *The feminist promise.* Nova York: Modern Library.

STEARN, H. (1922). *Civilization in the United States.* Nova York: Harcourt, Brace and Co.

SWALWELL, K. (no prelo). *Eyes pried open:* Social justice pedagogy in communities of privilege. Nova York: Routledge.

TAMURA, E.H. (2003). Asian Americans and educational history. *History of Education Quarterly*, 43, p. 1-9.

TAYLOR, P. (1993). *Schooling for good rebels.* Filadélfia, PA: Temple University Press.

TEITELBAUM, K. (2009). Restoring collective memory: The pasts of critical education. *Routledge international handbook of critical education.* Nova York: Routledge, p. 312-326.

THOMAS, N. (1936). The Socialist's way out for the negro. *The Journal of Negro Education*, 5, p. 100-104.

TORRES, C.A. (2009). *Globalizations and education.* Nova York: Teachers College Press.

TRIPP, A. (1987). *The IWW and the Paterson silk strike of 1913.* Urbana: University of Illinois Press.

VALLE, V.M. & TORRES, R.D. (2000). *Latino metropolis.* Mineápolis: University of Minnesota Press.

VEBLEN, T. (1918). *The higher learning in America.* Nova York: B.W. Huebsch.

VIRGINIA STATE BOARD OF EDUCATION (1943). Course of study for Virginia Elementary Schools. *Bulletin State Board of Education*, 10, 25/05, p. 506-515.

WASHINGTON, B.T. (1901/2009). *Up from slavery*. Nova York: Oxford University Press.

WATKINS, W. (2006). Social reconstruction in education: Searching out black voices. In: RILEY, K. (ed.). *Social reconstruction:* People, politics, perspectives. Greenwich, CN: Information Age Publishing, p. 211-234.

_____ (1993). Black curriculum orientations. *Harvard Educational Review*, 63, p. 321-338.

WATSON, V. (2012). *Learning to liberate:* Community-based solutions to the crisis in urban education. Nova York: Routledge.

WEAVER-HIGHTOWER, M. (2008). *The politics of policy in boys' education:* Getting boys "right". Nova York: Palgrave Macmillan.

WEILER, K. (1997). The liberatory teacher: Reading the word and the world of Paulo Freire. Medford, Mass.: Tufts University [Não publicado].

WEILER, K. & MIDDLETON, S. (1999). *Telling women's lives:* Narrative inquires in the history of women's education. Filadélfia, PA: Open University Press.

WEST, M. (2006). *The education of Booker T. Washington:* American democracy and the idea of race relations. Nova York: Columbia University Press.

_____ (2002). *Prophesy deliverance!:* An Afro-American revolutionary Christianity. Louisville, KY: Westminster John Knox Press.

WESTBROOK, R. (1991). *John Dewey and American democracy*. Ithaca, NY: Cornell University Press.

WHITE, D.G. (1985). *Ain't I a woman:* Female slaves in the plantation south. Nova York: Norton.

WHITTY, G. (1974). Sociology and the problem of radical educational change. In: FLUDE, M. & AHIER, J. (eds.). *Educability, schools, and ideology*. Londres: Halstead Press, p. 112-137.

WILLIAMS, E. (1994). *Capitalism and slavery.* Chapel Hill: University of North Carolina Press.

WILLIAMS, R. (1977). *Marxism and literature.* Nova York: Oxford University Press.

_____ (1961). *The long revolution.* Londres: Chatto and Windus.

WILLIAMS, T. (2011). Public sector sheds jobs: Blacks are hardest hit. *The New York Times*, 29/11, p. A14-15.

WILLIS, S. (1987). *Specifying:* Black women writing the American experience. Madison: University of Wisconsin Press.

WILSON, W.A. (2004). Indigenous knowledge recovery is indigenous empowerment. *American Indian Quarterly*, 28, p. 359-372.

WITTGENSTEIN, L. (1963). *Philosophical investigations.* Oxford: Blackwell.

WONG, T.H. (2002). *Hegemonies compared.* Nova York: Routledge.

WOODSON, C.G. (1945). *The history of the negro church.* Washington DC: The Associated Press.

_____ (1944). *African heroes and heroines.* Washington DC: The Associated Press.

_____ (1933/2010). *The mis-education of the negro.* Las Vegas, NV: CreateSpace.

_____ (1930). *The rural negro.* Washington DC: The Associated Press.

_____ (1922). *The negro in our history.* Washington DC: The Associated Press.

_____ (1918/1969). *A century of negro migration.* Nova York: Russell and Russell.

_____ (1915). *Education of the negro prior to 1861.* Nova York: G.P. Putnam's Sons.

WRIGHT, E.O. (2010). *Envisioning real utopias.* Nova York: Verso.

_____ (1945). *Classes.* Nova York: Verso.

YOUDELL, D. (2011). *School trouble:* Identity, power, and politics in education. Nova York: Routledge.

_____ (2006). *Impossible bodies, impossible selves:* Exclusions and student subjectivities. Dordrecht: Springer.

YOUNG, R. (2003). *Postcolonialism.* Nova York: Oxford University Press.

ZEICHNER, K. (2009). *Teacher education and the struggle for social justice.* Nova York: Routledge.

ZINN, H. (1997). *The Zinn reader:* Writings on disobedience and democracy. Nova York: Seven Stories.

Índice

Abers, A. 198
Administração participativa empoderada 267
African-American Religion History Project 145
Alexander, M. 43, 259
Anderson, J. 42, 114, 130, 149
Anyon 42, 78s., 225, 253
Apple, M.W. 12, 15, 18-20, 23, 27-32, 34, 36s., 39s., 42, 44, 58-62, 64, 66, 69-71, 74-79, 89, 95, 99, 106, 109s., 119, 125, 138, 158, 165s., 179, 184, 186, 194, 196, 201s., 205, 209, 211, 213-216, 221, 223, 225, 230, 232, 242, 246s., 251, 257, 260, 265, 267
Argentina 14
Arnot, M. 31,36
Articulação/desarticulação/rearticulação 170-174, 257
Association of Negro History and Life 116, 141s., 154
Ativismo de mídia 220, 223s.
Au, W. 34, 37, 58, 66, 77, 213, 246, 251, 265
Avaliação de *performance* 36
Avrich, P. 116
Avritzer, L. 170
Azevedo, J. C. 170, 180

Baiocchi, G. 170, 198
Baker, J. 31, 33-36, 78, 249
Baker, H. 138
Bakhtin, M. 79
Ball, J. 83

Ball, S. 19, 22, 41, 77, 165, 224, 251
Barton, L. 26
Beane, J. 23, 76, 109, 166, 179, 209
Beard, C. 86, 90
Beard, M. 90
Beese, S.K. 83
Bell, D. 42
Bernstein, B. 96, 119, 184
Bethune, M.M. 155
Bhabha, H. 63, 81
Bhopal, K. 32
Binder, A. 42, 44, 143
Boler, M. 79
Bond, H.M. 123
Borg, C. 77
Boris, E. 83
Bourdieu, P. 28, 52, 62, 79, 247
Bowles, S. 170
Brameld, T. 84, 112
Brancura 111, 114, 129-133, 136, 140, 196s., 224, 245s., 262, 264
Britzman, D. 34
Brown, A. 141
Brown-Nagin, T. 42
Brundage, W.F. 138
Bulhe, M.J. 104, 106, 114
Burawoy, M. 72s., 75, 77
Buras, L. 18, 22, 30, 42s., 59, 64, 66, 104, 111, 206
Burch, P. 22, 41, 224
Butler, J. 28

Cantillon, S. 33
Case, K. 154
Centro Hispano 243s.
Channel One 41
Chen, K.H. 232

Chicago 21
Childs, J. 84
Chomsky, N. 106
Christian-Smith, L. 83
Ciclos de Formação 180-184, 204, 207
Cohen, J. 269
Cole, M. 33
Coletivismo democrático 90-95, 129, 248
Comodificação 18, 35, 178
Competição 16, 18, 88, 91s., 117, 254
Conhecimento
   legítimo e oficial 44, 59-61, 64, 77, 95, 109, 114, 119-125, 142, 164, 183-186, 191, 203, 213, 227, 233s., 261, 263, 265, 268, 271
   popular 183s., 265
   técnico 188, 193, 199, 223
Connell, R.W. 197
Connolly, C. 114
Conselhos Escolares 186-190, 200, 202, 204
Construção de alianças 30, 35, 37s., 69, 210, 225s., 254-259
Consumidores 20s., 56
Cooper, A.J. 39, 81, 157
Coreia do Sul 229-262, 270s.
Counts, G.S. 13, 39, 46, 58, 81, 83-125, 128, 137s., 147, 152, 158, 162, 166, 177, 211, 226, 228, 240, 252s., 262-267
Crea 110, 260
Cremin, L. 85s., 99
Crocco, M.S. 115
Crowley, C. 142
"Cuidado, amor e solidariedade" 34-44, 48, 67, 69, 82, 105, 108, 188, 203, 269
Culturas de auditoria 27, 110
Currículo e democracia densa 183-186
   cf. tb. Porto Alegre
Curti, M. 99

Dagbovie, P.G. 153-156, 159
Darder, A. 48, 61
Darnton, R. 61
David, M. 31, 36
Davis, A. 81, 159
Davis, M. 29, 65, 73
De Certeau, M. 151
Deficiência/habilidade 26-34, 36-38, 40, 44, 60, 115, 133, 197s., 249-252, 268
Democracia 13, 72s., 87, 106, 108, 122s., 134, 137, 163-165, 170, 188, 209, 227-229
Descentralização 172, 193s., 201
Deseducação 43, 140s., 146
   cf. tb. Woodson
Dewey, J. 97-99, 109, 132
Dillabough, J. 31, 36
Dimitriadis, H. 63
Diretores
   eleição direta de 189
Discurso hegemônico 171s.
   e cidadania 173a.
Douglas, D. 42, 149
Doutrinação 97-110
Dream Act 256
Duberman, M. 104
Duncan-Andrade, J. 23
Dworkin, D. 57
Dyer, R. 196

Educação
   anti-hegemônica 116-124
   capitalista 83-123, 211-226
   criticamente democrática 22s., 37, 163-210
   e economia 40-44, 84-123, 211-226
   e movimentos religiosos conservadores 212-226

    e o trabalho da mulher 40, 205
    progressiva 95-99
    popular 112-121
    vocacional 140
    trabalhador 113
Edwards, T. 19
Ensino
    intensificação do 40
Envolvimento da comunidade 162-210
Epistemologia de ponto de vista (*standpoint epistemology*) 136
Escolas
    Cidadãs 161-210, 261
    como arenas de conflito 41, 43, 111, 125-159, 213, 268
    como vitórias parciais 113s., 267s., 273
    e mobilizações da comunidade 68, 125-159, 161-210, 253
    para lucro 41
    Socialistas de Domingo 117-121
Escolha de escola 18
Estado
    democratização do 161-210
    cf. tb. Porto Alegre
Estratégias de conversão de classe 51s., 54, 62, 74, 244s.
Estudioso/ativista crítico 28s., 34, 46-82, 127, 139, 146, 211, 219, 233, 235, 262
    tarefas do 75-81
Estudos étnicos
    ataques em 192
Eurocentrismo 141
Evans, R. 84, 100
Evasoes 194, 200
    como saída-força 215
Exames 19, 33, 36, 183, 193, 201, 233, 271
Exterioridades constitutivas 27

Faculdades religiosas 218-223, 261
Farooq, U. 259

Fielding, M. 89
Fine, M. 196
Foner, E. 73, 92, 222
Ford, J.W. 130
Foster, M. 150
Foucault, M. 28
Fraser, N. 28, 32, 35, 42, 44, 76, 78, 130, 143, 205, 249, 253
Freire, P. 13, 39, 46-81, 83, 112s., 133, 162, 184, 190s., 206, 211, 226, 228, 240, 252, 262, 264, 266
Freitas, A.L.S. 179
Frosh, S. 34
Fultz, M. 147-152
Fung, A. 267

Gandin, L.A. 32, 34, 37, 44, 58, 65s., 77, 159-204, 213, 227, 246, 251, 265, 267
Gênero 40s., 44, 50, 68, 71, 106, 120, 122s., 154, 156-158, 191, 197, 217, 227, 249, 255, 268
Genro, T. 101, 178
Gerencialismo 212, 214
Gillborn, D. 20, 32, 130, 196
Gintis, H. 170
Giroux, H. 186, 192
Giugni, M. 42
Globalização 24, 47-82, 171, 223
Goggin, J. 139-146
Gonzalez, J. 83
Gore, J. 57
Gramsci, A. 55, 75, 77, 94, 119, 138, 143, 168, 203, 212, 215
Green, M. 116
Gustafson, B. 83
Gutek, G. 86-95, 99, 103s., 108
Gutstein, E. 76, 260

Habermas, J. 106
Hall, S. 171, 232

Hamilton, S. 214
Harding, V. 136
Hardt, M. 264
Harlem Committee for Better Schools 110
Henry, R. 156-159
Hernandez, F. 208
Hess, D. 108s.
Highlander Folk School 113
Hill, D. 33
Hill, M.L. 23
Hogan, D. 42
Holmes, D.O.W. 123
Hooks, B. 81
Hornsby, A. 42, 149
Horowitz, D. 99
Horton, M. 39, 72, 113
Hughes, D. 20

Identidade
   anti-hegemônica 20, 48, 58, 66, 81, 143, 153, 163, 254s., 261, 264
Igualdade afetiva 30s., 33-35, 38, 188, 205, 227, 249, 261
Individualismo possessivo 16, 38, 56
Intelectuais públicos 12, 46, 77, 79, 241
Intersecção 32, 128, 252, 255

Jackson, D.H. 138
Jacoby, R. 78
James, C.L.R. 81, 139
James, M. 272
Judd, C. 101
Jules, D. 66

Kang, H. 241
Kazin, M. 104

Kellor, K. 83
Kennelly, J. 76
Kessler-Harris, A. 104, 106
Kliebard, H. 97, 100
Koven, S. 113
Kriedel, C. 84, 97
Krouse, S.A. 42
Kumashiro, K. 32
Kuriloff, P.J. 198
Kurzma, C. 158

Ladson-Billings, G. 42, 197, 265s.
Lagemann, E. 95, 100-103
Lakov, G. 21
Lauder, H. 19s.
Leis, C. 27
Leonardo, Z. 196, 252
Lewis, D.L. 66, 104, 130-136, 144
Liberdade
   como conceito contestado 222
Limpeza étnica 17
Lipman, P. 20s., 42, 196, 225, 253
Livingston, G. 66
"Longa revolução" 33, 108, 163, 270
Lonsbury, J. 129
Lukács, G. 136
Luke, C. 57
Lutas discursivas 173-176
Lutrell, W. 34
Lynch, K. 31, 33, 35, 78, 249
Lyons, M. 31, 34-36, 249

MacDonald, V. 83
Mannheim, K. 79
Marquetização 16, 18, 35, 73, 172, 224

Marxismo 136, 196
Mayo, P. 77
McAdam, T. 42
McCarthy, C. 63, 134
McGrath, P.J. 198
McKinney, E.R. 123
McLaren, P. 186
McSwine, B.L. 133s.
Meighan, R. 26
Memória coletiva 18s., 59, 77, 127, 139, 152, 161, 262
Michel, S. 113
Middleton, S. 83
Mills, C. 61, 106
Mitchell, T. 89
Modernização conservadora 39, 167, 214, 225
Molnar, A. 42, 224
Montgomery, D. 104
Morley, D. 232
Moreton, B. 212, 219-222, 224
Morrell, E. 23
Moss, H. 42, 149
Moss, P. 89
Movimentos
 ambientalistas 252
 construindo 253-258
 de direita 201, 214-226, 245, 254-258
 gay 252
 sociais 27, 38, 42, 53, 72, 76s., 86s., 110-116, 120, 130, 178, 187, 210, 247, 251s., 269
Mulheres ativistas afro-americanas 116
Multiculturalismo 107, 186, 192
Munro, P. 115
Murch, D. 42, 149

Nabokov, P. 83
Naison, M. 104, 111

Negri, A. 264
Nelson, M. 96
Neoconservadorismo 24, 26, 55, 111s., 164-166, 201, 203, 209, 227
Neoliberalismo 14, 18-21, 23, 26, 33, 55, 59, 73, 106, 164-166, 170s., 175, 201, 203, 209, 227, 241, 251, 266, 271
Nichols, J. 104, 107
No Child Left Behind 15
Noddings, N. 31, 34
Noffsinger, J. 142
Norrell, R.J. 138
Nova classe média 52
Nova Orleans 17-24, 35, 51, 55, 171, 251, 266

Occupy Wall Street 246, 255, 271
Ocean Hill-Brownsville 111
Offe, C. 193
Olssen, M. 36
Omi, M. 196
Orçamento Participativo 163-210, 261

Pagenhart, P. 192
Partido dos Trabalhadores 166, 168, 190, 196, 207
Pedagogia
    afrocêntrica 136
    crítica 47-81, 245s., 265
Pedroni, T. 20, 258
Podair, G. 111, 258
Populismo 92s., 105
    autoritário 46, 145, 214
Porto Alegre 13, 44, 46, 65, 77, 108, 110, 161-209, 212, 228, 261, 269s.
Pós-colonialismo 47-81
Pós-modernismo 55
Powell, L. 196

Power, S. 19
Preston, J. 32
Prisão 227-247
Privatização 16, 38, 56, 117, 224
Professor(es)
    como atores políticos 88, 95, 105, 107, 110, 114, 116s., 124, 127, 141, 147-151, 263, 269
    como questionadores 184
    formação 107s., 194-197, 264-267, 272
    negros 147-154
    sindicatos 14, 67, 103, 106, 111, 229, 237, 240, 242, 257-260, 271
Professoras ativistas 116, 153-156, 260
Projeto
    Álgebra 259s.
    do mural 244

Rabaka, R. 136s., 153, 156
Rabinowitz, V. 104
Raça e racismo 18, 21, 28, 40-44, 50, 68, 70, 95, 104-107, 111-114, 120-159, 163, 227, 235, 249s., 254-259, 261s., 268
Race To The Top 15
Randels, J. 260
Raven 243
Ravitch, D. 19
Reconhecimento
    política de 28-32, 50, 127, 249, 261, 268
Reconstrucionismo social 91, 128, 137
"Reformas não reformistas" 76, 78, 163, 261, 268
Refugiados 16s.
Relações de classe 28, 40, 44, 50, 55, 68, 71, 85, 87, 90, 93, 103, 112, 115-118, 122s., 130, 144, 163, 196, 218, 227, 248-250, 254s., 264s., 267-269
Religião 139, 145s., 186, 197, 217, 223, 227, 268
Remoções
    e a história dos Estados Unidos 20

Rethinking Schools 23, 110, 142, 156
Riley, K. 100
Roediger, D. 104
Rogers, J. 269
Roman, L. 57
Roberts, N. 104
Rugg, H. 39, 91, 99s., 112, 117, 128

Santos, B.S. 169s., 198
Saul, S. 42
Scott, J. 128, 151
Selden, S. 37, 100
Seminário de Sextas-feiras 242s., 246-248
Senso comum 54, 57, 161, 175, 220
Serrin, W. 104
Sexualidade 106, 191, 197, 249
Shea, G.W. 116
Simpson, L.R. 83
Sinclair, U. 85
Sindicatos
　e sentimento antissindicato 213s.
Slee, R. 28
Smith, D. 57, 105
Smith, L.H. 154
Smith, M.C. 265
Smith, M.L. 21, 139
Smock, R. 138
Sociologia pública 75
Soler, M. 23, 110, 260
Souza, D.H. 183
Spivak, G. 63s., 81
Stambach, A. 75
Stanley, W. B. 98
Stearn, H. 85
Students at the Center 22s., 260

Students in Free Enterprise 218-222
Swalwell, K. 54

Tamura, E.H. 83
Taylor, P. 51
Teitelbaum 78, 113-120
Thomas, N. 123
Thompson, E.P. 81
Tilly, C. 42
Torres, C.A. 63
Torres, R. 83
Trabalhador universal 31, 115s., 147, 163
Transformação social
    papel da educação na 18, 24, 27, 108, 112, 161-210, 212s., 248, 251, 261s., 268s., 271s.
Trip, A. 116

Unidades descentralizadas 30, 32, 60, 69, 127, 158, 244, 249, 253, 269, 272
Utopias reais 167

Vale, V. 83
Valenzuela, A. 19, 215
Veblen, T. 85
Ventura, M. 208
Vontade popular
    poder da 240
Voucher 22, 41, 215

Wal-Mart® 13, 211-226, 254, 261
Walsh, J. 33
Washington, B.Y. 133s., 138
Watkins, W. 96, 111, 137
Watson, V. 23, 76
Weaver-Hightower, M. 107

Weiler, K. 51, 57, 83, 115
Weis, L. 28, 58, 196
West, C. 133, 146
West, M. 138
Westbrook, R. 97, 99
Wheeler-Bell, Q. 248
White, D.G. 159
Whitty, G. 19, 64, 91
Wigfall, V. 19
Williams, E. 250
Williams, R. 33, 57, 60, 81, 108, 133, 139, 143, 163, 248, 270
Williams, T. 257
Willis, S. 83
Wilson, W.A. 83
Winant, H. 196
Wittgenstein, L. 62
Wong, L.M. 196
Wong, T.H. 66
Woodson, C.G. 13, 46, 81, 112, 125-157, 162, 177, 184, 211, 226, 228, 240, 250s., 262-267, 270
Wright, E.O. 74, 167, 210, 248-250, 267-270

Ya Salaam 260
Youdell, D. 28, 43, 80
Young, R. 63s., 81

Zeichner, K. 265
Zinn, H. 104
Žižek, S. 209

EDITORA VOZES
Editorial

CULTURAL
Administração
Antropologia
Biografias
Comunicação
Dinâmicas e Jogos
Ecologia e Meio Ambiente
Educação e Pedagogia
Filosofia
História
Letras e Literatura
Obras de referência
Política
Psicologia
Saúde e Nutrição
Serviço Social e Trabalho
Sociologia

CATEQUÉTICO PASTORAL
Catequese
   Geral
   Crisma
   Primeira Eucaristia

   Pastoral
      Geral
      Sacramental
      Familiar
      Social
      Ensino Religioso Escolar

TEOLÓGICO ESPIRITUAL
Biografias
Devocionários
Espiritualidade e Mística
Espiritualidade Mariana
Franciscanismo
Autoconhecimento
Liturgia
Obras de referência
Sagrada Escritura e Livros Apócrifos

Teologia
   Bíblica
   Histórica
   Prática
   Sistemática

VOZES NOBILIS
Uma linha editorial especial, com importantes autores, alto valor agregado e qualidade superior.

REVISTAS
Concilium
Estudos Bíblicos
Grande Sinal
REB (Revista Eclesiástica Brasileira)
SEDOC (Serviço de Documentação)

VOZES DE BOLSO
Obras clássicas de Ciências Humanas em formato de bolso.

PRODUTOS SAZONAIS
Folhinha do Sagrado Coração de Jesus
Calendário de mesa do Sagrado Coração de Jesus
Agenda do Sagrado Coração de Jesus
Almanaque Santo Antônio
Agendinha
Diário Vozes
Meditações para o dia a dia
Encontro diário com Deus
Guia Litúrgico

CADASTRE-SE
www.vozes.com.br

EDITORA VOZES LTDA.
Rua Frei Luís, 100 – Centro – Cep 25689-900 – Petrópolis, RJ
Tel.: (24) 2233-9000 – Fax: (24) 2231-4676 – E-mail: vendas@vozes.com.br

UNIDADES NO BRASIL: Belo Horizonte, MG – Brasília, DF – Campinas, SP – Cuiabá, MT
Curitiba, PR – Florianópolis, SC – Fortaleza, CE – Goiânia, GO – Juiz de Fora, MG
Manaus, AM – Petrópolis, RJ – Porto Alegre, RS – Recife, PE – Rio de Janeiro, RJ
Salvador, BA – São Paulo, SP